(사)한국어문회 주관
국가공인 한자능력검정시험

자꾸 공부 하고픈 책

1級 3500字

모의고사문제집

어문출판사

머 리 말

   漢字는 하면 할수록 재밌습니다.
뜻을 알고 익힐 경우 그 속에 禮가 있고 그 속에 自然의 理致가 담겨져 있습니다. 漢字 하나 하나를 익히는 것이 아니라, 이런 眞正한 뜻의 漢字 工夫를 많이 함으로써 思考力과 理解力, 남을 配慮하는 마음을 길러 자라나는 아이들의 世上이 보다 따뜻해지고, 다른 學問을 하는데도 土臺가 되었으면 하는 바램입니다.

   基本書에 이어 問題集을 出刊하는데 있어서 많은 분들의 高見에 感謝드리며 指導하기 便利하고 自習하기 좋도록 모든부분에서 訓音과 뜻풀이를 添加하여 깊이 있는 工夫가 되도록 心血을 기울여 만들었습니다.

   아무쪼록 이 冊을 通해 段階的인 漢字工夫를 하여 人性에도 도움이 되며 他 科目에도 두루 影響을 끼치는 漢字로 거듭 나기를 바라면서, 더불어 漢字級數資格證까지 取得한다면 그 동안 忍耐하면서 漢字에 努力을 기울인 것에 대한 보람과 自信感을 가지게 될 것입니다.

   이 冊으로 工夫하신 모든 분들의 合格을 祈願합니다.

編著者 씀

접수방법　①접수처방문　②인터넷접수

① 접수처방문

※준비물: 사진3매(3×4)/한자성명/주민등록번호/전화번호/주소/우편번호

▽1급 고사장▽	▽접수처▽	▽전화번호▽
서울 : 연세대학교	· 한국한자능력검정회	02-6003-1400
: 중앙대학교	· 이그잼고시학원	02-1588-2976
	· 북부전문서적	02-908-0606
	· 반디앤루니스	02-1536-1400
부산 : 부산교육대학교	· 부산교육대학교 국어교육학과	051-500-7210
대구 : 경북대학교	· 경북대학교 대강당 3층 세미나실	053-953-5393
광주 : 전남대학교	· 전남대학교 인문대학 3호관 1층	062-530-0406
대전 : 충남대학교	· 충남대학교 인문대학 한문학과	042-824-0381
전주 : 전북대학교	· 전북대학교 인문학 연구소	063-270-3598
청주 : 충북대학교	· 충북대학교 인문대학 숙직실	043-251-2974
제주 : 제주대학교	· 제주대학교 인문대학 중어중문학과	064-754-2822

※전국고사장 및 시험문의: 한국어문회 1566-1400　www.hanja.re.kr
※접수시기: 대략 시험일의 2개월전
※고사장수용인원초과시 조기마감 될 수 있습니다.

② 인터넷접수　www.hangum.re.kr

※인터넷회원가입준비물: 이름, 한자이름, 전화번호, 주소 등의 인적사항과
　스캔된 본인의 사진이미지 (126×165 pixel, jpg파일)
※먼저 회원가입을 해 놓은 응시자는 인터넷접수일자에 본인의 개인정보 및
　사진정보등록 없이 로그인만 하면 바로 접수 가능.

한자능력검정시험時 유의사항

1. 수험번호, 주민등록번호, 성명 반드시 기재
2. 검정볼펜 사용 (수정액사용)
3. 신분증 지참 (초등학생은 의료보험증 지참)
4. 답안지 칸에 벗어나지 않도록 작성
5. 답안지 낙서 금지
6. 대표훈음을 기재 (검토할 것)

우량상과 우수상의 施賞 基準

級數	總問項 (合格點)	優良賞			優秀賞			備考
		初等	中等	高等	初等	中等	高等	
1級	200 (160)	-	-	-	160	160	160	80%이상 합격

第1回 한자능력검정시험 1급

(시험시간 : 90분)

※다음 漢字語의 讀音을 쓰시오.

1. 簞食(*)
2. 大宛(*)
3. 單于(*)
4. 兜率(*)
5. 遁北(*)
6. 湍汭(*)
7. 靈樞( )
8. 楕球( )
9. 影幀( )
10. 脊髓( )
11. 媤叔( )
12. 擅斷( )
13. 熄滅( )
14. 挫頓( )
15. 欣快( )
16. 誅戮( )
17. 歆饗( )
18. 溢流( )
19. 誨諭( )
20. 續貂( )
21. 嗅覺( )
22. 灑塵( )
23. 絢爛( )
24. 盛饌( )
25. 諷諫( )
26. 蕭冷( )
27. 鹹苦( )
28. 泛稱( )
29. 爬癢( )
30. 蔗糖( )
31. 壟畔( )
32. 舅甥( )
33. 顆粒( )
34. 擄掠( )
35. 悸慄( )
36. 凹凸( )
37. 喬幹( )
38. 灌漑( )
39. 廐舍( )
40. 淘汰( )
41. 窘塞( )
42. 訥澁( )
43. 敲拉( )
44. 肋膜( )
45. 匕箸( )
46. 卍海( )
47. 孀鰥( )
48. 襪繋( )
49. 嘉祥( )
50. 賈衒( )

※위 31~50안에서 5개씩 찾아 번호로 쓰시오.

51. 유사관계:(, , , ,)
52. 대립관계:(, , , ,)

※다음 A에는 字義, B에는 轉義를 쓰시오.

53. 杏林 < A:( )
             B:( )
54. 膏粱 < A:( )
             B:( )
55. 權輿 < A:( )
             B:( )
56. 杜撰 < A:( )
             B:( )
57. 捐館 < A:( )
             B:( )

※다음 漢字의 訓과 音을 쓰시오.

58. 黍( )
59. 暢( )
60. 孰( )
61. 昶( )
62. 遑( )
63. 喆( )
64. 馮( )
65. 鼠( )
66. 赫( )
67. 牽( )
68. 顎( )
69. 劉( )
70. 鵠( )
71. 闕( )
72. 詣( )
73. 賓( )
74. 饒( )
75. 享( )
76. 棗( )
77. 鍵( )
78. 覓( )
79. 孌( )
80. 駕( )
81. 窺( )
82. 辜( )
83. 臀( )
84. 馴( )
85. 臂( )
86. 翌( )
87. 諡( )

※다음 문장에서 漢字는 한글로, 한글은 漢字로 쓰시오.

▷나라가 평온(88)한 가운데 사실을 왜곡(89) 된 보도로 인하여 우울(90)한 정국에서 주옥(91)같은 선현들의 말씀을 교훈 삼자.
▷아직도 사람을 노예(92)로 부리는 일은 야만(93)적이고 가혹(94)적이다.
▷통제구역 소홀(95)로 범인의 지문(96)을 확보하는데 어려움을 겪다.
▷여름철엔 세균이 많이 번식(97) 한다.
▷차츰 한국에 주둔(98)하고 있는 미군이 철수한다.
▷지하철안의 화재는 바로 질식(99)사로 이어진다.
▷불도를 닦는 사찰(100)에서 참선중이다.
▷남북을 연결하는 철도를 부설(101)하다.
▷음악회장에서는 탈모(102)를 해야 한다.
▷고요한 밤에는 초침(103) 소리도 거슬린다.
▷부동산정책으로 인하여 집값이 하락하는 추세(104)이다.
▷의견이 다를때는 상호 절충(105) 해야 한다.
▷중국 양명산의 협곡(106)이 아주 일품이었다.
▷실현가능성이 없는 것은 모험(107)으로써 환상(108)에 불과하다.
▷나라에 지대한 공을 세워서 훈장(109)을 받다.
▷지구촌 어떤 곳에선 폭우로 강이 범람(110)하고 어떤 곳에선 강도 높은 지진(111)으로 많은 피해 발생.
▷공원에는 휴게(112) 시설이 잘 되어 있다.
▷옛날 사대부집안의 규수(113)는 요조숙녀였다.
▷합리화를 시킬려고 하지만 그것은 모순(114)이다.
▷20세가 지나면서 서서히 피부(115)가 노화 되어 간다.
▷성공은 부단한 탁마(116)의 결과이다.
▷시골에 홀로 계시는 어머니 안후(117)가 걱정된다.
▷친구의 장서(118)를 애도하다.
▷불화로 인하여 결별(119) 선언하고 凄涼(120)한 생각이 든다.
▷탁구경기에서 중국을 제패(121)한 선수에게 꽃다발을 증정(122)했다.
▷요즘 염세(123)로 인하여 세상을 등지는 사람이 있다.
▷사면(124)권은 대통령의 고유권한이다.

88. 평온 (　　) 89. 왜곡 (　　)
90. 우울 (　　) 91. 주옥 (　　)
92. 노예 (　　) 93. 야만 (　　)
94. 苛酷 (　　) 95. 소홀 (　　)
96. 지문 (　　) 97. 번식 (　　)
98. 주둔 (　　) 99. 질식 (　　)
100. 사찰 (　　) 101. 부설 (　　)
102. 탈모 (　　) 103. 초침 (　　)
104. 추세 (　　) 105. 절충 (　　)
106. 협곡 (　　) 107. 모험 (　　)
108. 환상 (　　) 109. 훈장 (　　)
110. 범람 (　　) 111. 지진 (　　)
112. 휴게 (　　) 113. 규수 (　　)
114. 모순 (　　) 115. 피부 (　　)
116. 탁마 (　　) 117. 안후 (　　)
118. 장서 (　　) 119. 결별 (　　)
120. 凄涼 (　　) 121. 제패 (　　)
122. 증정 (　　) 123. 염세 (　　)
124. 사면 (　　)

※88~124번 안에서 장음 10개를 찾아 번호를 쓰시오.

125. (　　) 126. (　　) 127. (　　)
128. (　　) 129. (　　) 130. (　　)
131. (　　) 132. (　　) 133. (　　)
134. (　　)

※다음 뜻을 가진 漢字語를 漢字正字로 쓰시오.

135. 소송 제기한 내용이 부적법하여 배척하는 판결.
……………… (   )

136. (사람·선박·항공기 따위를)강제로 끌고 감.
……………… (   )

137. 증거물이나 몰수할 물건 등을 점유 확보함.
……………… (   )

138. 죄를 용서하여 형벌을 면제함.
……………… (   )

139. 법원이 발부하는, 사람이나 물건에 대한 강제 처분을 내용으로 하는 문서.
……………… (   )

※다음 중 관련 없는 것 하나를 고르시오.

140. (   ) : ①暖衣飽食 ②錦衣玉食
              ③酒池肉林 ④玉石俱焚

141. (   ) : ①流言蜚語 ②甘言利說
              ③街談巷說 ④道聽塗說

142. (   ) : ①難忘之恩 ②白骨難忘
              ③結草報恩 ④背恩忘德

143. (   ) : ①風樹之歎 ②風前燈火
              ③累卵之危 ④百尺竿頭

144. (   ) : ①晴耕雨讀 ②車胤聚螢
              ③孫康映雪 ④犬馬之勞

※같은 뜻의 成語가 되도록 (   )안에 漢字를 쓰시오.

145. 刻舟求(   ) - (   )株待兎

146. 同病相(   ) - (   )類相從

147. 溪壑之(   ) - (   )蜀之歎

148. 綠林豪(   ) - (   )上君子

149. 長袖善(   ) - (   )錢善賈

150. 間(   )齊楚 - 鯨(   )蝦死

151. 明(   )觀火 - 不(   )可知

152. 亡(   )之歎 - 麥(   )之歎

153. 明(   )(   )水 - 雲心月性

154. 經(   )(   )用 - 利用厚生

※다음 漢字의 部首를 쓰시오.

155. 黍 (   )   156. 孰 (   )
     暢 (   )   昶 (   )
157. 暹 (   )   158. 馮 (   )
     喆 (   )   鼠 (   )
159. 赫 (   )
     牽 (   )

※다음 제시된 뜻과 음의 漢字語를 쓰시오.

160. 사장 : 개인이 간직하거나 감추어 둠, 또는 그 물건.
.... (　　　　)

161. 〃 : 활용하지 않고 그대로 간직하여 두기만 함.
.... (　　　　)

162. 〃 : 회사의 대표자.
.... (　　　　)

163. 조화 : 종이나 헝겊 따위로 만든 꽃.
.... (　　　　)

164. 〃 : 대립이나 어긋남이 없이 서로 잘 어울림.
.... (　　　　)

165. 〃 : 사람의 힘으로는 알 수 없는 야릇하거나 신통한 일.
.... (　　　　)

166. 유지 : 죽은 이가 생전에 이루지 못하고 남긴 뜻.
.... (　　　　)

167. 〃 : 동식물에서 얻는 기름을 통틀어 이르는 말.
.... (　　　　)

168. 〃 : 그대로 지니어 감. 지켜 감.
.... (　　　　)

169. 〃 : 어떤 일에 관심이나 뜻이 있는 사람.
.... (　　　　)

※다음 漢字의 서로 다른 뜻(일자다의자)을, 각각 그 유의자 결합으로 써 보시오.

170. 徒 : (　　　　) (　　　　)

171. 配 : (　　　　) (　　　　)

172. 報 : (　　　　) (　　　　)

※다음 漢字語의 순우리말을 쓰시오.

173. 臘月 : (　　　　)

174. 殘月 : (　　　　)

175. 季春 : (　　　　)

176. 肇夏 : (　　　　)

177. 孟秋 : (　　　　)

※다음 反對字·反對語를 쓰시오.

178. 乾燥-(　　　) 179. (　　　)-堉

180. 公平-(　　　) 181. (　　　)-拙

182. 演繹-(　　　) 183. (　　　)-夭

184. 飽食-(　　　) 185. (　　　)-餞

186. 忘却-(　　　) 187. (　　　)-疎

※다음 類義字·類義語를 쓰시오.

188. 方寸-(　　　) 189. (　　　)-嶼

190. 領土-(　　　) 191. (　　　)-喚

192. 五列-(　　　) 193. (　　　)-滌

194. 眼界-(　　　) 195. (　　　)-奧

196. 劫迫-(　　　) 197. (　　　)-擢

※다음 漢字의 略字를 쓰시오.

198. 擡(　　　) 199. 籠(　　　)
　　 勵(　　　) 　　 雙(　　　)
200. 脈(　　　)
　　 縣(　　　)

■ 200만점에 160점 이상 합격 (80%) ■

第2回 한자능력검정시험 1급

(시험시간 : 90분)

※다음 漢字語의 讀音을 쓰시오.

1. 省耗(*   )
2. 疏數(*   )
3. 羨道(*   )
4. 叔行(*   )
5. 說樂(*   )
6. 於呼(*   )
7. 譚叢(   )
8. 船埠(   )
9. 搗砧(   )
10. 錦繡(   )
11. 衾裳(   )
12. 讒訴(   )
13. 藿羹(   )
14. 酒瓶(   )
15. 蟠桃(   )
16. 膳賜(   )
17. 頒布(   )
18. 萎靡(   )
19. 延亘(   )
20. 俚諺(   )
21. 乖離(   )
22. 顫動(   )
23. 拐騙(   )
24. 靖難(   )
25. 渦旋(   )
26. 衛戍(   )
27. 瓦窯(   )
28. 罹災(   )
29. 玩弄(   )
30. 馴獸(   )
31. 宏壯(   )
32. 逼迫(   )
33. 轟醉(   )
34. 敵愾(   )
35. 昆弟(   )
36. 纏帶(   )
37. 肌骨(   )
38. 悖逆(   )
39. 齋潔(   )
40. 騷擾(   )
41. 淨穢(   )
42. 掃蕩(   )
43. 弔賻(   )
44. 贖罪(   )
45. 犧牲(   )
46. 謟諛(   )
47. 鞫推(   )
48. 涕淚(   )
49. 疎密(   )
50. 賄賂(   )

※위 31~50안에서 5개씩 찾아 번호로 쓰시오.
51. 유사관계:(,   ,   ,   ,   )
52. 대립관계:(,   ,   ,   ,   )

※다음 A에는 字義, B에는 轉義를 쓰시오.

53. 跋扈 〈 A:(   )
             B:(   )
54. 庶黎 〈 A:(   )
             B:(   )
55. 桎梏 〈 A:(   )
             B:(   )
56. 逐鹿 〈 A:(   )
             B:(   )
57. 黃口 〈 A:(   )
             B:(   )

※다음 漢字의 訓과 音을 쓰시오.

58. 凹(   )   59. 聚(   )
60. 棘(   )   61. 耀(   )
62. 肇(   )   63. 爾(   )
64. 闈(   )   65. 凸(   )
66. 雍(   )   67. 襄(   )
68. 訥(   )   69. 祉(   )
70. 匿(   )   71. 肢(   )
72. 灸(   )   73. 疆(   )
74. 樞(   )   75. 滲(   )
76. 膏(   )   77. 澁(   )
78. 袴(   )   79. 岡(   )
80. 膿(   )   81. 疇(   )
82. 隙(   )   83. 釧(   )
84. 煞(   )   85. 埃(   )
86. 薩(   )   87. 埈(   )

※다음 밑줄 친 유사관계의 漢字語를 漢字正字로 쓰시오.

▷올림픽의 취지(88)에 맞는 오륜기가 게양(89)되고 시상식에서는 의당(90) 금메달 획득(91)한 선수들의 공로가 창현(92)되면서 피날레가 장식(93)되었다.

▷동물쇼에 등장하는 코끼리를 사육(94)하면서 목욕(95)과 세탁(96)으로 조련사로서 신참인 나는 코끼리와 더욱 돈독(97)해진다.

▷대형 점포(98)에서는 총망라(99)한 물건들이 판매(100)되고 구매(101)되고 있다.

▷국문학전공인 나는 예리(102)한 필치로 책을 서술(103)한다.

▷장수(104)의 엄명에 공포(105) 분위기속에서 모든 사병들은 근신(106)중이다.

▷오락(107)시간에 불협화음을 일으키는 사람이 혐오(108)스럽고 질색(109)인 것은 단지(110) 오만(111)해서이다.

▷홍콩은 중국으로 반환(112) 되면서 관광산업이 더욱 도약(113)하고 있고 견고(114)했던 베를린 장벽이 붕괴(115)되고 동서독이 통일된 가운데 우리 남북통일의 날은 아직도 요원(116)한 것인가?

▷밀려드는 물량으로 방적(117)회사들은 휴게(118)하는 직원도 없다.

▷유치(119)때부터 기아(120)로 허덕이는 아프리카는 성장발육장애가 많다.

▷섬세(121)한 성격의 소유자인 그는 외국역사물 번역(122) 업무를 보면서 도서관 열람(123)은 기본이다.

▷옛날에는 정혼한 곳으로 혼인(124)했다.

88. 취지 (　　　) 89. 게양 (　　　)
90. 의당 (　　　) 91. 획득 (　　　)
92. 창현 (　　　) 93. 장식 (　　　)
94. 사육 (　　　) 95. 목욕 (　　　)
96. 세탁 (　　　) 97. 돈독 (　　　)
98. 점포 (　　　) 99. 망라 (　　　)
100. 판매 (　　　) 101. 구매 (　　　)
102. 예리 (　　　) 103. 서술 (　　　)
104. 장수 (　　　) 105. 공포 (　　　)
106. 근신 (　　　) 107. 오락 (　　　)
108. 혐오 (　　　) 109. 질색 (　　　)
110. 단지 (　　　) 111. 오만 (　　　)
112. 반환 (　　　) 113. 도약 (　　　)
114. 견고 (　　　) 115. 붕괴 (　　　)
116. 요원 (　　　) 117. 방적 (　　　)
118. 휴게 (　　　) 119. 유치 (　　　)
120. 기아 (　　　) 121. 섬세 (　　　)
122. 번역 (　　　) 123. 열람 (　　　)
124. 혼인 (　　　)

※88~116번 안에서 장음 10개를 찾아 번호를 쓰시오.

125. (　　　) 126. (　　　) 127. (　　　)
128. (　　　) 129. (　　　) 130. (　　　)
131. (　　　) 132. (　　　) 133. (　　　)
134. (　　　)

※ 다음 뜻을 가진 漢字語를 漢字正字로 쓰시오.

135. (일정한 사항에 관한 견해나 태도를) 여러 사람에게 공개하여 발표하는 일.
 ……………… (　　　　　)

136. 내버리고 돌아보지 않음.
 ……………… (　　　　　)

137. 남을 부추겨 못된 일을 하게 함.
 ……………… (　　　　　)

138. 사물의 본보기.
 ……………… (　　　　　)

139. (수사기관에서)피의자와 관련 서류를 넘겨 보냄.
 ……………… (　　　　　)

※ 다음 故事成語의 뜻을 쓰시오.

140. ▷快刀亂麻
 직역: (　　　　　)
 의역: (　　　　　)

141. ▷焦眉之急
 직역: (　　　　　)
 의역: (　　　　　)

142. ▷天衣無縫
 직역: (　　　　　)
 의역: (　　　　　)

143. ▷泥田鬪狗
 직역: (　　　　　)
 의역: (　　　　　)

144. ▷見蚊拔劍
 직역: (　　　　　)
 의역: (　　　　　)

※ 반대되는 成語가 되도록 (　)안에 漢字를 쓰시오.

145. 錦上添花 － (　　)(　　)後狼

146. 弄瓦之慶 － (　　)(　　)之慶

147. 凌雲之志 － (　　)(　　)之志

148. 流芳百世 － (　　)(　　)萬年

149. 凍氷寒雪 － 和風(　　)(　　)

150. 亡羊補牢 － 安居(　　)(　　)

151. 門前雀羅 － 門前(　　)(　　)

152. 我田引水 － 易地(　　)(　　)

153. 有名無實 － 名實(　　)(　　)

154. 始終一貫 － 龍頭(　　)(　　)

※ 다음 漢字의 部首를 쓰시오.

155. 凹 (　　)　　156. 棘 (　　)
　　 聚 (　　)　　　　 耀 (　　)
157. 肇 (　　)　　158. 閨 (　　)
　　 爾 (　　)　　　　 凸 (　　)
159. 雍 (　　)
　　 襄 (　　)

※다음 문장의 의미에 맞는 한자를 쓰시오.

160. 우리 할머니는 <u>의치</u>를 하신다.
　　　　　　　　　　　　　(　　　　)

161. 환자는 왠지 <u>의치</u>를 받으면 병이 낫는 것 같다.
　　　　　　　　　　　　　(　　　　)

162. 병원에서 <u>신장</u>이식 수술을 했다.
　　　　　　　　　　　　　(　　　　)

163. 가게를 <u>신장</u> 개업했다.
　　　　　　　　　　　　　(　　　　)

164. 불경기에는 사업도 <u>현상</u> 유지가 어렵다.
　　　　　　　　　　　　　(　　　　)

165. 적자생존은 자연적인 <u>현상</u>이다.
　　　　　　　　　　　　　(　　　　)

166. 해저에 송유관을 <u>부설</u>하다.
　　　　　　　　　　　　　(　　　　)

167. 공장에 기숙사를 <u>부설</u>하다.
　　　　　　　　　　　　　(　　　　)

168. 이사를 전전하는 관계로 <u>전세</u>하여 산다
　　　　　　　　　　　　　(　　　　)

169. 봄이 되면 버스를 <u>전세</u> 내어 나들이 간다.
　　　　　　　　　　　　　(　　　　)

※다음 漢字의 서로 다른 뜻(일자다의자)을, 각각 그 반대자 결합으로 써 보시오.

170. 乘 : (　　　　)(　　　　)
171. 乾 : (　　　　)(　　　　)
172. 婦 : (　　　　)(　　　　)

※다음 漢字語의 순우리말을 쓰시오.

173. 駒影 : (　　　　　　　　)
174. 凱風 : (　　　　　　　　)
175. 沙漏 : (　　　　　　　　)
176. 雌雄 : (　　　　　　　　)
177. 丁寧 : (　　　　　　　　)

※다음 反對字・反對語를 쓰시오.

178. 奢侈-(　　　)　179. (　　　)-獸
180. 永劫-(　　　)　181. (　　　)-背
182. 混沌-(　　　)　183. (　　　)-婢
184. 粗雜-(　　　)　185. (　　　)-俗
186. 些少-(　　　)　187. (　　　)-略

※다음 類義字・類義語를 쓰시오.

188. 豹變-(　　　)　189. (　　　)-禱
190. 叱責-(　　　)　191. (　　　)-憚
192. 束縛-(　　　)　193. (　　　)-禦
194. 牢籠-(　　　)　195. (　　　)-嗣
196. 目睹-(　　　)　197. (　　　)-寞

※다음 漢字語를 略字로 고치시오.

198. 會館 (　　　)　199. 解釋 (　　　)
200. 龜鑑 (　　　)

■ 200만점에 160점 이상 합격 (80%) ■

第3回　한자능력검정시험　1급

(시험시간 : 90분)

※다음 漢字語의 讀音을 쓰시오.

1. 斬衰(*)
2. 徵調(*)
3. 參差(*)
4. 索漠(*)
5. 帖紙(*)
6. 喫茶(*)
7. 羹醬( )
8. 泄瀉( )
9. 乾薑( )
10. 贈諡( )
11. 滔蕩( )
12. 墟墓( )
13. 怯懦( )
14. 獻觴( )
15. 潰瘍( )
16. 鳶飛( )
17. 軌迹( )
18. 簫笛( )
19. 斟酌( )
20. 穗惠( )
21. 矜恤( )
22. 奠都( )
23. 磊塊( )
24. 紐帶( )
25. 陋醜( )
26. 棗栗( )
27. 牲醴( )
28. 答杖( )
29. 彌陀( )
30. 攄得( )
31. 膾炙( )
32. 梳櫛( )
33. 銜勒( )
34. 搔爬( )
35. 吝嗇( )
36. 屠戮( )
37. 駑驥( )
38. 桎梏( )
39. 沛澤( )
40. 醯醬( )
41. 愎戾( )
42. 堰堤( )
43. 嫁娶( )
44. 馳獵( )
45. 鞭撻( )
46. 痔漏( )
47. 編纂( )
48. 襃貶( )
49. 陞敍( )
50. 簒奪( )

※위 31~50안에서 5개씩 찾아 번호로 쓰시오.

51. 유사관계:(, , , ,)
52. 대립관계:(, , , ,)

※다음 A에는 字義, B에는 轉義를 쓰시오.

53. 狐鼠 〈 A:( )　B:( )
54. 荊妻 〈 A:( )　B:( )
55. 容喙 〈 A:( )　B:( )
56. 菽麥 〈 A:( )　B:( )
57. 蛇足 〈 A:( )　B:( )

※다음 漢字의 訓과 音을 쓰시오.

58. 耗( )　59. 齡( )
60. 叛( )　61. 幹( )
62. 膽( )　63. 亮( )
64. 竟( )　65. 靡( )
66. 乖( )　67. 冕( )
68. 渾( )　69. 銜( )
70. 馨( )　71. 絢( )
72. 項( )　73. 撒( )
74. 蟾( )　75. 敞( )
76. 垛( )　77. 庠( )
78. 禿( )　79. 馥( )
80. 罹( )　81. 剖( )
82. 羈( )　83. 庵( )
84. 垢( )　85. 址( )
86. 搗( )　87. 粟( )

※다음 문장에서 漢字는 한글로, 한글은 漢字로 쓰시오.

<大學之道는 在明明德하며 在親民하며 在止於至善이니라.>

大學의 道는 明德을 밝히는 데 있으며 백성(88)을 친애(89)하는 데 있으며 지극(90)한 善에의 머무름에 있다.

明德은 氣稟(91)에 구애(92)되고 인욕(93)에 가리워지면 때로 昏昧(94)해 진다. 하나 그 본체(95)의 밝음은 熄滅(96)되지 않는 것이므로 배우는 者는 반드시 그것이 發하는 바에 근거(97)하여 밝히고 그 원초(98)의 상태(99)에 회복(100)해야 할 것이다. 明德은 바로 실천(101) 이성(102)이 강하다. 유교(103) 철학(104)은 人間의 이성 위에 수립(105)된 것으로 이성을 인간 본연으로 돌아가 그것을 체인(106), 최대한 실현(107)하는 것으로 人間 완성을 期하고 있다. 자아로 회귀(108)함으로써 人間 완성에의 길로 정진(109)하는 것이 바로 明明德인 것이다.

親民은 百姓들로 하여금 인간된 本性에 돌아가, 최대한(110)으로 실현하도록 깨우쳐 주는 일로써 덕치(111) 주의(112)의 과제(113)가 바로 이 親民에 있는 것이다.

朱熹는 至善을 外部的인 客觀에 根據하여 사리(114) 당연(115)함의 극치(116)라 했고, 王陽明은 內部的인 주관(117)에 근거하여 이 마음이 天理에 순일(118)함의 극치라고 했는데 두 정의(119)는 모두 합당(120)하다.

언제나 至善을 추구(121)하는 정성(122)은 흔들리지 않는 편안함과 진정(123)되고 一定한 마음과, 사리를 올바르게 分別하는 마음을 지님으로써 모든 일을 알맞게 처리(124)할 수 있게 하는 것이다. <大學 第1篇 經文>

88. 백성( )	89. 친애( )
90. 지극( )	91. 氣稟( )
92. 구애( )	93. 인욕( )
94. 昏昧( )	95. 본체( )
96. 熄滅( )	97. 근거( )
98. 원초( )	99. 상태( )
100. 회복( )	101. 실천( )
102. 이성( )	103. 유교( )
104. 철학( )	105. 수립( )
106. 체인( )	107. 실현( )
108. 회귀( )	109. 정진( )
110. 최대한( )	111. 덕치( )
112. 주의( )	113. 과제( )
114. 사리( )	115. 당연( )
116. 극치( )	117. 주관( )
118. 순일( )	119. 정의( )
120. 합당( )	121. 추구( )
122. 정성( )	123. 진정( )
124. 처리( )	

※100~124번에서 5개, 160~169번에서 5개의 장음을 찾아 그 번호를 쓰시오.

125. (   ) 126. (   ) 127. (   )
128. (   ) 129. (   ) 130. (   )
131. (   ) 132. (   ) 133. (   )
134. (   )

※다음 뜻을 가진 漢字語를 漢字正字로 쓰시오.

135. 의견과 주장이 대립되어 일이 어지럽게 뒤얽히는 일.
……………… (　　　　)

136. 위력이나 기세를 드러내어 보임.
……………… (　　　　)

137. 어떤 기업이나 개인이 기부한 기금으로 연구활동을 하도록 대학에서 지정한 교수.
……………… (　　　　)

138. (도덕이나 질서 등이) 뒤죽박죽이 되어 어지러움.
……………… (　　　　)

139. 사회 대중의 공통된 의견.
……………… (　　　　)

※다음 중 관련 없는 것 하나를 고르시오.

140. (　　) : ①螢雪之功　②臨時方便
　　　　　　③姑息之計　④凍足放尿

141. (　　) : ①面從腹背　②陽奉陰違
　　　　　　③口蜜腹劍　④悠悠自適

142. (　　) : ①隱忍自重　②道不拾遺
　　　　　　③堯舜時代　④康衢煙月

143. (　　) : ①東山高臥　②梅妻鶴子
　　　　　　③安閑自適　④夫唱婦隨

144. (　　) : ①粉骨碎身　②命在頃刻
　　　　　　③狗馬之心　④盡忠竭力

※같은 뜻의 成語가 되도록 (　)안에 漢字를 쓰시오.

145. (　　)(　　)之危 - 百尺竿頭

146. (　　)(　　)桃源 - 小國寡民

147. 虛(　　)(　　)勢 - 瓦釜雷鳴

148. 孤(　　)(　　)援 - 四面楚歌

149. 日就月將 - 刮目(　　)(　　)

150. 智者一失 - 千(　　)(　　)失

151. 風餐露宿 - 櫛(　　)(　　)雨

152. 破竹之勢 - 士(　　)(　　)天

153. 心心相印 - 以(　　)(　　)心

154. 五車之書 - 汗(　　)(　　)棟

※다음 漢字의 部首를 쓰시오.

155. 耗 (　　)　　156. 叛 (　　)
　　 齡 (　　)　　　　 斡 (　　)

157. 膽 (　　)　　158. 竟 (　　)
　　 亮 (　　)　　　　 靡 (　　)

159. 乖 (　　)
　　 冕 (　　)

※다음 제시된 뜻과 음의 漢字語를 쓰시오.

160. 齋壇 : 마름질.
.... (   )

161. 補塡 : 귀중한 책.
.... (   )

162. 顯官 : 주된 출입구.
.... (   )

163. 砒霜 : 평소같지 않음.
.... (   )

164. 錦繡 : 날짐승과 길짐승.
.... (   )

165. 羞恥 : 계산하여 얻은 수의 값.
.... (   )

166. 秀靈 : 돈이나 물품 따위를 받음.
.... (   )

167. 口到 : 조화롭게 배치하는 도면의 구성.
.... (   )

168. 傍腫 : 아무 거리낌이 없이 함부로 행동함.
.... (   )

169. 咀嚼 : 예술이나 학문에 관한 책이나 작품을 지음.
.... (   )

※다음 漢字의 서로 다른 뜻(일자다의자)을, 각각 그 유의자 결합으로 써 보시오.

170. 經 : (   ) (   )
171. 革 : (   ) (   )
172. 交 : (   ) (   )

※다음 漢字語의 순우리말을 쓰시오.

173. 巾卷 : (   )
174. 眷黨 : (   )
175. 究竟 : (   )
176. 嗣歲 : (   )
177. 擔架 : (   )

※다음 反對字·反對語를 쓰시오.

178. 白癡-(   ) 179. (   )-曇
180. 卑怯-(   ) 181. (   )-曙
182. 抒情-(   ) 183. (   )-雄
184. 束縛-(   ) 185. (   )-盾
186. 老鍊-(   ) 187. (   )-淡

※다음 類義字·類義語를 쓰시오.

188. 共鳴-(   ) 189. (   )-愕
190. 流離-(   ) 191. (   )-虔
192. 驅迫-(   ) 193. (   )-酬
194. 寸土-(   ) 195. (   )-罕
196. 海外-(   ) 197. (   )-悼

※다음 漢字의 略字를 쓰시오.

198. 夢 (   )   199. 壓 (   )
    覓 (   )   總 (   )
200. 觸 (   )
    攝 (   )

■ 200만점에 160점 이상 합격 (80%) ■

第4回 한자능력검정시험 1급

(시험시간 : 90분)

※다음 漢字語의 讀音을 쓰시오.

1. 甲串(*)
2. 款識(*)
3. 居諸(*)
4. 攪撓(*)
5. 汨羅(*)
6. 逞志(*)
7. 豚柵( )
8. 喧騷( )
9. 擊墜( )
10. 甦息( )
11. 兜龍( )
12. 搔癢( )
13. 明礬( )
14. 悴顔( )
15. 宦官( )
16. 枕肱( )
17. 孤撑( )
18. 鍼灸( )
19. 梵偈( )
20. 駝酪( )
21. 洑稅( )
22. 頹廢( )
23. 封套( )
24. 衆喙( )
25. 虞淵( )
26. 胸襟( )
27. 塑像( )
28. 樽酒( )
29. 戎狄( )
30. 汁滓( )
31. 鵠鏡( )
32. 愴囊( )
33. 臆測( )
34. 勁迅( )
35. 濾過( )
36. 更迭( )
37. 瘦肥( )
38. 凶煞( )
39. 浮沈( )
40. 羞憂( )
41. 猖披( )
42. 咀嚼( )
43. 闡揚( )
44. 炒魬( )
45. 鳳凰( )
46. 奄忽( )
47. 起臥( )
48. 輦輿( )
49. 遲速( )
50. 玲瓏( )

※위 31~50안에서 5개씩 찾아 번호로 쓰시오.

51. 유사관계:(, , , ,)
52. 대립관계:(, , , ,)

※다음 A에는 字義, B에는 轉義를 쓰시오.

53. 蒙塵 A:( ) B:( )
54. 銅臭 A:( ) B:( )
55. 圖南 A:( ) B:( )
56. 驅馳 A:( ) B:( )
57. 網羅 A:( ) B:( )

※다음 漢字의 訓과 音을 쓰시오.

58. 辣( )
59. 絲( )
60. 舜( )
61. 丕( )
62. 舒( )
63. 高( )
64. 尤( )
65. 秉( )
66. 翊( )
67. 翔( )
68. 恪( )
69. 捏( )
70. 殼( )
71. 捺( )
72. 潰( )
73. 衲( )
74. 詭( )
75. 觴( )
76. 讎( )
77. 璽( )
78. 袖( )
79. 薔( )
80. 酬( )
81. 殲( )
82. 鬪( )
83. 爛( )
84. 軋( )
85. 潭( )
86. 闇( )
87. 戴( )

※다음 밑줄 친 유사관계의 漢字語를 漢字正字로 쓰시오.

▷외국의 선박(88)을 보선(89) 해 사용하다.
▷현몽에 상서(90)로운 기운이 감돌다.
▷딸을 시집보내기 위해 오동(91)나무를 심었다.
▷과부하로 인하여 컴퓨터 오류(92)발생
▷서커스 순회(93)공연이 있는 날.
▷창해(94) 건너 간 님은 언제 오려나.
▷고인에 대한 애도(95)의 뜻을 표하다.
▷점차 미군주둔을 철수(96) 한다.
▷금품수수의 청탁(97) 근절.
▷국가가 최종 확인하고 조약 체결(98) 하다.
▷교통사고방지 조치(99)를 취하다.
▷NNL(북방한계선)을 넘으면 함정(100)이 총출동한다.
▷성인병예방을 위해서 채소(101)를 많이 섭취하자.
▷지은 죄의 갚음으로 받는 온갖 재앙은 앙화(102)이다.
▷업무 태도가 태만(103)한 사람은 자연도태 된다.
▷저격범의 총탄에 서거(104)하셨다.
▷의도적인 사기(105)는 범법행위이다.
▷남의 땅이라도 분묘(106)기지권은 있다.
▷금품으로 인한 타락(107) 선거는 추방되어야 한다.
▷저명인사를 초빙(108)하여 강의를 듣다.
▷홍수로 인한 실종자를 수색(109)하다.
▷기술 제휴(110)로 더 좋은 품질이 양산되다.
▷한자시험도 유사(111)단체가 많이 있다.
▷수확(112)을 하고 난 뒤 부차(113)적으로 판로가 염려된다.
▷당의 견인(114)역할을 하던 총수가 퇴각(115) 했다.
▷마라톤의 황제도 세월이 흐르면 노옹(116)이 된다.
▷제갈량은 출장입상 준수(117)한 인물이었다.
▷무분별한 남의 문화 모방(118)은 자제해야 한다.
▷관광지에는 숙박(119)시설이 필수(120)이다.
▷시험전날에는 충분한 수면(121)을 취해야 한다.
▷목사님이 우리집에 심방(122) 오셨다.
▷동분서주하다가 필경(123) 과로가 쓰러진다.
▷상호(124) 의견존중이 되어야 선진국이다.

88. 선박 (	)	89. 보선 (	)
90. 상서 (	)	91. 오동 (	)
92. 오류 (	)	93. 순회 (	)
94. 창해 (	)	95. 애도 (	)
96. 철수 (	)	97. 청탁 (	)
98. 체결 (	)	99. 조치 (	)
100. 함정 (	)	101. 채소 (	)
102. 앙화 (	)	103. 태만 (	)
104. 서거 (	)	105. 사기 (	)
106. 분묘 (	)	107. 타락 (	)
108. 초빙 (	)	109. 수색 (	)
110. 제휴 (	)	111. 유사 (	)
112. 수확 (	)	113. 부차 (	)
114. 견인 (	)	115. 퇴각 (	)
116. 노옹 (	)	117. 준수 (	)
118. 모방 (	)	119. 숙박 (	)
120. 필수 (	)	121. 수면 (	)
122. 심방 (	)	123. 필경 (	)
124. 상호 (	)		

※88~116번 안에서 장음 10개를 찾아 번호를 쓰시오.

125. (	)	126. (	)	127. (	)
128. (	)	129. (	)	130. (	)
131. (	)	132. (	)	133. (	)
134. (	)				

※다음 漢字語의 뜻풀이를 간단히 쓰시오.

135. 爽約 : (   )
     白頭 : (   )
136. 朔望 : (   )
     彫琢 : (   )
137. 上澣 : (   )
     反目 : (   )
138. 撮土 : (   )
     藉田 : (   )
139. 參差 : (   )
     食言 : (   )

※다음 뜻에 해당하는 故事成語를 쓰시오.

140. 비파, 거문고 기둥을 아교풀로 고착시킴.
     (변통성이 없이 소견이 막힌 사람)
     ……………… (   )

141. 수명이 끝이 없음(長壽를 빌 때 쓰는 말)
     ……………… (   )

142. 서린 뿌리와 얼크러진 마디.
     (처리하기가 매우 어려운 사건)
     ……………… (   )

143. 소나무가 무성하면 잣나무가 기뻐함.
     (벗이 잘되는 것을 기뻐함)
     ……………… (   )

144. 근원을 뽑아서 폐해를 아주 없애버림.
     (근원적인 처방)
     ……………… (   )

※반대 뜻의 成語가 되도록 ( )안에 漢字를 쓰시오.

145. (   )(   )令色 - 剛毅木訥
146. (   )(   )妄動 - 隱忍自重
147. (   )(   )廣室 - 一間斗屋
148. (   )(   )流水 - 市道之交
149. (   )(   )甘來 - 興盡悲來
150. (   )(   )者黑 - 麻中之蓬
151. 錦上(   )(   ) - 雪上加霜
152. 智者(   )(   ) - 千慮一得
153. 錦衣(   )(   ) - 錦衣還鄉
154. 一朝(   )(   ) - 一日三秋

※다음 漢字의 部首를 쓰시오.

155. 辣 (   )   156. 舜 (   )
     黎 (   )   丕 (   )
157. 舒 (   )   158. 尤 (   )
     冑 (   )   秉 (   )
159. 翊 (   )
     翔 (   )

※다음 문장의 의미에 맞는 한자를 쓰시오.

160. 쓰레기를 무단 투기하지 맙시다.
 ( )
161. 부동산에 투기가 몰리면 가격의 거품이 생긴다.
 ( )
162. 기업 대표자간의 간담회가 열리다.
 ( )
163. 몹시 놀라서 간담이 서늘해졌다.
 ( )
164. 간첩은 적군의 실정을 정찰한다.
 ( )
165. 대부분의 상점에서 정찰제를 한다.
 ( )
166. 영화 고전셋트장은 사료를 참고한다.
 ( )
167. 대부분의 가축들은 사료를 준다.
 ( )
168. 카톨릭에서 죄를 사하는 것을 사죄라 한다.
 ( )
169. 피해자에게 사죄를 하다.
 ( )

※다음 漢字의 서로 다른 뜻(일자다의자)을, 각각 그 반대자 결합으로 써 보시오.

170. 利:( )( )
171. 自:( )( )
172. 長:( )( )

※다음 漢字語의 순우리말을 쓰시오.

173. 杖國:( )
174. 貼錢:( )
175. 鵑花:( )
176. 過頃:( )
177. 瑕疵:( )

※다음 反對字・反對語를 쓰시오.

178. 抑制-( )
179. 燥 -( )
180. 沃土-( )
181. 淸 -( )
182. 憐憫-( )
183. 彼 -( )
184. 眞實-( )
185. 屈 -( )
186. 榮轉-( )
187. 舅 -( )

※다음 類義字・類義語를 쓰시오.

188. 滋養-( )
189. 箋 -( )
190. 不朽-( )
191. 焚 -( )
192. 天稟-( )
193. 邸 -( )
194. 曠前-( )
195. 懺 -( )
196. 斡旋-( )
197. 寵 -( )

※다음 漢字의 略字를 쓰시오.

198. 實踐 ( )
199. 歸國 ( )
200. 擔當 ( )

■ 200만점에 160점 이상 합격 (80%) ■

第5回 한자능력검정시험 1급

(시험시간 : 90분)

※다음 漢字語의 讀音을 쓰시오.

1. 豫度(*   )
2. 歪調(*   )
3. 嗚咽(*   )
4. 寥廓(*   )
5. 菀蒲(*   )
6. 頻數(*   )
7. 模糊(   )
8. 愉逸(   )
9. 蒙茸(   )
10. 絨緞(   )
11. 描寫(   )
12. 蔭鬱(   )
13. 膊脯(   )
14. 膺懲(   )
15. 攀桂(   )
16. 劫奪(   )
17. 勃起(   )
18. 杜鵑(   )
19. 潰滅(   )
20. 奔訃(   )
21. 葵藿(   )
22. 粉碎(   )
23. 橘柚(   )
24. 糞壤(   )
25. 柴扉(   )
26. 腋臭(   )
27. 烙刑(   )
28. 磨勘(   )
29. 駱越(   )
30. 阻隘(   )
31. 鸞駕(   )
32. 咳唾(   )
33. 廣狹(   )
34. 訊檢(   )
35. 寬猛(   )
36. 闊袖(   )
37. 考妣(   )
38. 棚棧(   )
39. 肥瘠(   )
40. 犀函(   )
41. 游禽(   )
42. 鄙陋(   )
43. 精粗(   )
44. 濱涯(   )
45. 棘刺(   )
46. 塚墓(   )
47. 錦鱗(   )
48. 漲溢(   )
49. 癩菌(   )
50. 釣竿(   )

※위 31~50안에서 5개씩 찾아 번호로 쓰시오.

51. 유사관계:(,   ,   ,   )
52. 대립관계:(,   ,   ,   )

※다음 A에는 字義, B에는 轉義를 쓰시오.

53. 巾櫛 A:(   )
           B:(   )
54. 隙駒 A:(   )
           B:(   )
55. 鼓吹 A:(   )
           B:(   )
56. 白眉 A:(   )
           B:(   )
57. 握髮 A:(   )
           B:(   )

※다음 漢字의 訓과 音을 쓰시오.

58. 皐(   )   59. 戾(   )
60. 鷹(   )   61. 翰(   )
62. 睿(   )   63. 衮(   )
64. 杰(   )   65. 鹹(   )
66. 秦(   )   67. 梁(   )
68. 湍(   )   69. 侶(   )
70. 燾(   )   71. 戮(   )
72. 灘(   )   73. 虹(   )
74. 耽(   )   75. 哄(   )
76. 壕(   )   77. 坦(   )
78. 却(   )   79. 憚(   )
80. 輯(   )   81. 豈(   )
82. 擢(   )   83. 酸(   )
84. 鐸(   )   85. 虐(   )
86. 搬(   )   87. 棍(   )

※다음 漢字語를 漢字正字로 쓰시오.

▷요즘 젊은층에서는 마술(88)을 매력(89)으로 느낀다.
▷대지(90)에 비해 건평(91)이 작을수록 정원을 넓게 꾸민다.
▷가스폭발로 인한 피해자는 고막(92)에 손상이 있어 의료(93)진에게 진찰(94)을 받고 실수한 사람은 처참(95)한 광경을 보며 감회(96)에 젖지만 피해는 배상(97)해야 한다.
▷만통(98)이 심해서 마취(99)를 하고 수술로 분만하다.
▷접착제 아교(100)는 쇠가죽을 진하게 끓여서 만들며 나무에서 나오는 진은 천연 수지(101)가 된다.
▷현지 교포(102)가 간첩(103)혐의가 있어 야단(104)이다.
▷해고(105) 당한 고용인은 고용주를 경멸(106)하고 권리를 찾는데 포기(107)하지 않는다.
▷보궐(108) 선거로 더욱 파벌(109)간 갈등(110)이 심화되고 있다.
▷조각에는 환조(111)와 부조가 있다.
▷병동(112)에서는 취사(113)를 할 수 없다.
▷배우(114)들이 주축(115)이 되어 만찬(116)이 열렸는데 각자 소개(117)가 이어졌다.
▷책에 삽화(118)는 직접 그렸다.
▷외교부 산하(119) 대사관은 나라마다 주재(120)하고 있다.
▷여유자금을 은행에 예치(121)해 두었다.
▷여름철에는 익사(122) 사고가 많이 난다.
▷식품가공에 있어 발암(123) 물질은 금물.
▷유형(124)의 범위를 벗어나지 못한 평범한 작품들.

88. 마술 (	)	89. 매력 (	)
90. 대지 (	)	91. 건평 (	)
92. 고막 (	)	93. 의료 (	)
94. 진찰 (	)	95. 처참 (	)
96. 감회 (	)	97. 배상 (	)
98. 만통 (	)	99. 마취 (	)
100. 아교 (	)	101. 수지 (	)
102. 교포 (	)	103. 간첩 (	)
104. 야단 (	)	105. 해고 (	)
106. 경멸 (	)	107. 포기 (	)
108. 보궐 (	)	109. 파벌 (	)
110. 갈등 (	)	111. 환조 (	)
112. 병동 (	)	113. 취사 (	)
114. 배우 (	)	115. 주축 (	)
116. 만찬 (	)	117. 소개 (	)
118. 삽화 (	)	119. 산하 (	)
120. 주재 (	)	121. 예치 (	)
122. 익사 (	)	123. 발암 (	)
124. 유형 (	)		

※88~117번 안에서 장음 10개를 찾아 번호를 쓰시오.

125. (	)	126. (	)	127. (	)
128. (	)	129. (	)	130. (	)
131. (	)	132. (	)	133. (	)
134. (	)				

성명 [   ]

※다음 뜻을 가진 漢字語를 漢字正字로 쓰시오.

135. 국제간에 일정한 협정에 따라 자금을 빌려 주고 빌려 씀.
……………………… (   )

136. 한 나라의 세관을 통과하는 상품에 대하여 부과하는 세금.
……………………… (   )

137. 선진국이 개발 도상국의 경제 개발을 돕기 위하여 수출·차관 제공·기술 협력 등을 하는 일.
……………………… (   )

138. 자산이나 자금따위의 이동 또는 사용을 일시 금지함.
……………………… (   )

139. (경기)가라앉은 것이 떠오름.
……………………… (   )

※다음 故事成語의 뜻을 쓰시오.

140. ▷韋編三絕
직역: (   )
의역: (   )

141. ▷自繩自縛
직역: (   )
의역: (   )

142. ▷養虎遺患
직역: (   )
의역: (   )

143. ▷日暮途遠
직역: (   )
의역: (   )

144. ▷足脫不及
직역: (   )
의역: (   )

※같은 뜻의 成語가 되도록 ( )안에 漢字를 쓰시오.

145. 匹夫匹婦 - (   )三(   )四

146. 悠悠自適 - (   )妻(   )子

147. 面從腹背 - (   )(   )陰違

148. 輔車相依 - (   )(   )齒寒

149. 三遷之敎 - (   )(   )之敎

150. 戰戰兢兢 - (   )(   )焦思

151. 桑田碧海 - (   )(   )深谷

152. 隻手空拳 - (   )(   )空拳

153. 莫(   )之友 - 水(   )之交

154. 見(   )思義 - 見(   )授命

※다음 漢字의 部首를 쓰시오.

155. 皐 (   )   156. 鷹 (   )
     戾 (   )   翰 (   )

157. 睿 (   )   158. 杰 (   )
     衾 (   )   鹹 (   )

159. 秦 (   )
     梁 (   )

※다음 문장의 의미에 맞는 한자를 쓰시오.

▷첫 서리가 내리는 초상(160)에 부친이 돌아 가셨는데 생전에 직접 그려 두셨던 초상(161)화를 부친의 초상(162)때 사용하였다.

160. ·················· (   )
161. ·················· (   )
162. ·················· (   )

▷직장 동료 김 경사(163)의 집에 경사(164)가 있어 축하차 집에 들렀는데 경사(165)가 아주 가파른 달동네였다.

163. ·················· (   )
164. ·················· (   )
165. ·················· (   )

▷기업의 성공은 기술과 신용 그리고 고용(166)인과 고용(167)원 사이의 화합에 있다.

166. ·················· (   )
167. ·················· (   )

▷세법의 개정(168)으로 새로이 세법책을 개정(169) 하지 않으면 안 된다.

168. ·················· (   )
169. ·················· (   )

※다음 漢字의 서로 다른 뜻(일자다의자)을, 각각 그 유의자 결합으로 써 보시오.

170. 白 : (   ) (   )
171. 說 : (   ) (   )
172. 容 : (   ) (   )

※다음 漢字語의 순우리말을 쓰시오.

173. 塵鋪 : (   )
174. 銜勒 : (   )
175. 芍藥 : (   )
176. 移秧 : (   )
177. 瘀血 : (   )

※다음 反對字・反對語를 쓰시오.

178. 定着-(   )   179. (   )-削
180. 巨大-(   )   181. (   )-愚
182. 餞送-(   )   183. (   )-捨
184. 所得-(   )   185. (   )-忙
186. 敏速-(   )   187. (   )-枯

※다음 類義字・類義語를 쓰시오.

188. 潤澤-(   )   189. (   )-辣
190. 去就-(   )   191. (   )-遜
192. 貢獻-(   )   193. (   )-綱
194. 狀況-(   )   195. (   )-穢
196. 儉約-(   )   197. (   )-盜

※다음 漢字의 略字를 쓰시오.

198. 假 (   )   199. 漆 (   )
    獻 (   )   蓋 (   )
200. 寧 (   )
    峽 (   )

■ 200만점에 160점 이상 합격 (80%) ■

第6回 한자능력검정시험 1급

(시험시간 : 90분)

※다음 漢字語의 讀音을 쓰시오.

1. 關塞(*   )
2. 煩數(*   )
3. 差備(*   )
4. 馮夷(*   )
5. 徵音(*   )
6. 菩提(*   )
7. 偕偶(   )
8. 稟議(   )
9. 咳喘(   )
10. 函籠(   )
11. 抽籤(   )
12. 聊賴(   )
13. 黜剝(   )
14. 唾罵(   )
15. 醋酸(   )
16. 彙報(   )
17. 叢萃(   )
18. 廠舍(   )
19. 尨狗(   )
20. 綽態(   )
21. 榜笞(   )
22. 腐蝕(   )
23. 凜嚴(   )
24. 拂袂(   )
25. 聳擢(   )
26. 禿翁(   )
27. 芥屑(   )
28. 賭租(   )
29. 繭蠶(   )
30. 圖讖(   )
31. 恪虔(   )
32. 艱易(   )
33. 櫃封(   )
34. 擒縱(   )
35. 龜鼈(   )
36. 梵磬(   )
37. 充塡(   )
38. 堡壘(   )
39. 辛辣(   )
40. 盈虛(   )
41. 膈痰(   )
42. 陟降(   )
43. 激昻(   )
44. 隕涕(   )
45. 隘狹(   )
46. 醒醉(   )
47. 詭詐(   )
48. 些細(   )
49. 勒絆(   )
50. 撒菽(   )

※위 31~50안에서 5개씩 찾아 번호로 쓰시오.
51. 유사관계:(,   ,   ,   )
52. 대립관계:(,   ,   ,   )

※다음 A에는 字義, B에는 轉義를 쓰시오.

53. 點額 〈 A : (   ) / B : (   )
54. 宸襟 〈 A : (   ) / B : (   )
55. 容膝 〈 A : (   ) / B : (   )
56. 膾炙 〈 A : (   ) / B : (   )
57. 荊棘 〈 A : (   ) / B : (   )

※다음 漢字의 訓과 音을 쓰시오.

58. 奭(   )
59. 黎(   )
60. 忝(   )
61. 徽(   )
62. 升(   )
63. 甫(   )
64. 旣(   )
65. 龐(   )
66. 疊(   )
67. 采(   )
68. 墟(   )
69. 憮(   )
70. 嘗(   )
71. 罪(   )
72. 墺(   )
73. 帆(   )
74. 沃(   )
75. 悉(   )
76. 淵(   )
77. 僥(   )
78. 兢(   )
79. 箋(   )
80. 頰(   )
81. 擲(   )
82. 穗(   )
83. 邂(   )
84. 稙(   )
85. 顚(   )
86. 雉(   )
87. 稗(   )

※다음 문장에서 漢字는 한글로, 한글은 漢字로 쓰시오.

周나라가 쇠약기(88)에 이르러서는 현성(89)한 임금이 나오지 아니하고, 학교의 운영(90)도 제대로 되지 않아 敎化는 쇠퇴해지고, 풍속은 頹敗(91)해졌던 것이다. 이때에 孔子 같은 성인이 계셨으나, 君師의 지위를 얻어 그 政敎를 行할 수 있는 처지가 못되시었다. 그래서 홀로 선왕의 법도(92)를 취하시어 그것을 구송(93)으로 전하여 후세에 일러 주시나, 曲禮, 小儀, 內則, 弟子職 等 諸篇 같은 것은 본디 소학의 지류(94)와 餘裔(95) 같은 것이가, 이 대학편은 소학의 성취에 근거(96)해 와서 대학의 밝은 법도를 드러낸 것으로 밖으로는 태학의 규모의 큼이 극해 있으며 안으로는 태학의 절목(97)의 상세(98)함이 다해 있다.

三千 문도(99)들이 그 강설(100)을 듣지 않은 이가 없었지만, 증자의 전하는 말만이 유독 그 종지(101)를 얻었다. 그래서 해설을 지어서 孔子의 뜻을 闡明(102)했던 것이다. 孟子가 돌아가시자 그 전승(103)의 계통(104)이 없어져 버렸으니, 曾子의 冊은 비록 유존(105)해 왔다고 하지만 아는 사람은 드물었다.

그때부터 속유(106)의 기송(107), 詞章의 學習은 그 努力을 小學에서보다 倍나 더 했으나 쓸데가 없었고, 이단(108)적인 道家와 佛敎의 가르침은 그 고답(109)함이 大學보다 더하였으나 실속이 없었고, 그 밖에 권모(110) 술수(111)로 일체(112) 功名에 나아간 학설과 百家, 중기(113)의 유파(114)들, 世上을 眩惑(115)시키고 백성들을 속이며 仁義를 막는 것들이 그 사이에서 어지럽게 섞여 나와 그 君子로 하여금 不幸히도 大道의 要諦(116)를 들을 수 없게 하고, 그 小人으로 하여금 불행히도 덕치(117)의 은택(118)을 입을 수 없게 하여 혼암(119)하고 침체(120)되며, 깊은 병폐(121)가 되풀이 되어 와 五代의 쇠약기에 이르러서는 파괴(122)와 혼란(123)이 극도(124)에 達했었다.

<大學章句序解說에서>

88. 쇠약기 ( )	89. 현성 ( )
90. 운영 ( )	91. 頹敗 ( )
92. 법도 ( )	93. 구송 ( )
94. 지류 ( )	95. 餘裔 ( )
96. 근거 ( )	97. 절목 ( )
98. 상세 ( )	99. 문도 ( )
100. 강설 ( )	101. 종지 ( )
102. 闡明 ( )	103. 전승 ( )
104. 계통 ( )	105. 유존 ( )
106. 속유 ( )	107. 기송 ( )
108. 이단 ( )	109. 고답 ( )
110. 권모 ( )	111. 술수 ( )
112. 일체 ( )	113. 중기 ( )
114. 유파 ( )	115. 眩惑 ( )
116. 要諦 ( )	117. 덕치 ( )
118. 은택 ( )	119. 혼암 ( )
120. 침체 ( )	121. 병폐 ( )
122. 파괴 ( )	123. 혼란 ( )
124. 극도 ( )	

※88~124번 안에서 장음 10개를 찾아 번호를 쓰시오.

125. (   ) 126. (   ) 127. (   )
128. (   ) 129. (   ) 130. (   )
131. (   ) 132. (   ) 133. (   )
134. (   )

※다음 뜻을 가진 漢字語를 漢字正字로 쓰시오.

135. 구치소에 잡아서 가두어 자유를 속박하는 형벌.
……………… (　　　　　　)

136. 배상 또는 상환을 청구함.
……………… (　　　　　　)

137. 지방법원의 제 2심 판결에 대하여 파기 또는 변경을 상급 법원에 신청하는 일.
……………… (　　　　　　)

138. 죄인을 쫓아가서 잡음.
……………… (　　　　　　)

139. 한 번 심사한 것을 다시 심사함.
……………… (　　　　　　)

※다음 중 관련 없는 것 하나를 고르시오.

140. (　　) : ①雪膚花容　②丹脣皓齒
　　　　　　③羞花閉月　④衆寡不敵

141. (　　) : ①對牛彈琴　②牛耳讀經
　　　　　　③晝耕夜讀　④如風過耳

142. (　　) : ①生者必滅　②一魚濁水
　　　　　　③雪泥鴻爪　④一場春夢

143. (　　) : ①上下撐石　②難伯難仲
　　　　　　③伯仲之勢　④莫上莫下

144. (　　) : ①犬兔之爭　②漁父之利
　　　　　　③田夫之功　④我田引水

※같은 뜻의 成語가 되도록 (　)안에 漢字를 쓰시오.

145. (　)若(　)人 － 眼下無人

146. (　)必(　)夫 － 夫唱婦隨

147. (　)(　)之戲 － 斑衣之戲

148. (　)(　)之志 － 靑雲之志

149. (　)(　)之鳥 － 懲羹吹菜

150. (　)(　)池魚 － 橫來之厄

151. 開門(　)(　) － 開門揖盜

152. 咸興(　)(　) － 終無消息

153. 羊頭(　)(　) － 表裏不同

154. 盤溪(　)(　) － 旁岐曲徑

※다음 漢字의 部首를 쓰시오.

155. 奭(　)　156. 玼(　)
　　 黎(　)　　　 徽(　)

157. 升(　)　158. 旣(　)
　　 甫(　)　　　 龐(　)

159. 疊(　)
　　 采(　)

※다음 漢字語와 음은 같으나 뜻이 다른 漢字語를 쓰시오.

160. 降意 : (　　　　　) (　　　　　)

161. 趙昊 : (　　　　　) (　　　　　)

162. 夙成 : (　　　　　) (　　　　　)

163. 楨祥 : (　　　　　) (　　　　　)

164. 地殼 : (　　　　　) (　　　　　)

165. 雖然 : (　　　　　) (　　　　　)

166. 科場 : (　　　　　) (　　　　　)

167. 浮紙 : (　　　　　) (　　　　　)

168. 巧手 : (　　　　　) (　　　　　)

169. 岐嶇 : (　　　　　) (　　　　　)

※다음 漢字의 서로 다른 뜻(일자다의자)을, 각각 그 유의자 결합으로 써 보시오.

170. 逸 : (　　　　　) (　　　　　)

171. 著 : (　　　　　) (　　　　　)

172. 樹 : (　　　　　) (　　　　　)

※다음 漢字語의 순우리말을 쓰시오.

173. 顆鹽 : (　　　　　　　　　　)

174. 貢獻 : (　　　　　　　　　　)

175. 康衢 : (　　　　　　　　　　)

176. 騷客 : (　　　　　　　　　　)

177. 化膿 : (　　　　　　　　　　)

※다음 反對字·反對語를 쓰시오.

178. 架空-(　　　　)　179. 俯-(　　　　)

180. 怨恨-(　　　　)　181. 糞-(　　　　)

182. 濫用-(　　　　)　183. 呑-(　　　　)

184. 疏遠-(　　　　)　185. 鹹-(　　　　)

186. 斬新-(　　　　)　187. 晦-(　　　　)

※다음 類義字·類義語를 쓰시오.

188. 冷靜-(　　　　)　189. 堪-(　　　　)

190. 逍遙-(　　　　)　191. 譴-(　　　　)

192. 換骨-(　　　　)　193. 邁-(　　　　)

194. 變遷-(　　　　)　195. 斡-(　　　　)

196. 獨占-(　　　　)　197. 懶-(　　　　)

※다음 漢字[略字]의 正字를 쓰시오.

198. 庿 (　　　)　199. 称 (　　　)
　　　弥 (　　　)　　　珎 (　　　)
200. 処 (　　　)
　　　拠 (　　　)

■ 200만점에 160점 이상 합격 (80%) ■

第7回 한자능력검정시험 1급

(시험시간 : 90분)

※다음 漢字語의 讀音을 쓰시오.

1. 著押(*   )   2. 幀畫(*   )
3. 炙鐵(*   )   4. 挫北(*   )
5. 田畝(*   )   6. 枳塞(*   )
7. 不逞(   )   8. 膿汁(   )
9. 義塾(   )   10. 錦棠(   )
11. 證憑(   )   12. 紗帽(   )
13. 雀躍(   )   14. 瞥觀(   )
15. 銀錠(   )   16. 腔腸(   )
17. 經綸(   )   18. 鈴鐸(   )
19. 臀腫(   )   20. 舊臘(   )
21. 抹消(   )   22. 弱齡(   )
23. 摸索(   )   24. 崎嶇(   )
25. 利錐(   )   26. 寮佐(   )
27. 譬喩(   )   28. 重疊(   )
29. 硅石(   )   30. 輻射(   )
31. 臂脚(   )   32. 硼酸(   )
33. 俛仰(   )   34. 劈碎(   )
35. 輿轎(   )   36. 靜謐(   )
37. 戟盾(   )   38. 旌幟(   )
39. 昆季(   )   40. 啼泣(   )
41. 煩簡(   )   42. 棲息(   )
43. 腦裡(   )   44. 漕艇(   )
45. 淋疾(   )   46. 絞縊(   )
47. 梳洗(   )   48. 凋枯(   )
49. 潔癖(   )   50. 囹圄(   )

※위 31~50안에서 5개씩 찾아 번호로 쓰시오.
51. 유사관계:(,   ,   ,   ,   )
52. 대립관계:(,   ,   ,   ,   )

※다음 A에는 字義, B에는 轉義를 쓰시오.

53. 股肱 A:(   )
         B:(   )
54. 干城 A:(   )
         B:(   )
55. 綠林 A:(   )
         B:(   )
56. 流麥 A:(   )
         B:(   )
57. 逆鱗 A:(   )
         B:(   )

※다음 漢字의 訓과 音을 쓰시오.

58. 嘉(   )   59. 尹(   )
60. 悶(   )   61. 胤(   )
62. 麴(   )   63. 串(   )
64. 竭(   )   65. 弁(   )
66. 袋(   )   67. 碁(   )
68. 掉(   )   69. 釜(   )
70. 籃(   )   71. 傅(   )
72. 刺(   )   73. 勒(   )
74. 剌(   )   75. 勅(   )
76. 濾(   )   77. 繩(   )
78. 閣(   )   79. 柴(   )
80. 罵(   )   81. 醴(   )
82. 邁(   )   83. 鷺(   )
84. 墾(   )   85. 綜(   )
86. 旄(   )   87. 屍(   )

※다음 漢字語를 漢字正字로 쓰시오.

▷갱도(88)에서 채굴(89)작업으로 후두(90)과 신장(91)의 악화로 타계한 사람을 위하여 해마다 추도(92)식이 열린다.

▷옛날 서한(93)을 쓸때는 연적(94)의 깨끗한 물로 농도(95)를 잘 맞추어 먹을 정성껏 간다.

▷해외에서 실종된 사람중에는 여행도중 납치(96)된 것으로 파악(97)된다.

▷축구(98) 대회에서 이번에도 패권(99)을 불사하기 위해 투지를 불태우는 것은 온당(100)하다.

▷위관(101)들이 능력위주의 인사조치를 함으로써 위계질서가 문란(102)하지 않다.

▷삼엄해야 할 초소(103)에서 시비가 야기(104)되어 유감(105)이다.

▷부산은 항만(106)시설이 잘 되어있다.

▷낙향하여 외부와 차단(107)된 현실에 백화가 난만(108) 한 시골에서 생계로 양잠(109)을 한다.

▷재래시장 상권(110)의 부흥을 위하여 작성된 정관(111)의 기록된 내용을 부연(112) 설명하다.

▷낚시를 하기 위해 조선(113)을 타고 나갔다.

▷내가 편집(114)한 탐정(115)소설을 구독(116)하는 이가 많다.

▷일본군의 만용(117)으로 농락(118)과 학대(119)를 받은 양민들이 장애(120)를 입다.

▷의사처방전이 아닌 조제(121)는 위험하다.

▷자취(122)생활을 통해서 극복을 단련(123)하고 생활을 융통(124)성 있게 꾸리는 것을 배운다.

88. 갱도 (   )   89. 채굴 (   )
90. 후두 (   )   91. 신장 (   )
92. 추도 (   )   93. 서한 (   )
94. 연적 (   )   95. 농도 (   )
96. 납치 (   )   97. 파악 (   )
98. 축구 (   )   99. 패권 (   )
100. 온당 (   ) 101. 위관 (   )
102. 문란 (   ) 103. 초소 (   )
104. 야기 (   ) 105. 유감 (   )
106. 항만 (   ) 107. 차단 (   )
108. 난만 (   ) 109. 양잠 (   )
110. 상권 (   ) 111. 정관 (   )
112. 부연 (   ) 113. 조선 (   )
114. 편집 (   ) 115. 탐정 (   )
116. 구독 (   ) 117. 만용 (   )
118. 농락 (   ) 119. 학대 (   )
120. 장애 (   ) 121. 조제 (   )
122. 자취 (   ) 123. 단련 (   )
124. 융통 (   )

※88~116번 안에서 장음 10개를 찾아 번호를 쓰시오.

125. (   ) 126. (   ) 127. (   )
128. (   ) 129. (   ) 130. (   )
131. (   ) 132. (   ) 133. (   )
134. (   )

성명 [   ]

※다음 뜻을 가진 漢字語를 漢字正字로 쓰시오.

135. 어떤 상태가 그대로 고정되어 좀처럼 변화가 없게 됨.
……………(　　　　　)

136. 책임이나 죄상 따위를 엄하게 따지고 나무람.
……………(　　　　　)

137. 여러 가지 장애로 말미암아 순조롭게 진척되지 않음.
……………(　　　　　)

138. 정치적인 이유등으로 제 나라에 있지 못하고 남의 나라로 몸을 피하는 일.
……………(　　　　　)

139. 어떤 행위나 사회적 활동을 권력이나 무력으로 억눌러 꼼짝 못하게 함.
……………(　　　　　)

※다음 故事成語의 뜻을 쓰시오.

140. ▷良禽擇木
직역: (　　　　　　　　　　)
의역: (　　　　　　　　　　)

141. ▷愚公移山
직역: (　　　　　　　　　　)
의역: (　　　　　　　　　　)

142. ▷三顧草廬
직역: (　　　　　　　　　　)
의역: (　　　　　　　　　　)

143. ▷男負女戴
직역: (　　　　　　　　　　)
의역: (　　　　　　　　　　)

144. ▷走馬加鞭
직역: (　　　　　　　　　　)
의역: (　　　　　　　　　　)

※같은 뜻의 成語가 되도록 (　)안에 漢字를 쓰시오.

145. 五日(　　)(　　) - 三日天下

146. 異口(　　)(　　) - 如出一口

147. 五十(　　)(　　) - 大同小異

148. 琴瑟(　　)(　　) - 連理比翼

149. 花容(　　)(　　) - 天下絶色

150. 一(　　)之夢 - (　　)生之夢

151. (　　)鮑之交 - 芝(　　)之交

152. (　　)柯一夢 - 胡(　　)之夢

153. (　　)上加霜 - 前(　　)後狼

154. (　　)者必衰 - 月(　　)則食

※다음 漢字의 部首를 쓰시오.

155.	嘉 (　　)	156.	悶 (　　)
	尹 (　　)		胤 (　　)
157.	麩 (　　)	158.	竭 (　　)
	串 (　　)		弁 (　　)
159.	袋 (　　)		
	棊 (　　)		

※다음 문장의 의미에 맞는 한자를 쓰시오.

▷영화를 감상(160) 하고 있으면 마음이 아파서 감상(161)에 젖어 눈물이 난다.

160. ……………………… (   )
161. ……………………… (   )

▷옛날에는 시골에서 서울로 유학(162)가면 출세 했다 하고 요즘은 외국으로 유학(163)도 많이 가는 추세다.

162. ……………………… (   )
163. ……………………… (   )

▷선친의 산소에 성분(164)하면서 좋은 성분(165)의 토양을 썼다.

164. ……………………… (   )
165. ……………………… (   )

▷검정고시로 독학하는 과정(166)에서 어려웠던 시기는 고등 교과 과정(167)이었다.

166. ……………………… (   )
167. ……………………… (   )

▷간단한 외출에는 소형(168)가방을 들고, 자가용은 소형(169)자동차를 소유함으로써 검소한 생활이 된다.

168. ……………………… (   )
169. ……………………… (   )

※다음 밑줄 친 한자의 음과 뜻을 구분하여 쓰시오.

170. 更紙(   )   變更(   )
171. 說客(   )   說話(   )
172. 可否(   )   否運(   )

※다음 漢字語의 순우리말을 쓰시오.

173. 痘面 : (   )
174. 匙箸 : (   )
175. 輓近 : (   )
176. 黎老 : (   )
177. 寤寐 : (   )

※다음 反對字・反對語를 쓰시오.

178. 高雅-(   )   179. 胸-(   )
180. 訥辯-(   )   181. 艱-(   )
182. 順坦-(   )   183. 擒-(   )
184. 輪廓-(   )   185. 陟-(   )
186. 咀呪-(   )   187. 浮-(   )

※다음 類義字・類義語를 쓰시오.

188. 強仕-(   )   189. 梗-(   )
190. 半百-(   )   191. 稠-(   )
192. 回甲-(   )   193. 躁-(   )
194. 從心-(   )   195. 忖-(   )
196. 凍梨-(   )   197. 纖-(   )

※다음 漢字의 略字를 쓰시오.

198. 鐵鑛(   )   199. 轉屬(   )

200. 關聯(   )

■ 200만점에 160점 이상 합격 (80%) ■

第8回 한자능력검정시험 1급

(시험시간 : 90분)

※다음 漢字語의 讀音을 쓰시오.

1. 娑婆(*   )
2. 未瑩(*   )
3. 槌鑿(*   )
4. 阮國(*   )
5. 瀑沫(*   )
6. 沸胃(*   )
7. 枳礙(*   )
8. 數數(*   )
9. 什長(*   )
10. 忽諸(*   )
11. 腱膜(   )
12. 銑錢(   )
13. 微粒(   )
14. 禮誼(   )
15. 臘享(   )
16. 夭折(   )
17. 薄衾(   )
18. 燐亂(   )
19. 糟糠(   )
20. 紫蚓(   )
21. 照瞭(   )
22. 嚬眉(   )
23. 繰綿(   )
24. 炸裂(   )
25. 珠蛤(   )
26. 豪俠(   )
27. 捕縛(   )
28. 灼爾(   )
29. 陷穽(   )
30. 盞臺(   )
31. 耽羅(   )
32. 渤海(   )
33. 曲阜(   )
34. 舭觸(   )
35. 藻雅(   )
36. 錠劑(   )
37. 腫瘍(   )
38. 哄笑(   )
39. 殺戮(   )
40. 暹羅(   )
41. 靡寧(   )
42. 嗾囑(   )
43. 緋衲(   )
44. 鎬京(   )
45. 鼠賊(   )
46. 墺地利(   )
47. 眩惑(   )
48. 葡萄牙(   )
49. 跋扈(   )
50. 白耳義(   )

※위 31~44안에서 地名字를 찾아 번호로 쓰시오.

51. 地名: (,   ,   ,   )
52. 國名: (墺地利: 葡萄牙: 白耳義:)

※다음 A에는 字義, B에는 轉義를 쓰시오.

53. 推敲 A:(   ) B:(   )
54. 破僻 A:(   ) B:(   )
55. 角逐 A:(   ) B:(   )
56. 南面 A:(   ) B:(   )
57. 葛藤 A:(   ) B:(   )

※다음 漢字의 訓과 音을 쓰시오.

58. 陪(   )
59. 惛(   )
60. 鄙(   )
61. 狼(   )
62. 巡(   )
63. 膺(   )
64. 刮(   )
65. 襪(   )
66. 攘(   )
67. 煮(   )
68. 敲(   )
69. 纏(   )
70. 撰(   )
71. 搾(   )
72. 侈(   )
73. 熙(   )
74. 遵(   )
75. 郊(   )
76. 陀(   )
77. 駭(   )
78. 塵(   )
79. 幟(   )
80. 祚(   )
81. 燁(   )
82. 閣(   )
83. 杜(   )
84. 饌(   )
85. 沖(   )
86. 矯(   )
87. 峙(   )

※다음 밑줄 친 한자어를 漢字로 쓰시오.

▷국무총리 인준(88)을 놓고 연 청문회가 무산(89)됨으로써 국민들은 염증(90)을 느낀다.
▷농민들의 규탄(91)대회를 철순(92)으로 막아 충돌(93)이 발생하였다.
▷제과(94)회사에서는 포장할 상자(95)에도 투자를 아끼지 않는다.
▷상현(96)이 뜨는 밤이면 문기(97)한 악마(98)가 출현할 듯 하다.
▷짝사랑을 척애(99)한다.
▷지축(100)을 흔드는 듯한 함대(101)의 포성 소리.
▷좋은 태몽(102)을 꾸고 아기를 분만(103)하다.
▷운전에 서툰사람은 주차(104)시에는 빈번(105)이 접촉사고가 난다.
▷상감의 진노(106)를 사다.
▷범국민(107)적인 여론(108)조사가 압도(109)적인 것은 무언가를 시사(110)하고 있는 것이다.
▷회사의 전략으로 타회사를 조금씩 잠식(111)하고 있다.
▷울릉도(112) 호박엿.
▷경상도의 젖줄 낙동강(113).
▷한라산 정상에는 백록담(114)이 있다.
▷비구니(115)스님이 토굴(116)속에서 한묵(117)형식으로 글을 쓰고 있다.

88. 인준 ( )	89. 무산 ( )
90. 염증 ( )	91. 규탄 ( )
92. 철순 ( )	93. 충돌 ( )
94. 제과 ( )	95. 상자 ( )
96. 상현 ( )	97. 문기 ( )
98. 악마 ( )	99. 척애 ( )
100. 지축 ( )	101. 함대 ( )
102. 태몽 ( )	103. 분만 ( )
104. 주차 ( )	105. 빈번 ( )
106. 진노 ( )	107. 범국민 ( )
108. 여론 ( )	109. 압도 ( )
110. 시사 ( )	111. 잠식 ( )
112. 울릉도 ( )	113. 낙동강 ( )
114. 백록담 ( )	115. 비구니 ( )
116. 토굴 ( )	117. 한묵 ( )

※다음 밑줄 친 單語를 漢字로 쓰시오.

春	夏	秋	冬
입춘(立春)	입하(立夏)	입추(立秋)	입동(立冬)
우수(雨水)	소만(小滿)	처서(121)	소설(小雪)
경칩(驚蟄)	망종(120)	백로(122)	대설(大雪)
춘분(春分)	하지(夏至)	추분(秋分)	동지(冬至)
청명(118)	소서(小暑)	한로(123)	소한(小寒)
곡우(119)	대서(大暑)	상강(124)	대한(大寒)

118. 청명 ( )	119. 곡우 ( )
120. 망종 ( )	121. 처서 ( )
122. 백로 ( )	123. 한로 ( )
124. 상강 ( )	

※88~117번 안에서 장음 10개를 찾아 번호를 쓰시오.

125. ( )	126. ( )	127. ( )
128. ( )	129. ( )	130. ( )
131. ( )	132. ( )	133. ( )
134. ( )		

성명 [   ]

※다음 漢字語의 뜻을 쓰시오.

135. 匕首 : (   )

　　 大捷 : (   )

136. 款識 : (   )

　　 奈落 : (   )

137. 贅言 : (   )

　　 矜恤 : (   )

138. 聘丈 : (   )

　　 管見 : (   )

139. 雀躍 : (   )

　　 堪輿 : (   )

※다음 뜻에 해당하는 故事成語를 쓰시오.

140. 가냘프고 고운 여자의 손.
　　 .... (   )

141. 몹시 분하여 이를 갈고 속을 썩임.
　　 .... (   )

142. 목이 말라야 우물을 판다.
　　 (일이 급해서야 허둥지둥 서두름)
　　 .... (   )

143. 아침에 저녁 일을 헤아리지 못함.
　　 (앞일을 헤아릴 겨를이 없음)
　　 .... (   )

144. 긴 것을 잘라 짧은 것에 보탬.
　　 (알맞게 맞춤, 부족한 점을 장점으로 보충함)
　　 .... (   )

※다음 (　)안에 漢字를 넣어 完成하시오.

145. 夙(　　)(　　)寐

146. 羞(　　)(　　)心

147. 掩(　　)(　　)鈴

148. 憑(　　)營(　　)

149. 徒(　　)忘(　　)

150. (　　)(　　)穿石

151. (　　)己(　　)人

152. 열 번 찍어 안 넘어가는 나무 없다.
　　 (　　)(　　)之木

153. 발 없는 말이 천리 간다.
　　 (　　)(　　)千里

154. 팔은 안으로 굽는다.
　　 臂不(　　)(　　)

※다음 漢字의 部首를 變形字가 아닌 部首正字로 쓰시오.

155. 陪 (　　)　　156. 鄙 (　　)

　　 惰 (　　)　　　　 狼 (　　)

157. 巡 (　　)　　158. 刮 (　　)

　　 膺 (　　)　　　　 襪 (　　)

159. 攘 (　　)

　　 煮 (　　)

※ 다음 音과 뜻에 맞는 漢字語를 쓰시오.

160. 부상 : 물위로 떠오름.
    ·················· (   )
161. 〃 : 부친을 잃음.
    ·················· (   )
162. 〃 : 몸에 상처를 입음.
    ·················· (   )
163. 〃 : 덧붙여서 주는 상.
    ·················· (   )
164. 〃 : 등짐장수.
    ·················· (   )
165. 사정 : 공직에 있는 사람의 규율, 질서를 바로잡는 일.
    ·················· (   )
166. 〃 : 사격에서 탄환이 나가는 최대 거리.
    ·················· (   )
167. 〃 : 조사하여 정함.
    ·················· (   )
168. 〃 : 일의 형편이나 까닭.
    ·················· (   )
169. 〃 : 사사로운 정.
    ·················· (   )

※ 다음 밑줄 친 한자의 음과 뜻을 구분하여 쓰시오.

170. 隆等(   ) 投降(   )
171. 盛衰(   ) 衰服(   )
172. 拾萬(   ) 拾得(   )

※ 다음 漢字語의 순우리말을 쓰시오.

173. 木理 : (   )
174. 短竹 : (   )
175. 塵埃 : (   )
176. 早稻 : (   )
177. 解冤 : (   )

※ 다음 反對字·反對語를 쓰시오.

178. 靈魂-(   )   179. 罪-(   )
180. 誤報-(   )   181. 爺-(   )
182. 斷絶-(   )   183. 肌-(   )
184. 酸化-(   )   185. 盈-(   )
186. 雌伏-(   )   187. 乘-(   )

※ 다음 類義語를 보기에서 고르시오.

①姑息 ②高枕 ③脚光 ④嚆矢 ⑤壟斷
⑥陶冶 ⑦秦火 ⑧鳳兒 ⑨炎涼 ⑩私淑

188. 呱呱之聲 (   )   189. 鼓腹擊壤 (   )
190. 心身修養 (   )   191. 甘吞苦吐 (   )
192. 焚書坑儒 (   )

※ 다음 漢字의 類義字를 쓰시오.

193. 曳-(   )   194. (   )-旨
195. 仔-(   )   196. (   )-泄
197. 揀-(   )

※ 다음 漢字의 略字를 쓰시오.

198. 黨 (   )   199. 廢 (   )
     竊 (   )   寶 (   )
200. 戲 (   )
     聰 (   )

■ 200만점에 160점 이상 합격 (80%) ■

第9回　한자능력검정시험　1급

(시험시간 : 90분)

※다음 漢字語의 讀音을 쓰시오.

1. 泒流(*)
2. 噫氣(*)
3. 迦葉(*)
4. 跛立(*)
5. 滑汨(*)
6. 坦率(*)
7. 湮沒( )
8. 哨堡( )
9. 煮沸( )
10. 撮影( )
11. 嗤侮( )
12. 匑靈( )
13. 熾熱( )
14. 爪痕( )
15. 搭載( )
16. 慾棘( )
17. 筒箭( )
18. 蠢動( )
19. 悖戾( )
20. 浚渫( )
21. 瓦礫( )
22. 氈帽( )
23. 唄讚( )
24. 悛容( )
25. 脫肛( )
26. 截取( )
27. 慟絶( )
28. 霑潤( )
29. 諧謔( )
30. 殲滅( )
31. 翡翠( )
32. 淸澄( )
33. 巫覡( )
34. 穿鑿( )
35. 狩獵( )
36. 瀆溝( )
37. 堆積( )
38. 叱喝( )
39. 豹斑( )
40. 眞摯( )
41. 匙箸( )
42. 跌宕( )
43. 造詣( )
44. 鴛鴦( )
45. 戮屍( )
46. 闊狹( )
47. 蝸廬( )
48. 晝宵( )
49. 鐵槌( )
50. 叉竿( )

※위 31~50안에서 5개씩 찾아 번호로 쓰시오.

51. 유사관계:(, , , ,)
52. 대립관계:(, , , ,)

※다음 A에는 字義, B에는 轉義를 쓰시오.

53. 鷄肋 〈 A : ( )
　　　　　B : ( )
54. 毫釐 〈 A : ( )
　　　　　B : ( )
55. 濫觴 〈 A : ( )
　　　　　B : ( )
56. 伸眉 〈 A : ( )
　　　　　B : ( )
57. 刺股 〈 A : ( )
　　　　　B : ( )

※다음 漢字의 訓과 音을 쓰시오.

58. 曳( )
59. 鼎( )
60. 彙( )
61. 禹( )
62. 麾( )
63. 巢( )
64. 彗( )
65. 扈( )
66. 暈( )
67. 呆( )
68. 焚( )
69. 鎬( )
70. 噴( )
71. 桓( )
72. 盆( )
73. 煥( )
74. 蹈( )
75. 欽( )
76. 凝( )
77. 塘( )
78. 屠( )
79. 悳( )
80. 潟( )
81. 彰( )
82. 扇( )
83. 准( )
84. 嚮( )
85. 敍( )
86. 隘( )
87. 泣( )

※다음 문장에서 漢字는 한글로, 한글은 漢字로 쓰시오.

천운(88)은 순환(89)하는 것이라 갔다가 되돌아 오지 않는 것이 없어 송나라의 덕업(90)이 융성(91)하여 정치(92)와 교화(93)가 아름답고 밝게 되자 이에 하남땅에 정씨 두 父子가 나오시어 맹자(94)의 傳함을 체험(95)하고서 비로소 이 대학편을 높이고 믿어 선양(96)하기 시작(97)했으며, 또 이미 그 편차(98)를 整頓(99)하여 귀착(100) 되는 바 의취(101)를 밝혀 내었으니, 이런 뒤에야 옛날 大學에서 사람 가르치던 法과 聖人이 지은 經文과 賢人이 지은 傳文의 뜻이 燦然(102)히 다시 세상에 밝혀지게 되었다.

비록 이 주희가 불민(103)하지마는 多幸히 그 분께 사숙(104)하여 이에 관하여 들은 바 있게 된 것이다.

회상(105)컨대 그 책 되어짐이 그래도 퍽이나 산만(106)하기에 스스로의 固陋(107)함도 잊고서 구절(108)들을 찾아내어 모으고, 중간(109)에 또 사사로이 나의 의견을 붙이어 빠지고 간략(110)한 점을 보충(111)하여 뒤에 오는 군자들의 비판(112)을 경청(113)한 것이다. 猥濫(114)되고 분수(115)에 넘치는 짓이라 죄를 모면(116)할 길이 없음은 잘 알고 있으나 그러나 국가(117)가 백성들을 교화시키고 좋은 풍속(118)을 성취(119)하려는 의도(120)와 학자(121)들의 수신(122)하고 제민(123)하는 방도(124)에 있어서는 적으나마 도움이 되지 않는다 할 수는 없을 것이다.

<大學章句序에서>

88. 천운 (　　　)　89. 순환 (　　　)
90. 덕업 (　　　)　91. 융성 (　　　)
92. 정치 (　　　)　93. 교화 (　　　)
94. 맹자 (　　　)　95. 체험 (　　　)
96. 선양 (　　　)　97. 시작 (　　　)
98. 편차 (　　　)　99. 整頓 (　　　)
100. 귀착 (　　　)　101. 의취 (　　　)
102. 燦然 (　　　)　103. 불민 (　　　)
104. 사숙 (　　　)　105. 회상 (　　　)
106. 산만 (　　　)　107. 固陋 (　　　)
108. 구절 (　　　)　109. 중간 (　　　)
110. 간략 (　　　)　111. 보충 (　　　)
112. 비판 (　　　)　113. 경청 (　　　)
114. 猥濫 (　　　)　115. 분수 (　　　)
116. 모면 (　　　)　117. 국가 (　　　)
118. 풍속 (　　　)　119. 성취 (　　　)
120. 의도 (　　　)　121. 학자 (　　　)
122. 수신 (　　　)　123. 제민 (　　　)
124. 방도 (　　　)

※88~124번 안에서 장음 10개를 찾아 번호를 쓰시오.

125. (　　)　126. (　　)　127. (　　)
128. (　　)　129. (　　)　130. (　　)
131. (　　)　132. (　　)　133. (　　)
134. (　　)

※다음 뜻을 가진 漢字語를 漢字正字로 쓰시오.

135. (재정을 든든히 하기 위하여)지출을 크게 줄임.
……………………… (　　　　　　　)

136. 입찰한 목적물이 자기 손에 들어옴.
……………………… (　　　　　　　)

137. 주식을 증권거래소에 등록하는 일.
……………………… (　　　　　　　)

138. 재산권을 남에게 넘기어 관리나 처분을 맡기는 일.
……………………… (　　　　　　　)

139. 일이 순조롭게 나아가지 않는 모양.
……………………… (　　　　　　　)

※다음 중 관련 없는 것 하나를 고르시오.

140. (　　): ①笑裏藏刀　②附和雷同
　　　　　　③旅進旅退　④隨衆逐隊

141. (　　): ①滄海一滴　②九牛一毛
　　　　　　③大海一粟　④五車之書

142. (　　): ①一石二鳥　②目不識丁
　　　　　　③一文不知　④魚魯不辨

143. (　　): ①百年偕老　②如鼓琴瑟
　　　　　　③二姓之樂　④沈魚落雁

144. (　　): ①進退維谷　②上石下臺
　　　　　　③首鼠兩端　④左顧右眄

※같은 뜻의 成語가 되도록 (　)안에 漢字를 쓰시오.

145. 一(　　)帶水 － 指呼之(　　)

146. 雲(　　)之差 － 天(　　)之差

147. 以(　　)直告 － 實(　　)無諱

148. 塞(　　)之馬 － 轉(　　)爲福

149. (　　)世之感 － (　　)昔之感

150. 膏粱(　　)味 － (　　)味鳳湯

151. 太平(　　)代 － (　　)不拾遺

152. 袖手(　　)(　　) － 吾不關焉

153. 因果(　　)(　　) － 種豆得豆

154. 靑山(　　)(　　) － 懸河之辯

※다음 漢字의 部首를 쓰시오.

155. 曳 (　　)　　156. 彙 (　　)
　　鼎 (　　)　　　　禹 (　　)
157. 麾 (　　)　　158. 彗 (　　)
　　巢 (　　)　　　　扈 (　　)
159. 暈 (　　)
　　呆 (　　)

※ 다음 漢字語와 音은 같으나 뜻이 다른 漢字語를 쓰시오.

160. 起源 : 역사상의 햇수를 세는 기준이 되는 해.
　　　　　　　　　　…………… (　　　　)
161. 飼養 : 시세의 변천으로 사라지거나 몰락해 가는 일.
　　　　　　　　　　…………… (　　　　)
162. 潔淨 : 결단을 내려 확정함.
　　　　　　　　　　…………… (　　　　)
163. 磬聲 : 일제 때 서울의 이름.
　　　　　　　　　　…………… (　　　　)
164. 做事 : 약물을 혈관으로 들여보내는 일.
　　　　　　　　　　…………… (　　　　)
165. 口傳 : 예전의 법전, 옛 제도.
　　　　　　　　　　…………… (　　　　)
166. 床飯 : 상민과 양반.
　　　　　　　　　　…………… (　　　　)
167. 珍說 : 잔치나 제사때 상위에 음식을 벌여 차림.
　　　　　　　　　　…………… (　　　　)
168. 水蝕 : 나무를 심음.
　　　　　　　　　　…………… (　　　　)
169. 臺詞 : 생명을 유지하기 위하여 섭취하고 배설하는 일.
　　　　　　　　　　…………… (　　　　)

※ 다음 漢字의 서로 다른 뜻(일자다의자)을, 각각 그 유의자 결합으로 써 보시오.

170. 辭 : (　　　　) (　　　　)
171. 過 : (　　　　) (　　　　)
172. 服 : (　　　　) (　　　　)

※ 다음 漢字語의 순우리말을 쓰시오.

173. 關鍵 : (　　　　　　　　)
174. 大抵 : (　　　　　　　　)
175. 膝下 : (　　　　　　　　)
176. 傀儡 : (　　　　　　　　)
177. 都是 : (　　　　　　　　)

※ 다음 反對字・反對語를 쓰시오.

178. 羞恥-(　　　) 179. 剛-(　　　)
180. 反抗-(　　　) 181. 硬-(　　　)
182. 興奮-(　　　) 183. 叔-(　　　)
184. 鹹水-(　　　) 185. 邪-(　　　)
186. 灌木-(　　　) 187. 朔-(　　　)

※ 다음 類義字・類義語를 쓰시오.

188. 架空-(　　　) 189. 拿-(　　　)
190. 器量-(　　　) 191. 刪-(　　　)
192. 麥舟-(　　　) 193. 裔-(　　　)
194. 干城-(　　　) 195. 弛-(　　　)
196. 冠省-(　　　) 197. 剩-(　　　)

※ 다음 漢字의 略字를 쓰시오.

198. 燈 (　　　) 199. 壹 (　　　)
　　 證 (　　　) 　　 貳 (　　　)
200. 參 (　　　)
　　 萬 (　　　)

■ 200만점에 160점 이상 합격 (80%) ■

第10回 한자능력검정시험 1급

(시험시간 : 90분)

※다음 漢字語의 讀音을 쓰시오.

1. 刪省(*)
2. 藉田(*)
3. 綸巾(*)
4. 躇階(*)
5. 佚蕩(*)
6. 眞諦(*)
7. 庇護( )
8. 蕪穢( )
9. 掩蔽( )
10. 躍蹄( )
11. 閭巷( )
12. 渾沌( )
13. 蓑笠( )
14. 恍惚( )
15. 括弧( )
16. 滲透( )
17. 蠟燭( )
18. 陪審( )
19. 恢宏( )
20. 剖棺( )
21. 繪塑( )
22. 糊塗( )
23. 瘙瘍( )
24. 請牒( )
25. 蒐索( )
26. 咐囑( )
27. 醇厚( )
28. 逞欲( )
29. 官衙( )
30. 啓呱( )
31. 間歇( )
32. 詰難( )
33. 管轄( )
34. 遝至( )
35. 均霑( )
36. 操舵( )
37. 凌蔑( )
38. 傷痍( )
39. 卦辭( )
40. 毫釐( )
41. 矩形( )
42. 溪壑( )
43. 捏詞( )
44. 破綻( )
45. 殮襲( )
46. 幣帛( )
47. 敏捷( )
48. 挫折( )
49. 看做( )
50. 後裔( )

※위 31~50안에서 각각 찾아 번호로 쓰시오.

51. 유의어: 望蜀( ) 指彈( ) 殺到( )
    迅速( ) 置簿( )
52. 반대어: 獨占( ) 推仰( ) 持續( )
    先祖( ) 貫徹( )

※다음 A에는 字義, B에는 轉義를 쓰시오.

53. 破鏡 〈 A : ( )
          B : ( )
54. 畫餠 〈 A : ( )
          B : ( )
55. 嚆矢 〈 A : ( )
          B : ( )
56. 蹉跌 〈 A : ( )
          B : ( )
57. 踵武 〈 A : ( )
          B : ( )

※다음 漢字의 訓과 音을 쓰시오.

58. 肋( )   59. 匈( )
60. 羹( )   61. 雇( )
62. 麓( )   63. 卿( )
64. 徙( )   65. 傘( )
66. 卍( )   67. 哉( )
68. 杏( )   69. 弑( )
70. 兜( )   71. 悚( )
72. 胱( )   73. 灑( )
74. 稼( )   75. 郁( )
76. 袈( )   77. 芸( )
78. 勘( )   79. 蔚( )
80. 蛋( )   81. 媛( )
82. 懦( )   83. 泌( )
84. 疸( )   85. 聊( )
86. 痰( )   87. 寥( )

※다음 문장에서 漢字는 한글로, 한글은 漢字로 쓰시오.

▷도굴(88)에 의하여 해외로 반출(89)된 문화재에 대하여 귀추(90)가 주목된다.
▷산성(91)체질로 복막(92)의 이상과 항암(93)치료로 현재 요양(94)중이다.
▷마라톤을 제패(95)한다면 성원해 주신 국민들에게 월계관을 헌정(96)하겠다.
▷국가간 체맹(97) 요지(98)를 공포하다.
▷첩보원(99)들이 초미(100)의 순간에 피랍(101)되어 잔학(102)한 대우를 받고 있다.
▷화교(103)의 부탁(104)을 받고 자문(105)한 내용을 게시판(106)에 알리다.
▷박봉(107)에도 청빈한 생활을 하는 관료에게 표창(108)을 하다.
▷혹독(109)한 더위에 차양(110)시설을 갖추다.
▷섬유(111) 조직이 무른 것은 세심한 봉제(112)가 필요하다.
▷여름방학 교육방송에서 여러 과목 종합(113)적으로 특집(114) 방영이 있다.
▷도로 포장(115)위 차량(116)에 구애(117) 받지 않고 실력행사를 하는 사람들을 저지(118)하고 장악(119)함으로써 시위가 철폐(120) 되었다.
▷낮잠을 자는 찰나(121)에 꾼 요사(122)스러운 꿈에 환멸(123) 느낀다.
▷제왕이 대관(124)식을 치름으로써 만천하에 왕위에 오름을 공표하는 것이다.

88. 도굴 ( ) 89. 반출 ( )
90. 귀추 ( ) 91. 산성 ( )
92. 복막 ( ) 93. 항암 ( )
94. 요양 ( ) 95. 제패 ( )
96. 헌정 ( ) 97. 체맹 ( )
98. 요지 ( ) 99. 첩보원 ( )
100. 초미 ( ) 101. 피랍 ( )
102. 잔학 ( ) 103. 화교 ( )
104. 부탁 ( ) 105. 자문 ( )
106. 게시판 ( ) 107. 박봉 ( )
108. 표창 ( ) 109. 혹독 ( )
110. 차양 ( ) 111. 섬유 ( )
112. 봉제 ( ) 113. 종합 ( )
114. 특집 ( ) 115. 포장 ( )
116. 차량 ( ) 117. 구애 ( )
118. 저지 ( ) 119. 장악 ( )
120. 철폐 ( ) 121. 찰나 ( )
122. 요사 ( ) 123. 환멸 ( )
124. 대관 ( )

※88~124번 안에서 장음 10개를 찾아 번호를 쓰시오.

125. ( ) 126. ( ) 127. ( )
128. ( ) 129. ( ) 130. ( )
131. ( ) 132. ( ) 133. ( )
134. ( )

※ 다음 漢字語의 뜻을 쓰시오.

135. 甥姪 : (   )

    姨姪 : (   )

136. 三北 : (   )

    斬衰 : (   )

137. 帖紙 : (   )

    否運 : (   )

138. 褒貶 : (   )

    家乘 : (   )

139. 浮屠 : (   )

    携帶 : (   )

※ 다음 뜻에 해당하는 故事成語를 쓰시오.

140. 문을 잠그고 밖에 나가지 않음.
    ……………… (   )

141. 의지할 친척이 없어 몹시 외로움.
    ……………… (   )

142. 차가운 서릿발속에서도 굴하지 않고 외로이 지키는 절개.
    ……………… (   )

143. 쫓긴 새가 품안에 날아 듦.
    (궁지에 몰린 사람이 와서 의지함)
    ……………… (   )

144. 대청을 빌리고 점점 안방까지 빌려 달라함.
    (처음에는 남에게 의지하다가 점차 그의 권리까지 침범함)
    ……………… (   )

※ 다음 (   )안에 漢字를 넣어 完成하시오.

145. 신을 신고 발바닥을 긁음(핵심을 찌르지 못하고 겉돎)
    ……………… (   )(   )搔癢

146. 여러 소경이 코끼리를 어루만짐
    (모든 사물을 주관대로 그릇 판단함. 좁은 식견)
    ……………… (   )(   )撫象

147. 상전의 빨래에 종의 발꿈치가 희어짐
    (남을 위해 한 일이 자신에게도 이로움)
    ……………… (   )(   )足白

148. 천리마가 소금수레를 끎(유능한 인재가 하찮은 일을 함)
    ……………… 驥(   )(   )車

149. 군자는 어눌한 말솜씨라도 민첩한 행동이어야 함.
    ……………… 訥(   )敏(   )

150. 교활한 토끼는 굴을 셋이나 갖고 있어 위기를 잘 모면함.
    ……………… 狡(   )三(   )

151. 한번 실패한 사람이 세력을 회복해서 다시 공격 해 옴.
    ……………… 捲(   )重(   )

152. 머리와 꼬리를 자름(앞뒤의 잔사설은 빼고 요점만 말함)
    ……………… 去(   )截(   )

153. 대발을 드리우고 정사를 들음
    (왕대비나 대왕대비가 어린임금을 대신하여 정사를 돌봄)
    ……………… (   )簾聽(   )

154. 세금을 가혹하게 징수하고 백성의 재물을 강제로 빼앗음.
    ……………… (   )斂誅(   )

※ 다음 漢字의 部首를 쓰시오.

155. 肋 (   )   156. 羹 (   )
    匈 (   )   雇 (   )

157. 麓 (   )   158. 徒 (   )
    卿 (   )   傘 (   )

159. 卍 (   )
    哉 (   )

※다음 문장의 의미에 맞는 한자를 쓰시오.

160. 임금의 후계자로 왕세자가 <u>수선</u>한다.
　　　　　　　　　　　　(　　　　　)

161. 가방을 <u>수선</u>했더니 새것 같다.
　　　　　　　　　　　　(　　　　　)

162. 한국화는 <u>농담</u>조절을 잘해야 한다.
　　　　　　　　　　　　(　　　　　)

163. 대화의 유연성을 위해 <u>농담</u>도 필요하다.
　　　　　　　　　　　　(　　　　　)

164. 나는 가장으로서 <u>호주</u>가 된다.
　　　　　　　　　　　　(　　　　　)

165. <u>호주</u>는 '오스트레일리아주'의 한자음 표기다.
　　　　　　　　　　　　(　　　　　)

166. 나는 난민을 <u>구제</u>하는 사람이 되고 싶다.
　　　　　　　　　　　　(　　　　　)

167. 소나무해충을 <u>구제</u>하다.
　　　　　　　　　　　　(　　　　　)

168. 우리 스승님은 민속 악기 <u>해금</u>을 잘 켜신다.
　　　　　　　　　　　　(　　　　　)

169. 옛날 금지되었던 가요들이 <u>해금</u>되었다.
　　　　　　　　　　　　(　　　　　)

※다음 漢字의 서로 다른 뜻(일자다의자)을, 각각 그 유의자 결합으로 써 보시오.

170. 部 : (　　　　) (　　　　)
171. 省 : (　　　　) (　　　　)
172. 易 : (　　　　) (　　　　)

※다음 漢字語의 순우리말을 쓰시오.

173. 敎唆 : (　　　　　　　　　)
174. 拐杖 : (　　　　　　　　　)
175. 佩物 : (　　　　　　　　　)
176. 幻影 : (　　　　　　　　　)
177. 稟申 : (　　　　　　　　　)

※다음 反對字·反對語를 쓰시오.

178. 加熱-(　　　)　179. (　　　)-滿
180. 開放-(　　　)　181. (　　　)-姙
182. 槪算-(　　　)　183. (　　　)-揚
184. 蓋然-(　　　)　185. (　　　)-涼
186. 延長-(　　　)　187. (　　　)-鈍

※다음 類義語를 보기에서 고르시오.

①助長　②瓜滿　③矛盾　④槐夢　⑤斷腸
⑥棟梁　⑦木鐸　⑧杞憂　⑨籠絡　⑩秋毫

188. 吳牛喘月 (　　　)　189. 鳥足之血 (　　　)
190. 自家撞着 (　　　)　191. 畫蛇添足 (　　　)
192. 蓋世之才 (　　　)

※다음 漢字의 類義字를 쓰시오.

193. (　　　)-耘　194. 倦-(　　　)
195. (　　　)-僞　196. 墳-(　　　)
197. (　　　)-攀

※다음 漢字의 略字를 쓰시오.

198. 獵 (　　　)　199. 爐 (　　　)
　　　棄 (　　　)　　　 離 (　　　)
200. 壽 (　　　)
　　　遞 (　　　)

■ 200만점에 160점 이상 합격 (80%) ■

第11回 한자능력검정시험 1급

(시험시간 : 90분)

※ 다음 漢字語의 讀音을 쓰시오.

1. 輻輳(*   )
2. 貂寺(*   )
3. 反芻(*   )
4. 推敲(*   )
5. 洞燭(*   )
6. 呑咽(*   )
7. 脛股(   )
8. 隕歿(   )
9. 警邏(   )
10. 冤痛(   )
11. 捺糊(   )
12. 庵廬(   )
13. 困憊(   )
14. 暗暈(   )
15. 槨柩(   )
16. 崖壁(   )
17. 憑藉(   )
18. 扼腕(   )
19. 窺覷(   )
20. 撫恤(   )
21. 隙孔(   )
22. 藥圃(   )
23. 聾啞(   )
24. 攘奪(   )
25. 鹹潟(   )
26. 晏眠(   )
27. 豪奢(   )
28. 疫痢(   )
29. 棠梨(   )
30. 演繹(   )
31. 撞着(   )
32. 迂闊(   )
33. 賈島(   )
34. 董卓(   )
35. 稻稼(   )
36. 矮軀(   )
37. 模擬(   )
38. 閣長(   )
39. 濂溪(   )
40. 要塞(   )
41. 桀紂(   )
42. 窈渺(   )
43. 浴槽(   )
44. 妖魄(   )
45. 懊惱(   )
46. 桑港(   )
47. 屋椽(   )
48. 和蘭(   )
49. 阮咸(   )
50. 丁抹(   )

※ 위 31~44안에서 인명자를 찾아 번호로 쓰시오.
51. 人名:(,   ,   ,   )
52. 國名:(桑港: 和蘭: 丁抹:)

※ 다음 A에는 字義, B에는 轉義를 쓰시오.

53. 破瓜 < A:(   )
         B:(   )
54. 折箭 < A:(   )
         B:(   )
55. 蔗境 < A:(   )
         B:(   )
56. 鼠竊 < A:(   )
         B:(   )
57. 鵬圖 < A:(   )
         B:(   )

※ 다음 漢字의 訓과 音을 쓰시오.

58. 叢(   )   59. 嗣(   )
60. 芻(   )   61. 嚮(   )
62. 酋(   )   63. 疎(   )
64. 甦(   )   65. 炙(   )
66. 虞(   )   67. 牡(   )
68. 嗤(   )   69. 賄(   )
70. 盒(   )   71. 霞(   )
72. 缸(   )   73. 嗅(   )
74. 恙(   )   75. 栓(   )
76. 坡(   )   77. 彌(   )
78. 朽(   )   79. 垠(   )
80. 癡(   )   81. 伊(   )
82. 歙(   )   83. 陞(   )
84. 逅(   )   85. 篆(   )
86. 祜(   )   87. 槿(   )

※다음 문장에서 漢字는 한글로, 한글은 漢字로 쓰시오.

▷천민을 멸시(88)하던 유습(89)이 없어졌다.
▷수입 약제(90)로 인하여 국민건강이 저해(91)된다.
▷서구(92)에서는 진맥(93)으로 환자를 살피는 동양의학에 대해 연구중이다.
▷석학(94)들의 오찬(95) 모임이 있었다.
▷비너스 조각(96)상은 아주 매혹(97)적이다.
▷온건(98)파를 회피(99)하는 강경파.
▷철강회사에 고용(100) 된 나는 용접(101) 담당이다.
▷녹봉(102)으로 근검절약하여 식산(103)한 것을 예탁(104)하다.
▷질소(105)는 다른 원소와 어울려 만들어진 데서 산미(106)를 느낄 수 있다.
▷물체를 던지면 포물선(107)을 그리며 떨어진다.
▷비행기 이착륙시 활주로(108)를 이탈하면 안된다.
▷약관(109)에 따라 조처(110)하다.
▷교살(111)이나 참형(112)에 처할 인물도 특사(113)에 포함되었다.
▷창랑(114)이 이는 바다에 서설(115)이 내렸다.
▷산간 벽지(116)에 건설되는 휴양지로 인하여 분진(117)이 발생하다.
▷생물체안에서 생겨지는 액체는 진액(118)이다.
▷오줌을 몸밖으로 내보내는 관을 요도(119)라 한다.
▷각자 발에 맞춤이던 제화(120)가 대량으로 생산되어 운반(121)되다.
▷주야로 서는 보초(122)는 중책이다.
▷재봉(123)된 천을 결합하여 만든 양산(124).

88. 멸시 (　　　) 89. 유습 (　　　)
90. 약제 (　　　) 91. 저해 (　　　)
92. 서구 (　　　) 93. 진맥 (　　　)
94. 석학 (　　　) 95. 오찬 (　　　)
96. 조각 (　　　) 97. 매혹 (　　　)
98. 온건 (　　　) 99. 회피 (　　　)
100. 고용 (　　　) 101. 용접 (　　　)
102. 녹봉 (　　　) 103. 식산 (　　　)
104. 예탁 (　　　) 105. 질소 (　　　)
106. 산미 (　　　) 107. 포물선 (　　　)
108. 활주로 (　　　) 109. 약관 (　　　)
110. 조처 (　　　) 111. 교살 (　　　)
112. 참형 (　　　) 113. 특사 (　　　)
114. 창랑 (　　　) 115. 서설 (　　　)
116. 벽지 (　　　) 117. 분진 (　　　)
118. 진액 (　　　) 119. 요도 (　　　)
120. 제화 (　　　) 121. 운반 (　　　)
122. 보초 (　　　) 123. 재봉 (　　　)
124. 양산 (　　　)

※88~124번 안에서 장음 10개를 찾아 번호를 쓰시오.

125. (　　　) 126. (　　　) 127. (　　　)
128. (　　　) 129. (　　　) 130. (　　　)
131. (　　　) 132. (　　　) 133. (　　　)
134. (　　　)

※다음 漢字語의 뜻을 쓰시오.

135. 諧謔 : (　　　　　　)

　　 歸天 : (　　　　　　)

136. 丁艱 : (　　　　　　)

　　 輓歌 : (　　　　　　)

137. 尙父 : (　　　　　　)

　　 那邊 : (　　　　　　)

138. 雁書 : (　　　　　　)

　　 微恙 : (　　　　　　)

139. 蝸角 : (　　　　　　)

　　 塗炭 : (　　　　　　)

※다음 중 관련 없는 것 하나를 고르시오.

140. (　　) : ① 淡交　② 心友　③ 知音　④ 信音

141. (　　) : ① 琴瑟　② 請老　③ 比翼　④ 連理

142. (　　) : ① 權輿　② 濫觴　③ 嚆矢　④ 使嗾

143. (　　) : ① 知命　② 艾老　③ 耳順　④ 半百

144. (　　) : ① 論劾　② 臺論　③ 彈駁　④ 空論

※다음 속담에 맞는 사자성어를 쓰시오.

145. 아는 것이 병.
　　…………(　　　　　　)

146. 수박 겉 핥기.
　　…………(　　　　　　)

147. 내 코가 석자.
　　…………(　　　　　　)

148. 외손뼉이 울랴.
　　…………(　　　　　　)

149. 우물안 개구리.
　　…………(　　　　　　)

150. 산 입에 거미줄 치랴.
　　…………(　　　　　　)

151. 잠자는 호랑이 코 찌르기.
　　…………(　　　　　　)

152. 까마귀 날자 배 떨어진다.
　　…………(　　　　　　)

153. 고양이 목에 방울 달기.
　　………… 猫(　　)(　　)鈴

154. 고래 싸움에 새우등 터진다.
　　………… 鯨(　　)蝦(　　)

※다음 漢字의 部首를 쓰시오.

155. 叢(　　)　　156. 匆(　　)
　　 嗣(　　)　　　　 嚮(　　)

157. 酋(　　)　　158. 甦(　　)
　　 疏(　　)　　　　 炙(　　)

159. 虞(　　)
　　 牡(　　)

※다음 문장의 의미에 맞는 한자를 쓰시오.

▷요즘 교사(160)내 에서도 남을 부추겨 못된 일을 교사(161)하는 학생은 교사들의 정성어린 지도로 선도 해야 할 것이다.

160. ……………………… (　　　　)
161. ……………………… (　　　　)

▷우연히 찾아 온 인생의 전기(162)를 맞아 나의 전기(163)를 쓰게 되었는데 수기로 전기(164)하는 과정에서의 오류로 글쓰는 전기(165)동안 고생을 했다.

162. ……………………… (　　　　)
163. ……………………… (　　　　)
164. ……………………… (　　　　)
165. ……………………… (　　　　)

▷공부하는 학생은 국어사전(166)과 백과사전(167)을 두루 이용해야 한다.

166. ……………………… (　　　　)
167. ……………………… (　　　　)

▷회사의 인사 이동(169)에 따라 각자 쓰고 있던 비품들을 타 부서로 이동(170) 시켰다.

168. ……………………… (　　　　)
169. ……………………… (　　　　)

※다음 밑줄 친 한자의 음과 뜻을 구분하여 쓰시오.

170. 龜鑑(　　　　)　龜裂(　　　　)
171. 閉塞(　　　　)　要塞(　　　　)
172. 知識(　　　　)　標識(　　　　)

※다음 漢字語의 순우리말을 쓰시오.

173. 眷率:(　　　　　　　　)
174. 露天:(　　　　　　　　)
175. 挿枝:(　　　　　　　　)
176. 贅壻:(　　　　　　　　)
177. 尤甚:(　　　　　　　　)

※다음 反對字・反對語를 쓰시오.

178. 干涉-(　　　) 179. (　　　)-暮
180. 拘禁-(　　　) 181. 煩-(　　　)
182. 發掘-(　　　) 183. 需-(　　　)
184. 滅亡-(　　　) 185. 貸-(　　　)
186. 名譽-(　　　) 187. 經-(　　　)

※다음 類義字・類義語를 쓰시오.

188. 明哲-(　　　) 189. (　　　)-耗
190. 非命-(　　　) 191. 慷-(　　　)
192. 尾行-(　　　) 193. 匪-(　　　)
194. 拔萃-(　　　) 195. 狩-(　　　)
196. 方法-(　　　) 197. 孕-(　　　)

※다음 漢字의 略字를 쓰시오.

198. 隨(　　　)　199. 廳(　　　)
　　 巖(　　　)　　　 邊(　　　)
200. 礙(　　　)
　　 醉(　　　)

■ 200만점에 160점 이상 합격 (80%) ■

第12回 한자능력검정시험 1급

(시험시간 : 90분)

※다음 漢字語의 讀音을 쓰시오.

1. 硬咽(*)
2. 降書(*)
3. 絞布(*)
4. 磊磻(*)
5. 覲見(*)
6. 惱殺(*)
7. 刮磨( )
8. 餘燼( )
9. 驚蟄( )
10. 辦公( )
11. 凱旋( )
12. 阿諂( )
13. 滿喫( )
14. 嶽麓( )
15. 鳩巢( )
16. 御璽( )
17. 垢汚( )
18. 逆睹( )
19. 梳櫛( )
20. 澁滯( )
21. 僧侶( )
22. 爽達( )
23. 猜懼( )
24. 煽熾( )
25. 豺狼( )
26. 消耗( )
27. 胚芽( )
28. 綴輯( )
29. 煩悶( )
30. 鐵鎚( )
31. 孕胎( )
32. 誣欺( )
33. 瘤贅( )
34. 剝削( )
35. 駑鈍( )
36. 蠻狄( )
37. 儺禮( )
38. 拷訊( )
39. 嘉卉( )
40. 鴻鵠( )
41. 江霑( )
42. 爺孃( )
43. 誹譽( )
44. 斂散( )
45. 堪輿( )
46. 歇價( )
47. 驛站( )
48. 投擲( )
49. 捏造( )
50. 叩勒( )

※위 31~50안에서 5개씩 찾아 번호로 쓰시오.
51. 유사관계:(,   ,   ,   ,   )
52. 대립관계:(,   ,   ,   ,   )

※다음 A에는 字義, B에는 轉義를 쓰시오.

53. 效嚬 〈 A:(   )
         B:(   )
54. 掛冠 〈 A:(   )
         B:(   )
55. 衣鉢 〈 A:(   )
         B:(   )
56. 懸梁 〈 A:(   )
         B:(   )
57. 折檻 〈 A:(   )
         B:(   )

※다음 漢字의 訓과 音을 쓰시오.

58. 喬( )   59. 幾( )
60. 繭( )   61. 整( )
62. 衍( )   63. 甄( )
64. 彦( )   65. 冀( )
66. 魄( )   67. 毘( )
68. 姸( )   69. 俏( )
70. 稷( )   71. 穆( )
72. 剋( )   73. 熊( )
74. 頒( )   75. 弼( )
76. 帛( )   77. 峴( )
78. 賻( )   79. 鴨( )
80. 屑( )   81. 竣( )
82. 洩( )   83. 鞭( )
84. 塡( )   85. 騙( )
86. 截( )   87. 爵( )

※다음 문장에서 漢字는 한글로, 한글은 漢字로 쓰시오.

하늘이 <u>명부(88)</u>한 것이 性이요, 성에 따르는 것이 道요, 道를 마름하는 것이 敎이다. 道는 잠시도 떠날 수 없는 것이니 떠날 수 있는 것은 道가 아니다. 그러므로 군자는 그의 보이지 않는 곳을 삼가고 들리지 않는 곳을 두려워하는 것이다.

<u>은암(89)</u>한 곳보다 더 잘 드러나는 곳이 없고 <u>미세(90)</u>한 일보다 더 잘 나타나는 일은 없다. 때문에 군자는 그 <u>內奧(91)</u>한 곳을 삼간다.

天이란 첫째, <u>과학(92)</u>의 <u>대상(93)</u>이 되는 physical world의 자연으로서 <u>절대적(94)</u>인 <u>주재자(95)</u>로서 <u>인격신(96)</u>을 나타내는 天帝, 天神, 上帝, 上天 等의 <u>의미(97)</u>이다. 이것은 <u>동양(98)</u>의 上古 때부터 上天이 天帝의 <u>거소(99)</u>라는 생각과 <u>결부(100)</u>된 것으로 주로 <u>원시(101)</u> <u>신앙(102)</u>의 대상이 되어 왔으며 서양의 God에 <u>해당(103)</u>한다. 셋째는 <u>운명(104)</u>, <u>숙명(105)</u>의 뜻으로서의 天이다. 이것은 주재자로서의 天의 <u>섭리(106)</u>가 바로 天으로 불려진 <u>경우(107)</u>이다. 넷째는 後世에 와서 <u>강조(108)</u>된 것으로 理의 <u>근원(109)</u>으로서 <u>본체론(110)</u>的인 의미를 가진 <u>형이상(111)</u>의 天이다.

여기서 말하는 天은 둘째의 경우이다. 사람이 性을 <u>부여(112)</u>받은 天은 上古때부터 인격적인 <u>초자연(113)</u>力의 모습으로 나타난 神을 가리키는 것이다. 이는 <u>우주(114)</u> 萬物을 주재하는 절대적 <u>권능(115)</u>을 가지고 <u>하계(116)</u>를 섭리하는 者로 臨했다. 그는 人間의 <u>화복(117)</u>을 맡아 <u>처리(118)</u>하며, 善에게 賞을 베풀고 惡을 罰했다. 또 하계의 <u>요소(119)</u>에 여러 <u>계급(120)</u>을 가진 <u>부하신(121)</u>을 거느렸다. 따라서 天은 <u>유일신(122)</u>이 아니라, <u>최고신(123)</u>의 <u>형태(124)</u>인 것이다.

<中庸 第一章 天과人>

88.	명부 ( )	89.	은암 ( )
90.	미세 ( )	91.	內奧 ( )
92.	과학 ( )	93.	대상 ( )
94.	절대적 ( )	95.	주재자 ( )
96.	인격신 ( )	97.	의미 ( )
98.	동양 ( )	99.	거소 ( )
100.	결부 ( )	101.	원시 ( )
102.	신앙 ( )	103.	해당 ( )
104.	운명 ( )	105.	숙명 ( )
106.	섭리 ( )	107.	경우 ( )
108.	강조 ( )	109.	근원 ( )
110.	본체론 ( )	111.	형이상 ( )
112.	부여 ( )	113.	초자연 ( )
114.	우주 ( )	115.	권능 ( )
116.	하계 ( )	117.	화복 ( )
118.	처리 ( )	119.	요소 ( )
120.	계급 ( )	121.	부하신 ( )
122.	유일신 ( )	123.	최고신 ( )
124.	형태 ( )		

※88~124번 안에서 장음 10개를 찾아 번호를 쓰시오.

125. ( )	126. ( )	127. ( )
128. ( )	129. ( )	130. ( )
131. ( )	132. ( )	133. ( )
134. ( )		

※다음 뜻을 가진 漢字語를 漢字正字로 쓰시오.

135. 조약의 체결에 대하여 국가가 최종적으로 확인하고 동의함.
   ……………… (   )

136. 빈자리를 채움, 결점을 보충함.
   ……………… (   )

137. 외부와의 접촉이나 외출은 허가하지 않으나 일정한 장소 안에서는 자유를 속박하지 않는 가벼운 감금.
   ……………… (   )

138. 막아서 못하게 함.
   ……………… (   )

139. 이전부터 논의되어 왔으나 결론이 나 있지 않은 의안
   ……………… (   )

※다음 중 관련 없는 것 하나를 고르시오.

140. (   ) : ① 冠省 ② 轉瞬
                ③ 刹那 ④ 片刻

141. (   ) : ① 推敲 ② 改稿
                ③ 潤文 ④ 雁札

142. (   ) : ① 都尉 ② 諸侯
                ③ 駙馬 ④ 粉侯

143. (   ) : ① 古稀 ② 從心
                ③ 稀壽 ④ 喜壽

144. (   ) : ① 出衆 ② 國香
                ③ 壓卷 ④ 錐囊

※같은 뜻의 成語가 되도록 (   )안에 漢字를 쓰시오.

145. 捨生(   )(   ) - 殺身成仁

146. 矮子(   )(   ) - 附和雷同

147. 井中(   )(   ) - 管中窺豹

148. 胡馬(   )(   ) - 首丘初心

149. (   )(   )不落 - 金城湯池

150. (   )(   )盛衰 - 興亡盛衰

151. (   )(   )千里 - 九天直下

152. (   )(   )不遠 - 覆車之戒

153. 不恥下(   ) - 孔子穿(   )

154. 鴛鴦之(   ) - 偕老同(   )

※다음 漢字의 部首를 쓰시오.

155. 喬(   )   156. 繭(   )
     幾(   )   整(   )

157. 衍(   )   158. 彦(   )
     甄(   )   冀(   )

159. 魄(   )
     毘(   )

※ 다음 漢字語와 音은 같으나 뜻이 다른 漢字語를 쓰시오.

160. 覆考 : 시문을 지을 때 마음속으로 구상하는 일.
　　　　　　　………………… (　　　　　)

161. 奠都 : 열이나 전기가 점차 다른 곳으로 옮김.
　　　　　　　………………… (　　　　　)

162. 定款 : 수정관.
　　　　　　　………………… (　　　　　)

163. 有故 : 죽은이가 남긴 원고.
　　　　　　　………………… (　　　　　)

164. 旌旗 : 순수한 기운.
　　　　　　　………………… (　　　　　)

165. 柴扉 : 거름을 줌.
　　　　　　　………………… (　　　　　)

166. 舊師 : 벼슬을 구함.
　　　　　　　………………… (　　　　　)

167. 姸粧 : 나란히 장치하는 일.
　　　　　　　………………… (　　　　　)

168. 獨室 : 열정 있고 진실함.
　　　　　　　………………… (　　　　　)

169. 祭需 : 임금이 직접 벼슬을 줌.
　　　　　　　………………… (　　　　　)

※ 다음 漢字의 서로 다른 뜻(일자다의자)을, 각각 그 유의자 결합으로 써 보시오.

170. 利 : (　　　　) (　　　　)
171. 端 : (　　　　) (　　　　)
172. 圖 : (　　　　) (　　　　)

※ 다음 漢字語의 순우리말을 쓰시오.

173. 踏臼 : (　　　　　　　　　　　)
174. 袂別 : (　　　　　　　　　　　)
175. 時方 : (　　　　　　　　　　　)
176. 負債 : (　　　　　　　　　　　)
177. 憑虛 : (　　　　　　　　　　　)

※ 다음 反對字·反對語를 쓰시오.

178. 缺乏-(　　　)　179. 縱-(　　　)
180. 膨脹-(　　　)　181. 嫡-(　　　)
182. 模糊-(　　　)　183. 噓-(　　　)
184. 共鳴-(　　　)　185. 弧-(　　　)
186. 玉碎-(　　　)　187. 鰥-(　　　)

※ 다음 類義字·類義語를 쓰시오.

188. 了解-(　　　)　189. 緻-(　　　)
190. 奈落-(　　　)　191. 忿-(　　　)
192. 隨機-(　　　)　193. 鞏-(　　　)
194. 順序-(　　　)　195. 幇-(　　　)
196. 尋常-(　　　)　197. 渾-(　　　)

※ 다음 漢字의 略字를 쓰시오.

198. 蠶 (　　　)　199. 晝 (　　　)
　　　靈 (　　　)　　　盡 (　　　)
200. 纖 (　　　)
　　　嘗 (　　　)

■ 200만점에 160점 이상 합격 (80%) ■

第13回 한자능력검정시험 1급

(시험시간 : 90분)

※ 다음 漢字語의 讀音을 쓰시오.

1. 尨茸 (　　)　　2. 詰責 (　　)
3. 靄然 (　　)　　4. 論劾 (　　)
5. 疸症 (　　)　　6. 釋奠 (　　)
7. 片刻 (　　)　　8. 萃聚 (　　)
9. 倨慢 (　　)　　10. 垢穢 (　　)
11. 凶煞 (　　)　　12. 撒垈 (　　)
13. 頒賜 (　　)　　14. 改悛 (　　)
15. 黍粟 (　　)　　16. 坦懷 (　　)
17. 強靭 (　　)　　18. 袂別 (　　)
19. 潑剌 (　　)　　20. 穀臼 (　　)
21. 隘陋 (　　)　　22. 濫觴 (　　)
23. 衰職 (　　)　　24. 艱難 (　　)
25. 捷徑 (　　)　　26. 補貼 (　　)
27. 辜負 (　　)　　28. 悚憤 (　　)
29. 肌液 (　　)　　30. 藿湯 (　　)
31. 喘咳 (　　)　　32. 斧劈 (　　)
33. 僉押 (　　)　　34. 捐館 (　　)
35. 雀巢 (　　)　　36. 擅恣 (　　)
37. 宏闊 (　　)　　38. 偈頌 (　　)
39. 廐吏 (　　)　　40. 杜鵑 (　　)
41. 結紐 (　　)　　42. 裏野 (　　)
43. 眄視 (　　)　　44. 刮磨 (　　)
45. 轟沈 (　　)　　46. 捺染 (　　)
47. 蜀葵 (　　)　　48. 懲毖 (　　)
49. 擄掠 (　　)　　50. 遡源 (　　)

※ 위 1~30안에서 각각 찾아 번호로 쓰시오.

51. 유의어 : 苦楚(　) 權輿(　) 反省(　)
　　　　　　 彈駁(　) 罵倒(　)
52. 반대어 : 永劫(　) 懦弱(　) 迂廻(　)
　　　　　　 謙遜(　) 萎縮(　)

※ 다음 A에는 字義, B에는 轉義를 쓰시오.

53. 茶飯事 < A : (　　)
　　　　　　B : (　　)
54. 斷末魔 < A : (　　)
　　　　　　B : (　　)
55. 東郭履 < A : (　　)
　　　　　　B : (　　)
56. 笑中刀 < A : (　　)
　　　　　　B : (　　)
57. 解語花 < A : (　　)
　　　　　　B : (　　)

※ 다음 漢字의 訓과 音을 쓰시오.

58. 兌 (　　)　　59. 耆 (　　)
60. 豚 (　　)　　61. 些 (　　)
62. 兮 (　　)　　63. 乏 (　　)
64. 互 (　　)　　65. 囊 (　　)
66. 乎 (　　)　　67. 孕 (　　)
68. 鑿 (　　)　　69. 醋 (　　)
70. 貂 (　　)　　71. 饗 (　　)
72. 塚 (　　)　　73. 歇 (　　)
74. 燃 (　　)　　75. 炒 (　　)
76. 謟 (　　)　　77. 寵 (　　)
78. 繫 (　　)　　79. 瓶 (　　)
80. 靖 (　　)　　81. 膳 (　　)
82. 頰 (　　)　　83. 撮 (　　)
84. 哺 (　　)　　85. 籤 (　　)
86. 蹄 (　　)　　87. 靭 (　　)

※다음 문장에서 漢字는 한글로, 한글은 漢字로 쓰시오.

▷은행에서 자금을 융자(88)받아 창고(89) 한 동(90)을 짓고 임대(91)하였다.
▷부동산을 양도(92)하고 전원주택을 지을 가대(93)와 전답(94)을 구입(95)했다.
▷노사분규(96)로 인하여 악덕기업주들은 간담(97)이 서늘해지고 경영(98)에도 큰 장애(99)가 된다.
▷수사(100)를 할 때 무력을 사용하면 고소(101)를 당한다.
▷연결된 열차의 한칸을 한 냥(102)이라 한다.
▷질소(103)는 비료(104) 3요소의 하나이다.
▷물건은 迅速(105)하게 운반해야 한다.
▷허드레 채소(106)로 토끼를 사육(107)한다.
▷가정이 화목(108)하고 우애가 돈독(109)하니 감사할 일이다.
▷재산을 증식(110)하는데는 절약과 저축으로 한다.
▷어떤 일에 몰닉(111)함으로써 스스로 맹서(112)한 일을 성취(113)한다.
▷국회 각료(114)들은 대통령이 순방(115) 갈 때 수행(116)한다.
▷전산 오류(117)가 발생하여 지장이 많았다.
▷태풍(118)으로 인하여 채소 가격이 폭등(119) 하였다.
▷아들의 합격을 간절(120)히 기원(121)한다.
▷현해탄을 대한 해협(122)이라 한다.
▷한자와 병기(123)한 서찰(124)을 썼다.

88. 융자 (　　　) 89. 창고 (　　　)
90. 동 (　　　) 91. 임대 (　　　)
92. 양도 (　　　) 93. 가대 (　　　)
94. 전답 (　　　) 95. 구입 (　　　)
96. 분규 (　　　) 97. 간담 (　　　)
98. 경영 (　　　) 99. 장애 (　　　)
100. 수사 (　　　) 101. 고소 (　　　)
102. 냥 (　　　) 103. 질소 (　　　)
104. 비료 (　　　) 105. 迅速 (　　　)
106. 채소 (　　　) 107. 사육 (　　　)
108. 화목 (　　　) 109. 돈독 (　　　)
110. 증식 (　　　) 111. 몰닉 (　　　)
112. 맹서 (　　　) 113. 성취 (　　　)
114. 각료 (　　　) 115. 순방 (　　　)
116. 수행 (　　　) 117. 오류 (　　　)
118. 태풍 (　　　) 119. 폭등 (　　　)
120. 간절 (　　　) 121. 기원 (　　　)
122. 해협 (　　　) 123. 병기 (　　　)
124. 서찰 (　　　)

※88~124번 안에서 장음 10개를 찾아 번호를 쓰시오.

125. (　　　) 126. (　　　) 127. (　　　)
128. (　　　) 129. (　　　) 130. (　　　)
131. (　　　) 132. (　　　) 133. (　　　)
134. (　　　)

※다음 漢字語의 뜻을 쓰시오.

135. 志學 : (　　　　　　　　)

　　　弱冠 : (　　　　　　　　)

136. 而立 : (　　　　　　　　)

　　　耳順 : (　　　　　　　　)

137. 傘壽 : (　　　　　　　　)

　　　痼疾 : (　　　　　　　　)

138. 欠伸 : (　　　　　　　　)

　　　反畓 : (　　　　　　　　)

139. 耽溺 : (　　　　　　　　)

　　　天明 : (　　　　　　　　)

※다음 뜻에 해당하는 故事成語를 쓰시오.

140. 오나라·월나라가 같이 배를 탐.
(적끼리 같은 처지에서 서로 돕게 됨)
……………… (　　　　　　　　)

141. 뻔뻔스러워 부끄러움을 모름.
……………… (　　　　　　　　)

142. 뼈를 바꾸고 태를 빼앗음.
(남의 문장을 따서 자작처럼 꾸밈. 전보다 아름다워짐)
……………… (　　　　　　　　)

143. 학처럼 목을 길게 빼고 애타게 기다림.
……………… (　　　　　　　　)

144. 한강에 돌 던지기.
(아무리 해도 헛된 일을 하는 매우 어리석은 일)
……………… (　　　　　　　　)

※다음 (　)안에 漢字를 넣어 完成하시오.

145. 용과 범이 서로 싸운다는 뜻.
(힘이 강한 두 사람이 승부를 겨룸)
……………… (　　　)(　　　)相搏

146. 비 온 뒤에 솟는 죽순.
(어떤 일이 한때에 많이 일어남의 비유)
……………… (　　　)(　　　)竹筍

147. 남의 글이나 저술을 베껴 마치 제가 지은 것처럼 하는 사람.
……………… 膝甲(　　　)(　　　)

148. 밥 열 술이 밥 한 그릇이 됨.
(여러 사람이 조금씩 합하면 도움이 됨)
……………… 十匙(　　　)(　　　)

149. 솔개가 날고 물고기가 뛰어오름.
(자연의 법칙으로 스스로 터득함)
……………… 鳶(　　　)魚(　　　)

150. 하찮은 일로 승강이 하는 형세.
……………… 蝸(　　　)之(　　　)

151. 지옥의 심한 고통을 못 참아 울부짖는 소리.
……………… 阿(　　　)(　　　)喚

152. 거북이가 흙 속에서 꼬리를 끌며 다님.
(벼슬을 마다하고 한가롭게 지냄)
……………… 曳(　　　)(　　　)中

153. 옥과 돌이 함께 불탐.
(善惡·賢愚·良否의 구별없이 함께 멸망함)
……………… (　　　)石(　　　)焚

154. 너무 잘 하려고 하면 되레 더 잘 안 됨.
……………… (　　　)巧(　　　)拙

※다음 漢字의 部首를 쓰시오.

155. 兌(　　) 　　156. 豚(　　)
　　　者(　　) 　　　　 些(　　)
157. 兮(　　) 　　158. 互(　　)
　　　乏(　　) 　　　　 囊(　　)
159. 乎(　　)
　　　孕(　　)

※다음 문장의 의미에 맞는 한자를 쓰시오.

▷나라간 경계(160)에서 삼엄한 경계(161)를 한다.

160. ………………………… (   )
161. ………………………… (   )

▷전쟁이 교착(162)되어 변화가 없는 가운데 나라간 서로 해결하기 어려운 교착(163) 상태에 빠졌다.

162. ………………………… (   )
163. ………………………… (   )

▷명복을 비는 마음으로 조상(164)을 하고 돌아와 그 사람이 새긴 나무 조상(165)과 창가에 내린 조상(166)을 바라 보며 날을 샜다.

164. ………………………… (   )
165. ………………………… (   )
166. ………………………… (   )

▷수상(167)한 사람을 신고한 사람에게 수상(168)을 하고 한편으론 조국분단에 대하여 마음이 더욱 수상(169)해진다.

167. ………………………… (   )
168. ………………………… (   )
169. ………………………… (   )

※다음 밑줄 친 한자의 음과 뜻을 구분하여 쓰시오.

170. 程度(   ) 忖度(   )
171. 比率(   ) 統率(   )
172. 索引(   ) 鐵索(   )

※다음 漢字語의 순우리말을 쓰시오.

173. 柴扉:(   )
174. 視線:(   )
175. 庠序:(   )
176. 懸崖:(   )
177. 休暇:(   )

※다음 反對字·反對語를 쓰시오.

178. 酷評-(   )   179. 昆 -(   )
180. 離脫-(   )   181. 戟 -(   )
182. 卵管-(   )   183. 輓 -(   )
184. 整頓-(   )   185. 醒 -(   )
186. 借用-(   )   187. 臂 -(   )

※다음 類義字·類義語를 쓰시오.

188. 使嗾-(   )   189. 扮 -(   )
190. 披瀝-(   )   191. 斃 -(   )
192. 瑕疵-(   )   193. 拏 -(   )
194. 荊婦-(   )   195. (   )-齡
196. 安堵-(   )   197. (   )-昧

※다음 漢字의 略字를 쓰시오.

198. 條(   )   199. 圍(   )
      遷(   )   質(   )
200. 從(   )
      淵(   )

■ 200만점에 160점 이상 합격 (80%) ■

第14回 한자능력검정시험 1급

(시험시간 : 90분)

※다음 漢字語의 讀音을 쓰시오.

1. 蔓延(　　)
2. 紗帽(　　)
3. 饅頭(　　)
4. 撈採(　　)
5. 大蝦(　　)
6. 綠橙(　　)
7. 嬌態(　　)
8. 膿汁(　　)
9. 痼癖(　　)
10. 粱飯(　　)
11. 喙息(　　)
12. 搏殺(　　)
13. 褐炭(　　)
14. 喊聲(　　)
15. 偈頌(　　)
16. 遡流(　　)
17. 邀擊(　　)
18. 彈劾(　　)
19. 鉤餌(　　)
20. 雀躍(　　)
21. 褒貶(　　)
22. 痢疾(　　)
23. 屠戮(　　)
24. 琉球(　　)
25. 詣謁(　　)
26. 嘔吐(　　)
27. 藿囊(　　)
28. 軀幹(　　)
29. 泛灑(　　)
30. 枳殼(　　)
31. 鞨鞨(　　)
32. 醱酵(　　)
33. 濊貊(　　)
34. 海溢(　　)
35. 潰漏(　　)
36. 烏鵲(　　)
37. 罵責(　　)
38. 默禱(　　)
39. 衲衣(　　)
40. 匈奴(　　)
41. 歆羨(　　)
42. 譬喩(　　)
43. 痤症(　　)
44. 治癒(　　)
45. 障隘(　　)
46. 希臘(　　)
47. 倭寇(　　)
48. 埃及(　　)
49. 釋迦(　　)
50. 星港(　　)

※위 31~44안에서 種族名을 찾아 번호로 쓰시오.

51. 種族名:(　, 　, 　, 　)
52. 國名:(希臘: 　　 埃及: 　　 星港: 　　)

※다음 A에는 字意, B에는 轉義를 쓰시오.

53. 秋風扇 { A:(　　) B:(　　) }
54. 探虎穴 { A:(　　) B:(　　) }
55. 避賢路 { A:(　　) B:(　　) }
56. 獅子吼 { A:(　　) B:(　　) }
57. 象牙塔 { A:(　　) B:(　　) }

※다음 漢字의 訓과 音을 쓰시오.

58. 甸(　　)
59. 冒(　　)
60. 后(　　)
61. 于(　　)
62. 袁(　　)
63. 夷(　　)
64. 炅(　　)
65. 奪(　　)
66. 須(　　)
67. 奚(　　)
68. 遁(　　)
69. 犧(　　)
70. 鼇(　　)
71. 欣(　　)
72. 渫(　　)
73. 卉(　　)
74. 閃(　　)
75. 繪(　　)
76. 礬(　　)
77. 吼(　　)
78. 揖(　　)
79. 糊(　　)
80. 瘤(　　)
81. 喚(　　)
82. 撻(　　)
83. 矩(　　)
84. 醯(　　)
85. 衢(　　)
86. 鼈(　　)
87. 廏(　　)

※다음 밑줄 친 한자어를 漢字로 쓰시오.

▷국가를 위해 훈공(88)한 동량(89)의 업적을 등록(90)하고 추대(91)하다.
▷부족분의 매수(92)를 삽입(93)하다.
▷교착(94)에 빠진 구미(95) 여러나라가 조약을 비준(96)하다.
▷우유를 진하게 달이면 연유(97)가 된다.
▷용해(98)될 정도의 폭염(99)으로 인하여 조갈(100)이 생기다.
▷한 나라에 예속(101)되어 있는 부족들의 빈번(102)한 투쟁.
▷농촌을 계몽(103)함으로써 선진농업국으로 도약(104)하다.
▷각 기관의 각료(105)들이 용원(106)을 엄선하다.
▷번뇌(107)를 토로(108)하는 입문자를 격려(109)하다.
▷억울한 사정을 양찰(110)해 주길 간청(111)하였으나 기각(112)되었다.
▷대만(113)에는 낡은 발동기의 둔탁(114)한 소리가 소음이다.
▷어망(115)으로 남획(116)을 일삼는 배가 좌초되어 구명정(117)이 나서다.
▷낡은 군화(118)를 수선(119)하다.
▷모든 생명체의 자성(120)은 연민(121)을 느낀다.
▷공비(122)를 체포(123)함으로써 용공분자를 초토화(124) 하다.

88. 훈공 (　　　) 89. 동량 (　　　)
90. 등록 (　　　) 91. 추대 (　　　)
92. 매수 (　　　) 93. 삽입 (　　　)
94. 교착 (　　　) 95. 구미 (　　　)
96. 비준 (　　　) 97. 연유 (　　　)
98. 용해 (　　　) 99. 폭염 (　　　)
100. 조갈 (　　　) 101. 예속 (　　　)
102. 빈번 (　　　) 103. 계몽 (　　　)
104. 도약 (　　　) 105. 각료 (　　　)
106. 용원 (　　　) 107. 번뇌 (　　　)
108. 토로 (　　　) 109. 격려 (　　　)
110. 양찰 (　　　) 111. 간청 (　　　)
112. 기각 (　　　) 113. 대만 (　　　)
114. 둔탁 (　　　) 115. 어망 (　　　)
116. 남획 (　　　) 117. 구명정 (　　　)
118. 군화 (　　　) 119. 수선 (　　　)
120. 자성 (　　　) 121. 연민 (　　　)
122. 공비 (　　　) 123. 체포 (　　　)
124. 초토화 (　　　)

※88~124번 안에서 장음 10개를 찾아 번호를 쓰시오.

125. (　　　) 126. (　　　) 127. (　　　)
128. (　　　) 129. (　　　) 130. (　　　)
131. (　　　) 132. (　　　) 133. (　　　)
134. (　　　)

※다음 漢字語의 뜻을 쓰시오.

135. 昆季 : (　　　　　　　　　　)
　　　 稗官 : (　　　　　　　　　　)
136. 跋文 : (　　　　　　　　　　)
　　　 一刻 : (　　　　　　　　　　)
137. 樂勝 : (　　　　　　　　　　)
　　　 膏血 : (　　　　　　　　　　)
138. 淡水魚 : (　　　　　　　　　　)
　　　 相似形 : (　　　　　　　　　　)
139. 不如歸 : (　　　　　　　　　　)
　　　 渡船場 : (　　　　　　　　　　)

※다음 중 같은 뜻의 연결이 아닌 것을 고르시오.

140. (　　) : ① 目前之計 - 天衣無縫
　　　　　　② 龜背刮毛 - 緣木求魚
　　　　　　③ 杜漸防萌 - 拔本塞源
　　　　　　④ 肉山脯林 - 酒池肉林

141. (　　) : ① 不恥下問 - 孔子穿珠
　　　　　　② 干城之材 - 杯中蛇影
　　　　　　③ 牽强附會 - 我田引水
　　　　　　④ 曲突徙薪 - 有備無患

142. (　　) : ① 吳牛喘月 - 驚弓之鳥
　　　　　　② 歲如破竹 - 燎原之火
　　　　　　③ 遠交近攻 - 反哺之孝
　　　　　　④ 兔死狐悲 - 狐死兔泣

143. (　　) : ① 月態花容 - 絶世佳人
　　　　　　② 金蘭之交 - 知己之友
　　　　　　③ 畫中之餠 - 卓上空論
　　　　　　④ 自繩自縛 - 巫山之夢

144. (　　) : ① 濟河焚舟 - 背水之陣
　　　　　　② 出爾反爾 - 自業自得
　　　　　　③ 七顚八起 - 捲土重來
　　　　　　④ 主客顚倒 - 綠衣紅裳

※다음 (　)안에 漢字를 넣어 完成하시오.

145. 새장에 갇힌 새가 구름을 그리워함.
　　　………………… 籠鳥(　　　)(　　　)

146. 모수라는 사람이 자기 자신을 천거함.
　　　………………… 毛遂(　　　)(　　　)

147. 죄인의 관을 쪼개어 시신의 목을 베었음(극형)
　　　………………… 剖棺(　　　)(　　　)

148. 학문의 길은 여러 갈래여서 올바른 길을 찾기가 어려움.
　　　………………… 多岐(　　　)(　　　)

149. 먼데 것을 귀하게 여기고 가까운 것을 천하게 여기는 풍조
　　　………………… 貴鵠(　　　)(　　　)

150. 사나운 범이 풀숲에 엎드려 있음(영웅은 숨어 있다가 때가 되면 나타남)
　　　………………… 猛虎(　　　)(　　　)

151. 재물을 가벼이 보고 부귀를 탐하지 않음.
　　　………………… 捐(　　　)(　　　)珠

152. 밥상을 눈 높이로 들어 바침(아내가 남편을 공경함)
　　　………………… 擧(　　　)(　　　)眉

153. 도둑이 오히려 몽둥이를 듦(잘못한 사람이 도리어 화를 낼 경우)
　　　………………… 賊(　　　)(　　　)杖

154. 개의 꼬리가 담비꼬리에 이어짐(훌륭한 것에 보잘것없는 것이 잇닿음)
　　　………………… 狗(　　　)(　　　)貂

※다음 漢字의 部首를 쓰시오.

155. 甸 (　　　)　　156. 后 (　　　)
　　　 冒 (　　　)　　　　 于 (　　　)
157. 袁 (　　　)　　158. 奐 (　　　)
　　　 夷 (　　　)　　　　 奪 (　　　)
159. 須 (　　　)
　　　 奚 (　　　)

※다음 漢字語와 音은 같으나 뜻이 다른 漢字語를 쓰시오.

160. 유사 : 깊은 생각. ……………… (　　　)
161. 〃 : 후세에 전하는 사적. ……………… (　　　)
162. 향수 : 고향을 그리워 하는 마음. ……………… (　　　)
163. 〃 : 복이나 혜택 따위를 받아서 누림. ……………… (　　　)
164. 현상 : 현재의 상태. ……………… (　　　)
165. 〃 : 상금이나 상품을 내 거는 일. ……………… (　　　)
166. 영세 : 썩 자잘하게 아주 적음. ……………… (　　　)
167. 〃 : 가톨릭에서 세례를 받는 일. ……………… (　　　)
168. 교정 : 결점 따위를 바로 잡아 고침. ……………… (　　　)
169. 〃 : 책의 잘못된 글자나 어구를 고치는 일. ……………… (　　　)

※다음 밑줄 친 한자의 음과 뜻을 구분하여 쓰시오.

170. 膾炙(　　　) 炙鐵(　　　)
171. 咽喉(　　　) 嗚咽(　　　)
172. 開拓(　　　) 拓本(　　　)

※다음 漢字語의 순우리말을 쓰시오.

173. 念日 : (　　　　　)
174. 黎明 : (　　　　　)
175. 裸麥 : (　　　　　)
176. 菱鐵 : (　　　　　)
177. 草芥 : (　　　　　)

※다음 反對字·反對語를 쓰시오.

178. 微官-(　　) 179. (　　)-瘠
180. 緊張-(　　) 181. (　　)-穢
182. 胎生-(　　) 183. (　　)-宵
184. 洗練-(　　) 185. 誹-(　　)
186. 連作-(　　) 187. 堪-(　　)

※다음 類義字·類義語를 쓰시오.

188. 暗示-(　　) 189. 訣-(　　)
190. 累卵-(　　) 191. 醫-(　　)
192. 境界-(　　) 193. 銓-(　　)
194. 冷淡-(　　) 195. 攄-(　　)
196. 他界-(　　) 197. (　　)-僕

※다음 漢字의 略字를 쓰시오.

198. 陰(　　) 應(　　) 殘(　　) 雜(　　)
199. 蠻(　　) 傑(　　)
200.

■ 200만점에 160점 이상 합격 (80%) ■

第15回 한자능력검정시험 1급

(시험시간 : 90분)

※다음 漢字語의 讀音을 쓰시오.

1. 隅奧( )
2. 垂簾( )
3. 蜚騰( )
4. 隆起( )
5. 檣竿( )
6. 凝固( )
7. 逼奪( )
8. 掉舌( )
9. 扶桑( )
10. 煎餅( )
11. 反駁( )
12. 冒頭( )
13. 窯業( )
14. 慓悍( )
15. 臂環( )
16. 剽竊( )
17. 擘指( )
18. 瑕疵( )
19. 素樸( )
20. 謔劇( )
21. 瘦瘠( )
22. 位牌( )
23. 效嚬( )
24. 閭閻( )
25. 閃影( )
26. 疎忽( )
27. 匡矯( )
28. 恰可( )
29. 濃厚( )
30. 掛冠( )
31. 封嵎( )
32. 擢拿( )
33. 楕圓( )
34. 筍芽( )
35. 薔棘( )
36. 季嫂( )
37. 簪笏( )
38. 驅馳( )
39. 僭奢( )
40. 凱歸( )
41. 讎敵( )
42. 收賄( )
43. 涅槃( )
44. 殞命( )
45. 飛翔( )
46. 絨氈( )
47. 悉盡( )
48. 蓑笠( )
49. 涵養( )
50. 諦念( )

※위 1~30안에서 각각 찾아 번호로 쓰시오.
51. 유의어 : 憔悴( ) 市井( ) 缺陷( )
        折角( ) 等閑( ) 解官( )
52. 반대어 : 咸池( ) 稀薄( ) 融解( )
        共鳴( ) 滅亡( ) 末尾( )

※다음 A에는 字意, B에는 轉義를 쓰시오.

53. 蜃氣樓 A:( ) B:( )
54. 眼中釘 A:( ) B:( )
55. 如反掌 A:( ) B:( )
56. 長廣舌 A:( ) B:( )
57. 花風病 A:( ) B:( )

※다음 漢字의 訓과 音을 쓰시오.

58. 悶( ) 59. 裔( )
60. 尨( ) 61. 斃( )
62. 夙( ) 63. 簒( )
64. 爽( ) 65. 纂( )
66. 耘( ) 67. 堯( )
68. 恤( ) 69. 網( )
70. 訌( ) 71. 析( )
72. 擦( ) 73. 諱( )
74. 緻( ) 75. 宦( )
76. 諮( ) 77. 讒( )
78. 詐( ) 79. 懈( )
80. 窄( ) 81. 塹( )
82. 遭( ) 83. 窄( )
84. 婆( ) 85. 馳( )
86. 斟( ) 87. 朕( )

※다음 문장에서 漢字는 한글로, 한글은 漢字로 쓰시오.

▷전자파가 있는 물건을 휴대(88)하면 신진(89) 대사(90)에 장애(91)가 생긴다.
▷법률의 요지(92)를 숙지하고 국회의 인준(93)이 있어야겠다.
▷신사(94) 숙녀(95) 여러분!
▷참수(96) 한 시체(97)는 고을어귀에 걸린다.
▷태교(98)에 열심인 임산부(99)들.
▷불의를 야기(100)함으로써 적나라(101)하게 파헤쳐는 그사람의 실체는 처절(102)하기까지 했다.
▷엽기(103)적인 스노우보드의 활강(104)모습이 신문에 게재(105)되다.
▷투철(106)한 정신으로 양궁의 초석(107)을 다지고 세계를 제패(108)한 선수들에게 수훈(109)을 치하하다.
▷방부제(110)가 기준치를 초과한 물품에 대하여 조처(111)를 취하다.
▷융자(112)금을 상환하도록 독촉(113)하다.
▷초상화를 첨삭(114)하여 완성된 작품은 본인과 흑사(115)했다.
▷지방에서 재상(116)께 장계(117)를 보내왔다.
▷소나무에서 나는 담황색 수지가 바로 송진(118)이다.
▷세계육상경기에서 자웅(119)을 겨루다.
▷무희(120)들의 춤솜씨는 감탄을 자아냈다.
▷이산화탄소(121)가 많이 배출되어 지구 온난화가 가속되면 위태(122)롭다.
▷탄수화물(123), 蛋白質(124), 지방은 영양소의 3요소다.

88. 휴대( )	89. 신진( )
90. 대사( )	91. 장애( )
92. 요지( )	93. 인준( )
94. 신사( )	95. 숙녀( )
96. 참수( )	97. 시체( )
98. 태교( )	99. 임산부( )
100. 야기( )	101. 적나라( )
102. 처절( )	103. 엽기( )
104. 활강( )	105. 게재( )
106. 투철( )	107. 초석( )
108. 제패( )	109. 수훈( )
110. 방부제( )	111. 조처( )
112. 융자( )	113. 독촉( )
114. 첨삭( )	115. 흑사( )
116. 재상( )	117. 장계( )
118. 송진( )	119. 자웅( )
120. 무희( )	121. 이산화탄소( )
122. 위태( )	123. 탄수화물( )
124. 蛋白質( )	

※88~124번 안에서 장음 10개를 찾아 번호를 쓰시오.

125. ( )	126. ( )	127. ( )
128. ( )	129. ( )	130. ( )
131. ( )	132. ( )	133. ( )
134. ( )		

성명 [   ]

※다음 漢字語의 뜻을 쓰시오.

135. 綽約 : (   )

　　 劫年 : (   )

136. 掘鑿 : (   )

　　 喫煙 : (   )

137. 盜癖 : (   )

　　 鍼灸 : (   )

138. 咫尺 : (   )

　　 嗤笑 : (   )

139. 況且 : (   )

　　 錮弊 : (   )

※다음 짜임의 구조가 다른 것 하나를 고르시오.

140. (   ) : ① 崩壞   ② 嫌惡
　　　　　　 ③ 婚姻   ④ 叔姪

141. (   ) : ① 愛妾   ② 募金
　　　　　　 ③ 屯兵   ④ 弘報

142. (   ) : ① 夜深   ② 品貴
　　　　　　 ③ 歸嫁   ④ 國立

143. (   ) : ①博學多識 ②先公後私
　　　　　　 ③深思熟考 ④發憤忘食

144. (   ) : ①白骨難忘 ②愼終如始
　　　　　　 ③好事多魔 ④實事求是

※다음 ( )안에 漢字를 넣어 完成하시오.

145. 품은 생각을 터놓고 말할 만큼 아무 거리낌이 없고 솔직함.
　　 ………………… (   )(   )坦懷

146. 털을 불어 헤쳐 흠을 찾음.
　　 ………………… (   )(   )求疵

147. 용을 그리고 마지막으로 눈동자를 점 찍음.
　　 ………………… (   )(   )點睛

148. 운명과 흥망을 걸고 승부를 겨룸.
　　 ………………… (   )(   )一擲

149. 의견이나 주장 따위가 완전히 하나로 일치함.
　　 ………………… 渾(   )一(   )

150. 남의 권세를 빌어 위세를 부림.
　　 ………………… 狐(   )虎(   )

151. 도끼를 갈아 바늘을 만듦.
　　 (아무리 어려운 일이라도 참고 반드시 성공함)
　　 ………………… 磨斧(   )(   )

152. 후배가 두려운 존재로 여겨질 수 있음.
　　 ………………… (   )

153. 아무 뜻 없이 한평생을 흐리멍텅하게 살아감.
　　 ………………… (   )

154. 물고기의 그물에 기러기가 걸림.
　　 (구하고자 하는 것이 아닌 딴것을 얻어 화를 입음)
　　 ………………… (   )

※다음 漢字의 部首를 쓰시오.

155. 悶 (   )   156. 龙 (   )
　　 裔 (   )   斃 (   )

157. 夙 (   )   158. 爽 (   )
　　 篡 (   )   纂 (   )

159. 耘 (   )
　　 堯 (   )

※다음 문장의 의미에 맞는 漢字를 쓰시오.

▷깔때기는 좁은 입구에 액체를 부을 때 쓰는 용기(160)로 밑에 병 용기(161)가 작아서 넘치고 말았다.

160. ……………………… (   )
161. ……………………… (   )

▷기계 조작(162) 실수로 안전사고가 났는데 사건을 조작(163)함으로써 진실이 밝혀지지 않고 있다.

162. ……………………… (   )
163. ……………………… (   )

▷특수(164)한 아이들만 모아서 특수(165)반을 만드는 것은 보통 아이들에겐 소외되는 느낌이다.

164. ……………………… (   )
165. ……………………… (   )

▷추운 겨울에 동상(166)이 걸리면서 만들었던 작품인물 동상(167)으로 동상을 받았다.

166. ……………………… (   )
167. ……………………… (   )

▷다방면에서 준수(168)한 사람은 규칙도 잘 준수(169)한다.

168. ……………………… (   )
169. ……………………… (   )

※다음 밑줄 친 한자의 음과 뜻을 구분하여 쓰시오.

170. 刺客(   )   水刺(   )
171. 徵兵(   )   徵調(   )
172. 推戴(   )   推敲(   )

※다음 漢字語의 순우리말을 쓰시오.

173. 萌芽:(   )
174. 羹汁:(   )
175. 膝頭:(   )
176. 幾何:(   )
177. 過誤:(   )

※다음 漢字語의 反對語를 쓰시오.

178. 紅顔-(   )
179. (   )侍下-(   )侍下
180. 年頭-(   )
181. (   )視的-(   )視的
182. 跋文-(   )
183. (   )幹的-(   )梢的
184. 經常-(   )
185. (   )踏的-(   )俗的
186. 杜絶-(   )
187. (   )日性-(   )日性

※다음 같은 뜻의 漢字를 찾아 번호로 쓰시오.

<例> ①聚 ②飄 ③灼 ④銜 ⑤逅 ⑥幟
      ⑦繰 ⑧蕩 ⑨冑 ⑩妬 ⑪忖 ⑫瘤

188. 邂-(   )   189. 旌-(   )
190. 猜-(   )   191. 萃-(   )
192. 胤-(   )   193. 贅-(   )

※다음 (   )안에 漢字를 넣어 같은 뜻이 되게 하시오.

194. 未(   )有-(   )天荒
195. 彌(   )策-(   )息策
196. 金(   )契-(   )水親
197. 理想(   )-(   )世界

※다음 漢字의 略字를 쓰시오.

198. 鹽(   )   199. 恥(   )
    桑(   )   麥(   )
200. 定(   )
    乘(   )

■ 합격을 기원합니다 ■

전국한자능력검정시험 1급 답안지(1)

수험번호 □□□-□□-□□□□ 성명 □□□□□
주민등록번호 □□□□□□-□□□□□□□

※답안지는 컴퓨터로 처리되므로 구기거나 더럽히지 마시고, 정답 칸 안에만 쓰십시오. 글씨가 채점란으로 들어오면 오답처리가 됩니다. ※유성 싸인펜, 붉은색 필기구 사용 불가.

번호	답안란 정답	채점란 1검	채점란 2검	번호	답안란 정답	채점란 1검	채점란 2검	번호	답안란 정답	채점란 1검	채점란 2검
1				31				61			
2				32				62			
3				33				63			
4				34				64			
5				35				65			
6				36				66			
7				37				67			
8				38				68			
9				39				69			
10				40				70			
11				41				71			
12				42				72			
13				43				73			
14				44				74			
15				45				75			
16				46				76			
17				47				77			
18				48				78			
19				49				79			
20				50				80			
21				51				81			
22				52				82			
23				53				83			
24				54				84			
25				55				85			
26				56				86			
27				57				87			
28				58				88			
29				59				89			
30				60				90			

감독위원	채점위원 (1)		채점위원 (2)		채점위원 (3)	
(서명)	(득점)	(서명)	(득점)	(서명)	(득점)	(서명)

전국한자능력검정시험 1급 답안지(2)

번호	정답 (답안란)	1검	2검	번호	정답 (답안란)	1검	2검	번호	정답 (답안란)	1검	2검
91				128				165			
92				129				166			
93				130				167			
94				131				168			
95				132				169			
96				133				170			
97				134				171			
98				135				172			
99				136				173			
100				137				174			
101				138				175			
102				139				176			
103				140				177			
104				141				178			
105				142				179			
106				143				180			
107				144				181			
108				145				182			
109				146				183			
110				147				184			
111				148				185			
112				149				186			
113				150				187			
114				151				188			
115				152				189			
116				153				190			
117				154				191			
118				155				192			
119				156				193			
120				157				194			
121				158				195			
122				159				196			
123				160				197			
124				161				198			
125				162				199			
126				163				200			
127				164					검토하고 제출하십시오.		

성명 [   ]

기출예상문제[가]　　漢字能力檢定試驗　1級 問題紙

(社)韓國語文會·韓國漢字能力檢定會　　(시험시간 : 90분)　　수험생에 의하여 재편집되었습니다.

※ 다음 漢字語의 讀音을 쓰시오.

(1) 糟粕　　(2) 旱魃　　(3) 堪輿
(4) 泡沫　　(5) 窟寐　　(6) 杜撰
(7) 膏粱　　(8) 庶黎　　(9) 跋扈
(10) 刺股　(11) 弔賻　(12) 戍鼓
(13) 桀紂　(14) 鄙陋　(15) 鍼烙
(16) 恪虔　(17) 溫祚　(18) 墾鑿
(19) 禿翁　(20) 衢巷　(21) 菩薩
(22) 賈島　(23) 梵衲　(24) 眷庇
(25) 瀰貊　(26) 痰唾　(27) 彌勒
(28) 桎梏　(29) 暹羅　(30) 叱喝
(31) 舅甥　(32) 吩咐　(33) 袞裳
(34) 顆粒　(35) 擄掠　(36) 駑驥
(37) 涅槃　(38) 顧眄　(39) 屠戮
(40) 擒縱　(41) 乖悖　(42) 悚慄
(43) 巫覡　(44) 訥澁　(45) 答撻
(46) 勘校　(47) 朔晦　(48) 刮磨
(49) 囹圄　(50) 潰瘍

※ 위 1~5의 뜻을 쉬운 우리말로 바꾸어 쓰시오.

(51) 糟粕 -　　　(52) 旱魃 -
(53) 堪輿 -　　　(54) 泡沫 -
(55) 窟寐 -

※ 위 6~10의 轉義(字義가 아님)를 쓰시오.

(56) 杜撰 -　　　(57) 膏粱 -
(58) 庶黎 -　　　(59) 跋扈 -
(60) 刺股 -

※ 위 11~30에 있는 人名·地名字(固有名詞) 5개를 가려 순서대로 번호를 쓰시오.

(61)~(65) : (　)(　)(　)(　)(　)

※ 위 31~50안에서 對立된 뜻의 漢字로 이루어진 漢字語 5개를 가려 순서대로 번호를 쓰시오.
(그 5개 외의 漢字語는 대체로 같은 뜻으로 이루어져 있음)

(66)~(70) : (　)(　)(　)(　)(　)

※ 다음 漢字의 訓과 音을 쓰시오.

(71) 隙　(72) 凱　(73) 耗　(74) 剝
(75) 頰　(76) 斃　(77) 函　(78) 褒
(79) 龕　(70) 鼇　(81) 嘗　(82) 灣
(83) 夢　(84) 戟　(85) 拉　(86) 聊
(87) 懼　(88) 昧　(89) 尨　(90) 亮
(91) 吝　(92) 萌　(93) 菱　(94) 辜
(95) 疼　(96) 稜　(97) 瞞　(98) 蚊
(99) 遁　(100) 砧　(101) 芒　(102) 酪

※ 다음 漢字의 部首를 쓰시오.

(103) 隙 -　(104) 凱 -　(105) 耗 -
(106) 剝 -　(107) 頰 -　(108) 斃 -
(109) 函 -　(110) 褒 -　(111) 龕 -
(112) 鼇 -

※ 다음 漢字의 略字를 쓰시오.

(113) 嘗 -　　(114) 灣 -　　(115) 夢 -

※ 다음 漢字語의 反對語를 쓰시오.

(116) 懶怠 -　　　(117) 稀薄 -
(118) 硬直 -　　　(119) 斬新 -
(120) 錦上添花 -

※ 다음 漢字語의 同義語를 쓰시오.

(121) 換骨 -　　　(122) 逍遙 -
(123) 破瓜 -　　　(124) 未曾有-破(　,　)
(125) 見利思義-見危(　,　)

※다음에서 뜻이 다른 漢字語를 번호로 쓰시오.

(126) ①比翼鳥 ②連理枝 ③鴛鴦契 ④金蘭交
(127) ①鄕愁病 ②花風病 ③悔心病 ④相思病
(128) ①濫觴 ②臺彈 ③嚆矢 ④權輿
(129) ①別乾坤 ②桃源境 ③首邱心 ④理想鄕
(130) ①雲雨之樂 ②巫山之夢 ③琴瑟之樂 ④南柯一夢

※다음 밑줄 친 漢字語를 正字로 쓰시오.

▷파벌(131) 싸움. 변증(132)되지 않은 편벽(133)된 변론(134). 모멸(135)을 느끼고 권총(136)으로 자살한 비적(137)의 두목. 시신(138)을 동굴(139)에 유기(140)한 졸도(141)들.

▷난(란)숙(142)한 경지에 이르러 그린 규방(143)의 아가씨인데 여배우(144)의 매혹(145)적인 자태(146)처럼 느껴지고 그림에 낙관도 없어 구매(147)할 사람이 기피(148)한다.

▷벽계(149)에 목욕(150)하고 3간 모옥에서 청량(151)한 바람 맞으니 세상 속진은 오불관언이라.

▷당뇨(152)로 신장(153)이 나빠졌다. 매일 뜰에서 도약(154)운동을 하고 매주 검진을 받는데 차도(155)는 없다.

▷오염(156)된 하천을 덮은 복개(157)도로. 그 위의 고가(158)도로. 그 도로를 원래의 개울로 복원(159)한 것은 국민의 잠재(160)력을 능력 있는 리더가 잘 활용해 일군 것.

▷침범(161)해 온 조폭(162)들의 무리를 구축(163)하고 부당하게 해고(164)되었던 店員들 망라하여 새 市場을 이루니 여기 다시 形成된 우리 상권(165). 이제 초미(166)의 과제는 배상(167) 협의.

▷말에 있어서는 매우 가까운 사이인 나[吾], 너[汝], 누[誰]는 현실 사회에서는 매우 소원(168)할 뿐만 아니라 반목, 질시, 갈등(169)등으로 얽히고 설켜 복잡한 양상을 노정(170)함은 무슨 까닭일까?

※131~170번 안에서 長音 10개를 찾아 쓰시오.

(171)~(180) : (　)(　)(　)(　)(　)

※다음 同音異義語를 구별하여 正字로 쓰시오.

▷사거: (181) 죽어 세상을 떠남
　　　　(182) 작별하고 떠남
▷제수: (183) 임금이 벼슬을 시킴
　　　　(184) 15÷3=5일 때의 3
▷사제: (185) 신부
　　　　(186) 내 집
▷사주: (187) 모래섬
　　　　(188) 신하에게 술을 내림
▷주사: (189) 못된 술버릇
　　　　(190) (몸 아프면 맞아야지)

※「요즘 보도되고 있는 실제와 다르다는 뜻의 분식회계」에서

(191) "분식"을 한자로 쓰시오.
(192) "분식"과 가장 가까운 뜻의 한자어를 고르시오.
　①巧言令色　②朝三暮四
　③上石下臺　④羊頭狗肉

※같은 뜻의 故事成語를 보기에서 고르시오.

①刻骨難忘　②難攻不落　③渴而穿井
④刮目相對　⑤孤立無援　⑥犬兔之爭
⑦累卵之危　⑧金石盟約

(193) 四面楚歌 -　　　(194) 金城湯池 -

※俗談에 해당될 성어가 되도록 완성하시오.

(195) 소 잃고 외양간 고치기: (　)羊(　)牢
(196) 낫 놓고 ㄱ자도 모른다: 目不(　)(　)

※같은 뜻의 故事成語가 되도록 (　)속에 漢字를 쓰시오.

(197) 刻舟求劍 - (　)株(　)兔
(198) 斑(　)之戲 - (　)萊之戲
(199) 脣(　)齒(　) - 輔車相依
(200) 三遷之敎 - (　)(　)之敎

■ 200만점에 160점 이상 합격 (80%) ■

기출예상문제[나] 漢字能力檢定試驗 1級 問題紙

(社)韓國語文會·韓國漢字能力檢定會　　　(시험시간 : 90분)　　수험생에 의하여 재편집되었습니다.

※다음 漢字語의 讀音을 쓰시오.

(1) 瘦瘠　　(2) 使嗾　　(3) 論劾
(4) 遝至　　(5) 嚆矢　　(6) 墾耕
(7) 薑桂　　(8) 渠堰　　(9) 杳渺
(10) 麥麴　(11) 遷徙　(12) 謠諛
(13) 濫觴　(14) 梳沐　(15) 敎唆
(16) 繭紬　(17) 臀腫　(18) 鍼灸
(19) 凛慄　(20) 彈駁　(21) 縊殺
(22) 馳詣　(23) 擄掠　(24) 腋汗
(25) 潑剌　(26) 憔悴　(27) 超邁
(28) 殺到　(29) 潰瘍　(30) 瑕疵
(31) 梵磬　(32) 汚垢　(33) 戟盾
(34) 葵藿　(35) 鴻鵠　(36) 肌膚
(37) 蠻狄　(38) 逵路　(39) 貪嗜
(40) 黃疸　(41) 匕箸　(42) 諒闇
(43) 耽溺　(44) 沸騰　(45) 孀鰥
(46) 蜜蠟　(47) 宵晨　(48) 耐乏
(49) 懶怠　(50) 陋巷

※위의 독음에서 類義語를 찾아 번호로 쓰시오.

(51) 瘦瘠 -　　　(52) 使嗾 -
(53) 論劾 -　　　(54) 遝至 -
(55) 嚆矢 -

※위 30~50에서 反對字로 된 단어를 찾아 번호로 쓰시오.

(56)~(60) : (　)(　)(　)(　)(　)

※다음 漢字의 訓과 音을 쓰시오.

(61) 斧　(62) 琵　(63) 爽　(64) 衰
(65) 羞　(66) 舜　(67) 升　(68) 殿
(69) 奏　(70) 翰　(71) 淵　(72) 廟
(73) 漆　(74) 雇　(75) 膠　(76) 棋

(77) 硫　(78) 膽　(79) 娩　(80) 脂
(81) 瑞　(82) 殖　(83) 貰　(84) 斡
(85) 鳶　(86) 擁　(87) 泡　(88) 婆
(89) 侈　(90) 雀　(91) 靖　(92) 硯

※75~92번 안에서 長音 5개를 찾아 쓰시오.

(93)~(97) : (　)(　)(　)(　)(　)

※다음 漢字의 略字를 쓰시오.

(98) 壹 -　　(99) 廟 -　　(100) 漆 -

※다음 밑줄 친 漢字語를 正字로 쓰시오.

▷나의 막료(101)는 막역(102)한 知友이다.
▷망막(103)한 비무장지대는 남북의 완충(104)지대이다.
▷십여척(105)의 함정(106)을 지휘(107)하다.
▷포성(108)에 손상된 고막(109)의 진료(110)광경은 처참(111)하였다.
▷요망(112)한 간신들이 들끓는 궁궐(113)을 청직(114)한 선비들이 권모(115)술수(116)를 물리치고 마굴(117)같이 ㅁ-취(118)된 낙마(119)처럼 얽힌 사태를 평온(120)으로 되찾았다.
▷염치(121)있는 행동을 합시다.
▷실력을 연마(122)하여 분기(123) 할 때이다.
▷채록(124)한 경서.
▷우리들의 복록(125).
▷연민(126)을 느끼다.
▷피안(127)의 경지에 진세(128)의 번뇌(129)를 벗어나다.
▷노변(130) 한담을 즐기다.

※101~130번 안에서 長音 5개를 찾아 番號를 쓰시오.

(131)~(135) : (　)(　)(　)(　)(　)

※ 다음 漢字의 部首를 쓰시오.

(136) 斧( )　(137) 琵( )　(138) 爽( )
(139) 衰( )　(140) 羞( )　(141) 舜( )
(142) 升( )　(143) 殿( )　(144) 奏( )
(145) 翰( )

※ 다음 문장에 맞는 漢字語를 漢字로 쓰시오.

(146) 범인의 행방, 증거를 찾음. … ( )
(147) 증거물을 강제로 가져감. … ( )
(148) 잡아서 유치하다. ………… ( )
(149) 가두고 살펴보다. ………… ( )
(150) 손해를 물어주다. ………… ( )
(151) 소송을 수리한 법원이 그 내용을 심리하여 이유가 없는 것으로, 또는 부적법한 것으로 판단하여 배척하는 일. …… ( )

※ 다음 漢字語의 뜻풀이를 하시오.

(152) 眷率( )　(153) 昆季( )
(154) 聘丈( )　(155) 丁艱( )
(156) 家乘( )

※ 다음 漢字語의 원뜻[字義]을 쓰시오.

(157) 葛藤( )　(158) 網羅( )
(159) 干戈( )　(160) 膾炙( )
(161) 股肱( )

※ 다음 문장의 의미에 맞는 漢字語를 쓰시오.

(162) 오늘은 <u>기망</u>이다. ………… ( )
(163) 대통령을 <u>기망</u>하다 ……… ( )
(164) 남원 광한루의 <u>정조</u>. ……… ( )
(165) 여인의 <u>정조</u>. ……………… ( )
(166) 입원생활에 <u>염증</u>을 느끼다. … ( )
(167) 기관지에 <u>염증</u>이 생기다. …… ( )
(168) <u>여권</u>에서 제출한 안건. …… ( )
(169) <u>여권</u> 단속법이 있다. ……… ( )
(170) <u>부설</u>기관에서 ……………… ( )
(171) <u>부설</u>하였다. ………………… ( )

※ 다음 漢字語의 轉義를 쓰시오.

(172) 白頭( )　(173) 棟梁( )
(174) 蝸角( )　(175) 巾櫛( )
(176) 蛇足( )

※ 다음 漢字의 反對字를 쓰시오.

(177) ( )-妣 : 돌아가신 부모님.
(178) ( )-削 : 시문이나 답안 따위를 보충하거나 삭제하여 고침.
(179) ( )-借 : 꾸어 줌과 꿈.
(180) 嫡-( ) : 적자와 서자.

※ 다음 漢字의 類義字를 쓰시오.

(181) 狩( )　(182) 洗( )　(183) ( )僞
(184) 孕( )　(185) 忖( )

※ 다음 ( )안에 漢字를 넣어 完成하시오.

(186) 眼下無人 - ( )( )無人
(187) 天壤之差 - ( )( )之差
(188) 流芳百世 - ( )( )萬年
(189) 面從腹背 - 陽( )陰( )
(190) 隱忍自重 - 輕( )( )動
(191) ( )反( )杖　(192) 三( )( )廬
(193) 百年( )( )　(194) ( )( )之馬
(195) 掩( )( )鈴　(196) ( )言令( )

※ 같은 뜻의 故事成語를 보기에서 고르시오.

①南船北馬　②渴而掘井　③羽化登仙
④刻舟求劍　⑤眼高手卑　⑥水滴穿石
⑦朝令暮改　⑧一場春夢　⑨刻骨難忘

(197) 守株待兔( )　(198) 南柯一夢( )
(199) 亡羊補牢( )　(200) 愚公移山( )

■ 200만점에 160점 이상 합격 (80%) ■

기출예상문제[다]　漢字能力檢定試驗　1級 問題紙

(社)韓國語文會·韓國漢字能力檢定會　　(시험시간: 90분)　　수험생에 의하여 재편집되었습니다.

※다음 漢字語의 讀音을 쓰시오.
(1) 漏泄　(2) 諡聖　(3) 斟酌
(4) 姦慝　(5) 僭濫　(6) 浚渫
(7) 梳櫛　(8) 牢獄　(9) 膨脹
(10) 嚆矢　(11) 羹汁　(12) 桎梏
(13) 褒貶　(14) 漲溢　(15) 穿鑿
(16) 悖戾　(17) 枳殼　(18) 龜裂
(19) 藿囊　(20) 衰冕　(21) 乖愎
(22) 逵路　(23) 羈絆　(24) 耽溺
(25) 絨氈　(26) 遝至　(27) 淮陽
(28) 詣謁　(29) 肇始　(30) 歆饗
(31) 隙駒　(32) 股肱　(33) 繭紬
(34) 癡呆　(35) 訥澁　(36) 喧藉
(37) 獱貂　(38) 裔胄　(39) 廐舍
(40) 欽羨　(41) 篆額　(42) 泛灑
(43) 渺茫　(44) 唾罵　(45) 黍粟
(46) 忖度　(47) 屠戮　(48) 靡寧
(49) 鄙吝　(50) 脆弱

※다음 漢字의 訓과 音을 쓰시오.
(51) 垢　(52) 叩　(53) 聳　(54) 甦
(55) 毅　(56) 棘　(57) 拐　(58) 逞
(59) 彙　(60) 棗　(61) 蔗　(62) 霸
(63) 揖　(64) 截　(65) 寨　(66) 彭
(67) 炅　(68) 覘　(69) 砧　(70) 拗
(71) 瞿　(72) 襪　(73) 擅　(74) 璽
(75) 礬　(76) 尨　(77) 屑　(78) 聊
(79) 塋　(80) 蛋　(81) 鼈　(82) 醯

※첫소리가 장음인 것을 고르시오.
(83) (　) : ①侯爵 ②喘息 ③濠洲 ④階段
(84) (　) : ①醇仁 ②嬌態 ③彷徨 ④餅店
(85) (　) : ①寵愛 ②圓熟 ③柔軟 ④香爐
(86) (　) : ①酸味 ②聾兒 ③裕福 ④良藥
(87) (　) : ①幇助 ②案內 ③諒察 ④派爭
(88) (　) : ①陳套 ②焰焰 ③袴衣 ④嘲弄
(89) (　) : ①士官 ②倚子 ③釀造 ④渦中
(90) (　) : ①猜忌 ②孵卵 ③松都 ④怯懦
(91) (　) : ①腰帶 ②殞命 ③妖艷 ④迂廻
(92) (　) : ①況且 ②瑕疵 ③粗雜 ④幹線

※다음 漢字語의 반대어를 쓰시오.
(93) 强硬-　(94) 永劫-　(95) 演繹-
(96) 奢侈-　(97) 扶桑-

※다음 漢字의 반대자를 쓰시오.
(98) -瘠　(99) 盈-　(100) 舅-
(101) -曇　(102) 屈-　(103) 擒-
(104) -跋　(105) 嫡-　(106) 醒-
(107) -俯

※다음 漢字의 유의자를 쓰시오.
(108) -遜　(109) 懶-　(110) 詭-
(111) -愕　(112) 攄-　(113) 斡-
(114) -擢　(115) 懺-　(116) 詰-
(117) -滌　(118) 拿-　(119) 堰-
(120) -肪　(121) 孕-　(122) 涕-

※다음 문장에 맞는 漢字語를 漢字正字로 쓰시오.
(123) 여유 자금을 銀行에 예탁하였다.
(124) 원활한 血液 순환은 아주 중요하다.
(125) 스키 競技의 白眉는 역시 활강이다.
(126) 대만에서도 北京 中國語가 표준말이다.
(127) 사기꾼들이 淳朴한 住民들을 농락하였다.
(128) 經濟 不安이 社會 混亂을 야기할 수 있다.
(129) 아름다운 선율에 모든 청중이 매혹되었다.
(130) 새해 첫날 눈이 내리면 상서롭다고 반겼다.
(131) 승강기 고장으로 밤새 공포에 떨어야 했다.
(132) 入試 結果를 기다리는 受驗生처럼 초조하다.
(133) 양쪽 意見을 잘 절충하여 최종안을 마련하였다.
(134) 호주제 철폐 問題에 대한 討論이 격렬하였다.
(135) 新入社員이 이번 新製品 開發에 수훈을 세웠다.
(136) 우리나라가 이번에도 洋弓 種目에서 제패하였다.
(137) 뚜껑 없이 의자처럼 생긴 가마를 남여라고 한다.
(138) 獨島는 慶尙北道 울릉군에 속한 작은 바위섬이다.
(139) 天眞 난만한 어린 아이의 모습은 언제나 아름답다.
(140) 時日이 길어지면서 會談은 교착 상태에 빠졌다.
(141) 壬亂 때 宣祖는 漢陽을 버리고 義州로 몽진하였다.
(142) 진정한 人權 옹호가 實現되기를 진심으로 기대한다.
(143) 精神的인 스트레스가 胃腸 장애를 일으키기도 한다.
(144) 3,40년 전에는 外國 차관을 들여다가 공장을 지었다.
(145) 전장에서는 有利한 고지를 장악하는 것이 중요하다.
(146) 議會 議員이 議員職을 상실하면 보궐 選擧를 實施한다.
(147) 流通期間을 늘리기 위해 식품에 방부제를 첨가한다.
(148) 新聞마다 축구에 관한 記事가 1면 머리에 게재되었다.
(149) 손해를 끼친 쪽에서 피해자에게 배상하는 것이 當然하다.
(150) 적의 攻擊에 맞서기 위해서 周邊의 차폐물을 이용한다.
(151) 피랍 어선의 船員들이 모두 無事하다니 그나마 다행이다.
(152) 망막은 우리 眼球에서 상을 맺게 해 주는 부분이다.
(153) 夫婦間 갈등의 原因은 사소한 말 한마디인 경우가 흔하다.
(154) 外國人 근로자들에게 모멸감을 느끼게 해서는 안 된다.
(155) 건강보험 제도가 있다지만 患者들에게 진료비는 부담스럽다.
(156) 飜譯에서의 오류 때문에 文學 작품의 價値가 손상될 수도 있다.
(157) 승부차기에서 選手는 실축에 대한 부담감 때문에 많이 긴장한다.

※다음 漢字語의 뜻풀이를 하시오.
(158) 嗤笑(　　　　)　(159) 裸麥(　　　　)
(160) 菱形(　　　　)　(161) 曳履聲(　　　　)
(162) 移秧(　　　　)　(163) 禿頭(　　　　)
(164) 諧謔(　　　　)　(165) 痼癖(　　　　)
(166) 鍼灸(　　　　)　(167) 贅壻(　　　　)

※다음 漢字語의 同音異義語를 한가지씩 쓰시오.
(長短音은 無關, 한자는 반드시 정자로 쓸 것)
(168) 紙鳶(　　　　)　(169) 敷設(　　　　)
(170) 煮醬(　　　　)　(171) 詛嚼(　　　　)
(172) 構築(　　　　)

※다음 빈칸에 알맞은 漢字를 正字로 써 넣어 앞뒤 對稱 구조의 四字成語를 완성하시오.
(173) 男負(　)(　)　(174) (　)(　)右眄
(175) 甘呑(　)(　)　(176) (　)(　)皓齒
(177) 焚書(　)(　)

※다음 (　)안에 漢字 正字를 써 넣으시오.
(178) 守株待(　)　(179) 夙(　)夜寐
(180) 鴛鴦衾(　)　(181) 隔(　)搔癢
(182) 恪勤勉(　)　(183) (　)哺鼓腹
(184) 輾轉反(　)　(185) (　)坤一擲
(186) 臥薪(　)膽　(187) (　)田鬪狗

※다음 漢字의 部首를 쓰시오.
(188) 奠(　)　(189) 稟(　)　(190) 盾(　)
(191) 衰(　)　(192) 爽(　)　(193) 閏(　)
(194) 賴(　)　(195) 夢(　)　(196) 渠(　)
(197) 鼎(　)

※다음 略字는 正字로, 正字는 약자로 쓰시오.
(198) 蚕(　)　(199) 漆(　)　(200) 獵(　)

■ 200만점에 160점 이상 합격 (80%) ■

기출예상문제[라]   漢字能力檢定試驗   1級 問題紙

(社)韓國語文會·韓國漢字能力檢定會   (시험시간 : 90분)   수험생에 의하여 재편집되었습니다.

※다음 漢字語의 讀音을 쓰시오.

(1) 瑕疵   (2) 黎明   (3) 拐杖
(4) 胡蝶   (5) 欠伸   (6) 鷄肋
(7) 毫釐   (8) 覆轍   (9) 刺股
(10) 容喙   (11) 捐館   (12) 瘦瘠
(13) 敎唆   (14) 遝至   (15) 嚆矢
(16) 做錯   (17) 楷隷   (18) 殺到
(19) 遞逝   (20) 僭竊   (21) 棗栗
(22) 憔悴   (23) 整辦   (24) 僉押
(25) 忌諱   (26) 纏帶   (27) 微恙
(28) 衰頹   (29) 檻穽   (30) 唾罵
(31) 顫舌   (32) 濫觴   (33) 嗾囑
(34) 漲溢   (35) 掃灑   (36) 矜恤
(37) 陟降   (38) 括弧   (39) 澎湃
(40) 豪宕   (41) 戟盾   (42) 擄掠
(43) 褒貶   (44) 饌盒   (45) 詐詭
(46) 喧騷   (47) 膾炙   (48) 洗滌
(49) 巫覡   (50) 宦侍

※다음 漢字語를 우리말로 옮기시오.

(51) 黎明 -   (52) 瑕疵 -   (53) 拐杖 -
(54) 胡蝶 -   (55) 欠伸 -

※다음 漢字語의 전의어를 쓰시오.

(56) 鷄肋 -   (57) 毫釐 -   (58) 覆轍 -
(59) 刺股 -   (60) 容喙 -

※다음 漢字語의 유의어를 16~33번에서 찾아 쓰시오.

(61) 捐館 -   (62) 瘦瘠 -   (63) 敎唆 -
(64) 遝至 -   (65) 嚆矢 -

※반대자로 이루어진 단어를 34~50번에서 찾아 쓰시오.

(66) (   )   (67) (   )   (68) (   )
(69) (   )   (70) (   )

※다음 漢字의 訓과 音을 쓰시오.

(71) 夯   (72) 卵   (73) 函   (74) 戌
(75) 孰   (76) 冀   (77) 且   (78) 互
(79) 升   (80) 再   (81) 訊   (82) 吝
(83) 殼   (84) 些   (85) 匠   (86) 侶
(87) 芥   (88) 絆   (89) 釘   (90) 袂
(91) 衾   (92) 陪   (93) 罕   (94) 黍
(95) 梁   (96) 剖   (97) 享   (98) 泄
(99) 狹   (100) 墟

※다음 漢字의 部首를 쓰시오.

(101) 夯 -   (102) 卵 -   (103) 函 -
(104) 戌 -   (105) 孰 -   (106) 冀 -
(107) 且 -   (108) 互 -   (109) 升 -
(110) 再 -

※첫소리가 長音인 것을 고르시오.

(111) (   ) : ①加減 ②家奴 ③歌客 ④佳緣
(112) (   ) : ①斷腸 ②段階 ③團結 ④鍛鍊
(113) (   ) : ①征伐 ②定量 ③貞操 ④停留
(114) (   ) : ①提督 ②諸君 ③帝王 ④題目
(115) (   ) : ①祖考 ②早朝 ③調和 ④彫刻

※다음 밑줄 친 漢字語를 漢字 正字로 쓰시오.

▷매체(116)를 장식(117)하는 다음과 같은 표제어들.
신문 유통원(118)들의 감독 소홀(119).
인사 청탁(120) 낙하산(121)인사.
▷작통권(122) 환수(123).
강경파(124) 반발로 노사정(125) 복귀(126) 무산(127).
司試*회 법조계 장악(128) 주변(129) 기수(130)들만 피해.
부방위(131) 상태가 있는데 또 무슨 위원회 헌재(132) 소장 변협(133)이 반대.
이 한자들의 태반(134)은 신조 한자어의 약어이다. 이 신조어(135)들이 한글만으로 한자어를 익힌 세대들의 조어능력을 말해준다고 한글 전용론자들이 주장하고 있다.
▷구매(136)력이 떨어지고 고용(137)구조가 불안해지고 부채(138)가 늘어나고 물가의 등위(139) 현상이 나타난다.
예비비(140)를 돌려 현찰(141)로 손해 배상(142)을 해야하니 차관(143)과 융자(144)를 재산 증식(145)을 할 수 있다면.
▷혹서(146)의 여름이었다. 폭염(147)에 시달렸는데 어느덧 아침저녁이 제법 청량(148)하다. 남벽(149)의 가을 하늘을 생각한다. 번잡(150)한 진세(151)의 괴로움을 망각(152)하게 하는 가을하늘 그 아래서 나는 또 새로운 도약(153)에 도전(154)할 수 있겠지. 오늘도 내 환상(155)은 펼쳐진다.

※위 문장 116~145번 가운데 첫소리가 장음인 漢字語를 5개만 고르시오.
(156)~(160)

※다음 밑줄 친 동음이의어를 한자로 쓰시오.

▷비리사정(161) 봐준 사정(162).
▷1과 2가 공모(163)해서 공모(164)로 채용된 위원장.
▷그는 장사(165)였는데 태형으로 장사한 죄인이라 장사(166)도 제대로 못 지냈다.
▷역사(167) 신축 역사(168)가 한창이다.
▷80세까지 장수(169)한 **전투의 백제 장수(170).

※다음 漢字語의 反義語를 쓰시오.

(171) 供給 - (　　　) (172) 白髮 - (　　　)
(173) 內包 - (　　　) (174) 滿潮 - (　　　)
(175) 扶桑 - (　　　) (176) 銳利 - (　　　)
(177) 演繹 - (　　　)

※다음 漢字語의 類義語를 쓰시오.

(178) 訣 - (　　　) (179) 拿 - (　　　)
(180) 醫 - (　　　) (181) 哭 - (　　　)
(182) 銓 - (　　　) (183) (　)息策-彌(　)策
(184) 未(　)有-破天(　) (185) (　)同軌-(　)同文

※다음 문장에 맞는 四字成語를 쓰시오.

(186) 한가닥 옷과 같이 좁은 바닷물을 사이에 둔 관계.
(187) 말을 교묘하게 하고 표정을 좋게 꾸밈.
(188) 고향을 그리워 하는 마음.
(189) 학문의 길은 여러 갈래여서 올바른 길을 찾기가 어려움.
(190) 밥상을 눈높이로 들어 남편에게 바침.
(191) (　)(　) 鴻爪
(192) (　)(　) 叫喚
(193) (　)(　) 不辨
(194) 吳越 (　)(　)
(195) 對牛 (　)(　)

※다음 漢字의 略字를 쓰시오.

(196) 蠶(　) (197) 膽(　) (198) 鹽(　)
(199) 廳(　) (200) 龍(　)

■ 합격을 기원합니다 ■

전국한자능력검정시험 1급 답안지(1)

번호	정답	1검	2검	번호	정답	1검	2검	번호	정답	1검	2검
1				31				61			
2				32				62			
3				33				63			
4				34				64			
5				35				65			
6				36				66			
7				37				67			
8				38				68			
9				39				69			
10				40				70			
11				41				71			
12				42				72			
13				43				73			
14				44				74			
15				45				75			
16				46				76			
17				47				77			
18				48				78			
19				49				79			
20				50				80			
21				51				81			
22				52				82			
23				53				83			
24				54				84			
25				55				85			
26				56				86			
27				57				87			
28				58				88			
29				59				89			
30				60				90			

수험번호 □□□-□□-□□□□   성명 □□□□□
주민등록번호 □□□□□□-□□□□□□□

※답안지는 컴퓨터로 처리되므로 구기거나 더럽히지 마시고, 정답 칸 안에만 쓰십시오. 글씨가 채점란으로 들어오면 오답처리가 됩니다. ※유성 싸인펜, 붉은색 필기구 사용 불가.

감독위원	채점위원 (1)	채점위원 (2)	채점위원 (3)
(서명)	(득점) (서명)	(득점) (서명)	(득점) (서명)

전국한자능력검정시험 1급 답안지(2)

번호	정답	1검	2검	번호	정답	1검	2검	번호	정답	1검	2검
91				128				165			
92				129				166			
93				130				167			
94				131				168			
95				132				169			
96				133				170			
97				134				171			
98				135				172			
99				136				173			
100				137				174			
101				138				175			
102				139				176			
103				140				177			
104				141				178			
105				142				179			
106				143				180			
107				144				181			
108				145				182			
109				146				183			
110				147				184			
111				148				185			
112				149				186			
113				150				187			
114				151				188			
115				152				189			
116				153				190			
117				154				191			
118				155				192			
119				156				193			
120				157				194			
121				158				195			
122				159				196			
123				160				197			
124				161				198			
125				162				199			
126				163				200			
127				164				검토하고 제출하십시오.			

모의고사해답

特 徵

▷ 문제와 해답이 같은 서식이므로 쉽게 대조.
▷ 훈음과 뜻풀이를 수록함으로써 자습능력을 키움.
▷ 해답으로 먼저 공부하고 풀어 봄으로써 자신감 부여.

一 독음문제 : 대표훈음을 수록함으로써 오답을 바로 잡을 수 있음.
※ 주의사항 두음법칙과 활음조현상으로 인한 착오가 없도록
반드시 정답 란으로 채점바람.
二 훈음문제 : 모든급수에서 골고루 출제.
三 단어문제 : 장문과 단문을 교대로 출제.
四 전 의 어 : 많은 양의 전의어와 자세한 설명.
五 순우리말 : 고유어 수록.
六 고사성어 : 고사성어의 독음과 뜻풀이 첨가.
七 반대자・반대어 ┐
　유의자・유의어 ┘ 훈음과 뜻풀이를 첨가하여 이해하기 쉽도록 구성.
八 부수문제 : 틀리기 쉬운 부수를 주로 출제.
九 약자문제 : 많은 약자를 접해 볼 수 있도록 1문항에 2문제씩 출제.
十 일자다음자 : 독음문제 1~6번에(*) 반영시킴.
十一 동음이의어 : 뜻풀이를 제시하여 한자로 전환 할 수 있도록 유도.
十二 장음문제 : 上聲[長音]을 그림으로 표시.
十三 뜻풀이문제 : 많은 양의 뜻풀이 수록.
十四 조어력문제 : 정치・경제・사회・법률용어로 출제.

도움말

1. "㊤"- 유의자 "㊦"- 반대자 표시
2. "※"- 두음법칙·활음조현상·일자다음자로 인해 틀리기 쉬운 독음표시

    <독음문제는 정답란으로 채점 바람>

▷滑音調◁ ※발음을 부드럽게 하는 음운 현상※	① 모음이나 'ㄴ' 받침뒤에 이어지는 '렬,률' → '열,율' 로 씁니다.	卑劣 (비렬→비열) ×0 龜裂 (균렬→균열) 旋律 (선률→선율) 百分率 (백분율)	羅列 (나렬→나열) ×0 先烈 (선렬→선열) 比率 (비률→비율) 生産率 (생산율)	陳列 (진렬→진열) ×0 規律 (규률→규율) 利率 (이률→이율) 失敗率 (실패율)
	② 俗音으로 소리 나는 것	困難 (곤난→곤란) ×0 受諾 (수낙→수락) 論難 (논난→논란) 會寧 (회녕→회령) 五六月 (오뉴월)	大怒 (대노→대로) ×0 快諾 (쾌낙→쾌락) 議論 (의론→의논) 佐飯 (좌반→자반) 初八日 (초파일)	喜怒 (희노→희로) ×0 許諾 (허낙→허락) 宜寧 (의녕→의령) 鹿皮 (녹피→녹비) 肺炎 (폐염→폐렴)
	③ 사이시옷	庫間 (곳간) 貰房 (셋방) 茶盞 (찻잔) 退間 (뒷간)	數字 (숫자) 車間 (찻간) 回數 (횟수)	

3. 長短音 : 국어의 高低長短은 平上去入의 四聲으로 구분한다.

▷長音◁	上聲	처음이 낮고 끝이 높은 소리 : (훈민정음 등에서 글자 왼쪽에 점 두개로 나타내었음)	길고 높음
	去聲	가장 높은 소리 : (훈민정음 등에서 글자 왼쪽에 점 하나로 나타내었음)	莊重함
	平聲	낮고 順平한 소리 : (훈민정음 등에서 글자 왼쪽에 점이 없는 것)	평탄하고 짧음
	入聲	짧고 빨리 닫는 소리 : (받침이 ㄱ, ㄷ, ㄹ, ㅂ)	促急하여 짧음

第1回 한자능력검정시험(해답) 1급

(시험시간 : 90분)

독음 문제 … "※"일자다음·두음법칙·활음조현상 주의합시다.

1.	簞食	소쿠리단/※밥사	2.	大宛	큰대/※나라이름원
3.	單于	※오랑캐임금선/어조사우	4.	兜率	※도솔천도/거느릴솔
5.	遁北	달아날둔/※달아날배	6.	湍洑	여울단/※스며흐를복
7.	靈柩	※신령령/널구	8.	楕球	길고둥글타/공구
9.	影幀	그림자영/그림족자정	10.	脊髓	등마루척/뼛골수
11.	媤叔	시집시/아재비숙	12.	擅斷	멋대로할천/끊을단
13.	熄滅	불꺼질식/멸할멸	14.	挫頓	꺾을좌/조아릴돈
15.	欣快	기뻐할흔/쾌할쾌	16.	誅戮	벨주/죽일륙
17.	歆饗	흠향할흠/잔치향	18.	溢流	넘칠일/흐를류
19.	誨諭	가르칠회/타이를유	20.	續貂	이을속/담비초
21.	嗅覺	맡을후/깨달을각	22.	灑塵	뿌릴쇄/티끌진
23.	絢爛	무늬현/빛날란	24.	盛饌	성할성/반찬찬
25.	諷諫	풍자할풍/간할간	26.	蕭冷	쓸쓸할소/찰랭
27.	鹹苦	짤함/쓸고	28.	泛稱	뜰범/일컬을칭
29.	爬癢	긁을파/가려울양	30.	蔗糖	사탕수수자/엿당
31.	壟畔	※밭두둑롱/밭두둑반	32.	舅甥	외삼촌구/생질생
33.	顆粒	낱알과/낟알립	34.	擄掠	※노략질로/노략질략
35.	悸慄	두근거릴계/※떨릴률	36.	凹凸	오목할요/볼록할철
37.	喬幹	높을교/줄기간	38.	灌漑	물댈관/물댈개
39.	廐舍	마구구/집사	40.	淘汰	쌀일도/일태
41.	寤寐	잠깰오/잠잘매	42.	訥鍤	말더듬을눌/떫을삽
43.	敲拉	두드릴고/끌랍	44.	肋膜	※갈빗대륵/막막
45.	匕箸	숟가락비/젓가락저	46.	卍海	만자만/바다해
47.	孀鰥	홀어미상/홀아비환	48.	襪繫	버선말/맬계
49.	嘉祥	아름다울가/상서상	50.	賈衒	장사고/자랑할현

정답:
- 1~10 단사/대원/선우/도솔/둔배/단복/영구/타구/영정/척수
- 11~20 시숙/천단/식멸/좌돈/흔쾌/주륙/흠향/일류/회유/속초
- 21~30 후각/쇄진/현란/성찬/풍간/소랭/함고/범칭/파양/자당
- 31~40 농반/구생/과립/노략/계율/요철/교간/관개/구사/도태
- 41~50 오매/눌삽/고랍/늑막/비저/만해/상환/말계/가상/고현

51. 유사관계: (31 , 33 , 34 , 38 , 40)
52. 대립관계: (32 , 36 , 41 , 45 , 47)

전의어 문제 … A: 字義[원뜻], B: 轉義[고사에 얽힌 이야기]

53. 杏林 A: (살구나무의 수풀)
　　　　 B: (의원. 치료비 대신 살구나무를 받았다고 함)

54. 膏粱 A: (기름진 고기와 좋은 곡식)
　　　　 B: (맛있는 음식)

55. 權輿 A: (저울대와 수레) *權[저울추]
　　　　 B: (사물의 시초) 유 嚆矢, 濫觴

56. 杜撰 A: (거칠거나 출처가 분명하지 못한 문장)
　　　　 B: (틀린 곳이 많은 저술)

57. 捐館 A: (집을 버림)
　　　　 B: (죽음)

훈음 문제 … 맞춤법에 주의합시다.

58.	黍	기장 서 [黍]	59.	暢	화창할 창 [日]
60.	孰	누구 숙 [子]	61.	昶	해길 창 [日]
62.	暹	햇살치밀섬 [日]	63.	喆	밝을 철 [口]
64.	馮	성풍, 탈빙 [馬]	65.	鼠	쥐 서 [鼠]
66.	赫	빛날 혁 [赤]	67.	牽	이끌 견 [牛]
68.	顎	턱 악 [頁]	69.	劉	죽일 류 [刀]
70.	鵲	까치 작 [鳥]	71.	閼	막을 알 [門]
72.	詣	이를 예 [言]	73.	賓	손 빈 [貝]
74.	饒	넉넉할 요 [食]	75.	享	누릴 향 [亠]
76.	棗	대추 조 [木]	77.	鍵	열쇠 건 [金]
78.	覓	찾을 멱 [見]	79.	燮	불꽃 섭 [火]
80.	駕	멍에 가 [馬]	81.	窺	엿볼 규 [穴]
82.	辜	허물 고 [辛]	83.	臀	볼기 둔 [肉]
84.	馴	길들일 순 [馬]	85.	臂	팔 비 [肉]
86.	翌	다음날 익 [羽]	87.	諡	시호 시 [言]

단어 문제 … 문맥을 살펴보면서 공부합시다.

▷나라가 **평온(88)**한 가운데 사실을 **왜곡(89)** 된 보도로 인하여 **우울(90)**한 정국에서 **주옥(91)**같은 선현들의 말씀을 교훈 삼자.
▷아직도 사람을 **노예(92)**로 부리는 일은 **야만(93)**적이고 **가혹(94)**적이다.
▷통제구역 **소홀(95)**로 범인의 **지문(96)**을 확보하는데 어려움을 겪다.
▷여름철엔 세균이 많이 **번식(97)** 한다.
▷차츰 한국에 **주둔(98)**하고 있는 미군이 철수한다.
▷지하철안의 화재는 바로 **질식(99)**사로 이어진다.
▷불도를 닦는 **사찰(100)**에서 참선중이다.
▷남북을 연결하는 철도를 **부설(101)**하다.
▷음악회장에서는 **탈모(102)**를 해야 한다.
▷고요한 밤에는 **초침(103)** 소리도 거슬린다.
▷부동산정책으로 인하여 집값이 하락하는 **추세(104)**이다.
▷의견이 다를때는 상호 **절충(105)** 해야 한다.
▷중국 양명산의 **협곡(106)**이 아주 일품이었다.
▷실현가능성이 없는 것은 **모험(107)**으로써 **환상(108)**에 불과하다.
▷나라에 지대한 공을 세워서 **훈장(109)**을 받다.
▷지구촌 어떤 곳에선 폭우로 강이 **범람(110)**하고 어떤 곳에선 강도 높은 **지진(111)**으로 많은 피해 발생.
▷공원에는 **휴게(112)** 시설이 잘 되어 있다.
▷옛날 사대부집안의 **규수(113)**는 요조숙녀였다.
▷합리화를 시킬려고 하지만 그것은 **모순(114)**이다.
▷20세가 지나면서 서서히 **피부(115)**가 노화 되어 간다.
▷성공은 부단한 **탁마(116)**의 결과이다.
▷시골에 홀로 계시는 어머니 **안후(117)**가 걱정된다.
▷친구의 **장서(118)**를 애도하다.
▷불화로 인하여 **결별(119)** 선언하고 **처량(120)**한 생각이 든다.
▷탁구경기에서 중국을 **제패(121)**한 선수에게 꽃다발을 **증정(122)**했다.
▷요즘 **염세(123)**로 인하여 세상을 등지는 사람이 있다.
▷**사면(124)**권은 대통령의 고유권한이다.

88.	평온 (平穩)	89.	왜곡 (歪曲)
90.	우울 (憂鬱)	91.	주옥 (珠玉)
92.	노예 (奴隷)	93.	야만 (野蠻)
94.	苛酷 (가혹)	95.	소홀 (疏忽)
96.	지문 (指紋)	97.	번식 (繁殖)
98.	주둔 (駐屯)	99.	질식 (窒息)
100.	사찰 (寺刹)	101.	부설 (敷設)
102.	탈모 (脫帽)	103.	초침 (秒針)
104.	추세 (趨勢)	105.	절충 (折衷)
106.	협곡 (峽谷)	107.	모험 (冒險)
108.	환상 (幻想)	109.	훈장 (勳章)
110.	범람 (汎濫)	111.	지진 (地震)
112.	휴게 (休憩)	113.	규수 (閨秀)
114.	모순 (矛盾)	115.	피부 (皮膚)
116.	탁마 (琢磨)	117.	안후 (安候)
118.	장서 (長逝)	119.	결별 (訣別)
120.	凄涼 (처량)	121.	제패 (制霸)
122.	증정 (贈呈)	123.	염세 (厭世)
124.	사면 (赦免)		

장음 문제 …
▷첫소리가 낮고 뒤로 높여 읽는 上聲은 장음이며,
▷終聲[받침]이 'ㄱ,ㄹ,ㅂ'은 단음입니다.

125.~134.   93. 94. 98. 101. 107.
            108. 110. 121. 123. 124.

野/蠻, 苛/酷, 駐/屯, 敷/設, 冒/險,
幻/想, 汎/濫, 制/霸, 厭/世, 赦/免.

조어력 문제 (법률용어)

135. 소송 제기한 내용이 부적법하여 배척하는 판결.
 ················· 〔 棄却 기각 〕

136. (사람·선박·항공기 따위를)강제로 끌고 감.
 ················· 〔 拉致 납치 〕

137. 증거물이나 몰수할 물건 등을 점유 확보함.
 ················· 〔 押收 압수 〕

138. 죄를 용서하여 형벌을 면제함.
 ················· 〔 赦免 사면 〕

139. 법원이 발부하는, 사람이나 물건에 대한 강제 처분을 내용으로 하는 문서.
 ················· 〔 令狀 영장 〕

고사성어 문제 … 뜻을 참고하여 공부합시다.

140. (④)   ※호강함.
 ① 暖衣飽食 : 따뜻이 입고 배불리 먹음.
 ② 錦衣玉食 : 비단옷과 흰쌀밥(부유한 생활을 말함)
 ③ 酒池肉林 : 극히 호사스럽고 방탕한 술잔치.
 ④ 玉石俱焚 : 옥과 돌이 함께 불탐(善惡·賢愚 모두 멸망함)

141. (②)   ※쓸데없는 말.
 ① 流言蜚語 : 아무 근거 없이 널리 퍼진 소문.
 ② 甘言利說 : (남의 비위를 맞추기 위한)달콤한 말과 이로운 말.
 ③ 街談巷說 : 길거리나 항간에 떠도는 뜬소문.
 ④ 道聽塗說 : 길에서 들은 말을 길에서 전함.

142. (④)   ※은혜를 잊지 않음.
 ① 難忘之恩 : 잊기 어려운 은혜.
 ② 白骨難忘 : 죽어서 백골이 된다 하여도 은혜를 잊을 수 없음.
 ③ 結草報恩 : 풀을 묶어 은혜를 갚음(죽어서도 은혜를 잊지 않음)
 ④ 背恩忘德 : 입은 은덕을 져버리고 배반함.

143. (①)   ※위태로움.
 ① 風樹之歎 : 효도를 다하지 못한 채 어버이를 여읜 자식의 슬픔.
 ② 風前燈火 : 바람앞에 등불.
 ③ 累卵之危 : 알을 쌓아 놓은 듯이 위험한 상태.
 ④ 百尺竿頭 : 아주 높은 장대 끝에 오른 것처럼 극도로 위태한 지경.

144. (④)   ※부지런히 공부함.
 ① 晴耕雨讀 : 맑은 날은 밭 갈고 비오면 글을 읽음.
 ② 車胤聚螢 : 차윤이 반딧불을 모음.
 ③ 孫康映雪 : 손강이 몹시 가난하여 눈빛으로 공부함.
 ④ 犬馬之勞 : 개와 말 같은 하찮은 힘(윗사람을 위한 노력)

고사성어 문제 … 뜻을 참고하여 공부합시다.

145. 刻舟求劍 ㉆ 守株待兎
 각주구검: 판단력이 둔하여 시대나 상황의 변화를 모르는 어리석음.
 수주대토: 그루터기를 지키며 토끼를 기다림(완고하고 미련함)

146. 同病相憐 ㉆ 類類相從
 동병상련: 비슷한 처지에 있는 사람끼리 서로 잘 이해를 함.
 유유상종: 같은 무리끼리 서로 따름(끼리끼리 사귐)

147. 溪壑之慾 ㉆ 望蜀之歎
 계학지욕: 시냇물이 흐르는 산골짜기의 욕심(끝이 없는 욕심)
 망촉지탄: 蜀 땅을 얻고 싶어하는 탄식.

148. 綠林豪傑 ㉆ 梁上君子
 녹림호걸: 도둑이나 불한당을 문자투로 꾸며 이르는 말.
 양상군자: 대들보 위의 군자(집안에 들어온 도둑을 이름)

149. 長袖善舞 ㉆ 多錢善賈
 장수선무: 소매가 길면 춤을 잘 출 수 있음.
 다전선고: 밑천이 넉넉하면 장사를 잘할 수 있음.

150. 間於齊楚 ㉆ 鯨戰蝦死
 간어제초: 약자가 강자들 틈에 끼어서 괴로움을 겪음.
 경전하사: 고래 싸움에 새우등 터짐.

151. 明若觀火 ㉆ 不問可知
 명약관화: 불을 보듯 분명함(더 말할 나위 없이 명백함)
 불문가지: 묻지 않아도 알 수 있음.

152. 亡羊之歎 ㉆ 麥秀之歎
 망양지탄: 양을 잃어 버린 탄식.
 맥수지탄: 보리가 무성하게 자람을 탄식(고국의 멸망을 한탄함)

153. 明鏡止水 ㉆ 雲心月性
 명경지수: 맑은 거울과 고요한 물(고요한 심정)
 운심월성: 구름 같은 마음과 달 같은 성품(맑고 깨끗함.욕심이없음)

154. 經世致用 ㉆ 利用厚生
 경세치용: (학문은)세상을 다스리는데 쓸 수 있어야 함.
 이용후생: (기구를)편리하게 쓰고 국민의 생활을 나아가게 함.

부수 문제 … 부수는 한자의 大意를 나타냅니다.

155. 黎 (黍)
 暢 (日)

156. 孰 (子)
 昶 (日)

157. 暹 (日)
 喆 (口)

158. 馮 (馬)
 鼠 (鼠)

159. 赫 (赤)
 牽 (牛)

동음이의어 문제
▷ 같은 소리에 다른 뜻을 지닌 한자어.
▷ 동음이의어 뜻을 비교해 봅시다.

160. 사장 : 개인이 간직하거나 감추어 둠, 또는 그 물건. ……… 〔 私藏 〕
161. 〃 : 활용하지 않고 그대로 간직하여 두기만 함. ……… 〔 死藏 〕
162. 〃 : 회사의 대표자. ……… 〔 社長 〕
163. 조화 : 종이나 헝겊 따위로 만든 꽃. ……… 〔 造花 〕
164. 〃 : 대립이나 어긋남이 없이 서로 잘 어울림. ……… 〔 調和 〕
165. 〃 : 사람의 힘으로는 알 수 없는 야릇하거나 신통한 일. ……… 〔 造化 〕
166. 유지 : 죽은 이가 생전에 이루지 못하고 남긴 뜻. ……… 〔 遺志 〕
167. 〃 : 동식물에서 얻는 기름을 통틀어 이르는 말. ……… 〔 油脂 〕
168. 〃 : 그대로 지니어 감. 지켜 감. ……… 〔 維持 〕
169. 〃 : 어떤 일에 관심이나 뜻이 있는 사람. ……… 〔 有志 〕

일자다의자 문제 … 뜻이 여럿 있는 한자.

170. 徒 : (무리 : 徒黨) (걷다 : 徒步)
171. 配 : (나눔 : 配分) (짝 : 配匹)
172. 報 : (갚다 : 報償) (알림 : 報告)

순우리말 문제(고유어) … 뜻풀이를 간략하게! 한자어 사용 불가!

173. 臘月 (납월) : 섣달.
174. 殘月 (잔월) : 새벽달.
175. 季春 (계춘) : 늦봄.　　*盛冬[한겨울]
176. 肇夏 (조하) : 초여름.　　*盛夏[한여름]
177. 孟秋 (맹추) : 초가을.　　*晩秋[늦가을]

반대어·반대자 문제 … 뜻을 생각 해 봅시다.

178. 乾燥 - (濕潤)
(건조) 습기가 없는 마른 상태
(습윤) 습기를 띠고 있음

179. (翁) - 壻
늙은이옹[丈人]/사위서

180. 公平 - (偏頗)
(공평) 치우치지 않음
(편파) 한편으로 치우침

181. (巧) - 拙
교묘할교/졸할졸

182. 演繹 - (歸納)
(연역) 일반적인 원리로부터 찾음
(귀납) 구체적 사실로부터 찾음

183. (壽) - 夭
목숨수[長壽]/일찍죽을요[夭折]

184. 飽食 - (飢餓)
(포식) 배부르게 먹음
(기아) 굶주림

185. (迎) - 餞
맞을영/보낼전

186. 忘却 - (記憶)
(망각) 잊어버림
(기억) 지난 일을 잊지 않음

187. (親) - 疎
친할친[親近]/성길소[疎遠]

유의어·유의자 문제 … 뜻을 생각 해 봅시다.

188. 方寸 - (心臟)
(방촌) 가슴속(마음)=좁은 땅
(심장) 마음의 속내

189. (島) - 嶼
섬도/섬서

190. 領土 - (版圖)
(영토) 영유하고 있는 땅
(판도) 한 나라의 영토

191. (召) - 喚
부를소/부를환

192. 五列 - (間諜)
(오열) 제오열(비밀요원=간첩)
(간첩) 스파이. 첩자

193. (洗) - 滌
씻을세/씻을척

194. 眼界 - (視野)
(안계) 눈에 보이는 범위
(시야) 시력이 미치는 범위

195. (深) - 奧
깊을심/깊을오

196. 劫迫 - (威脅)
脅迫
(겁박) 위력으로 협박함
(위협) 으르고 협박함

197. (拔) - 擢
뽑을발/뽑을탁

약자 문제 … 정자와 약자를 다 익히도록 합시다.

198. 擡 (抬)
　　勵 (励)
200. 脈 (脉)
　　縣 (県)

199. 籠 (篭)
　　雙 (双)

오답공부는 필수입니다.

第2回 한자능력검정시험(해답) 1급

(시험시간 : 90분)

독음 문제 … "※"일자다음・두음법칙・활음조현상 주의합시다.

1.	省耗	※덜생/소모할모	2.	疏數	트일소/※자주삭
3.	羨道	※무덤길연/길도	4.	叔行	아재비숙/※항렬항
5.	說樂	※기쁠열/즐길락	6.	於呼	※탄식할오/부를호
7.	譚叢	말씀담/떨기총	8.	船埠	배선/부두부
9.	搗砧	찧을도/다듬잇돌침	10.	錦繡	비단금/수놓을수
11.	袞裳	곤룡포곤/치마상	12.	讒訴	참소할참/호소할소
13.	藿羹	콩잎곽/국갱	14.	酒瓶	술주/병병
15.	蟠桃	서릴반/복숭아도	16.	膳賜	선물선/줄사
17.	頒布	나눌반/베포	18.	萎靡	시들위/쓰러질미
19.	延亘	늘일연/뻗칠긍	20.	俚諺	※속될리/언문언
21.	乖離	어그러질괴/떠날리	22.	顫動	떨릴전/움직일동
23.	拐騙	후릴괴/속일편	24.	靖難	편안할정/어려울난
25.	渦旋	소용돌이와/돌선	26.	衛戍	지킬위/수자리수
27.	瓦窯	기와와/기와가마요	28.	罹災	※걸릴리/재앙재
29.	玩弄	즐길완/희롱할롱	30.	馴獸	길들일순/짐승수
31.	宏壯	클굉/장할장	32.	逼迫	㊀핍박할핍/핍박할박
33.	轟醉	울릴굉/취할취	34.	敵愾	대적할적/성낼개
35.	昆弟	㊁맏곤[兄]/아우제	36.	纏帶	얽힐전/띠대
37.	肌骨	㊁살기/뼈골	38.	悖逆	㊀거스를패/거스릴역
39.	齋潔	재계할재/깨끗할결	40.	騷擾	떠들소/시끄러울요
41.	淨穢	㊁깨끗할정/더러울예	42.	掃蕩	쓸소/방탕할탕
43.	弔賻	조상할조/부의부	44.	贖罪	속죄할속/허물죄
45.	犧牲	㊀희생희/희생생	46.	諂諛	㊀아첨할첨/아첨할유
47.	輓推	㊀끌만/밀추	48.	涕淚	㊀눈물체/눈물루
49.	疏密	㊁성길소/빽빽할밀	50.	賄賂	㊀뇌물회/뇌물뢰

정답
1~10 생모/소삭/연도/숙항/열락/오호/담총/선부/도침/금수
11~20 곤상/참소/곽갱/주병/반도/선사/반포/위미/연긍/이언
21~30 괴리/전동/괴편/정난/와선/위수/와요/이재/완롱/순수
31~40 굉장/핍박/굉취/적개/곤제/전대/기골/패역/재결/소요
41~50 정예/소탕/조부/속죄/희생/첨유/만추/체루/소밀/회뢰

51. 유사관계: (32 , 38 , 45 , 46 , 48 , 50)
52. 대립관계: (35 , 37 , 41 , 47 , 49)

전의어 문제 … A: 字義[원뜻], B: 轉義[고사에 얽힌 이야기]

53. 跋扈 〈 A : (통발을 뛰어넘는 큰 물고기처럼 세차고 사납게 날뜀)
     B : (세력이 강성하여 제어할 수 없이 다스리기 어려움)

54. 庶黎 〈 A : (뭇 많은 사람)
     B : (일반 백성)

55. 桎梏 〈 A : (수갑과 차꼬)
     B : (자유를 속박함)

56. 逐鹿 〈 A : (사슴을 쫓음)
     B : (정권이나 지위를 얻으려고 서로 다투는 일)

57. 黃口 〈 A : (누런 입[부리])
     B : (철없는 사람)

훈음 문제 … 맞춤법에 주의합시다.

58.	凹	오목할 요 [凵]	59.	聚	모을 취 [耳]
60.	棘	가시 극 [木]	61.	耀	빛날 요 [羽]
62.	肇	비롯할 조 [聿]	63.	爾	너 이 [爻]
64.	誾	향기 은 [言]	65.	凸	볼록할 철 [凵]
66.	雍	화할 옹 [隹]	67.	襄	도울 양 [衣]
68.	訥	말더듬을눌 [言]	69.	祉	복 지 [示]
70.	匿	숨길 닉 [匚]	71.	肢	팔다리 지 [肉]
72.	灸	뜸 구 [火]	73.	疆	지경 강 [田]
74.	柩	널 구 [木]	75.	滲	스밀 삼 [水]
76.	膏	기름 고 [肉]	77.	澁	떫을 삽 [水]
78.	袴	바지 고 [衣]	79.	岡	산등성이강 [山]
80.	膿	고름 농 [肉]	81.	疇	이랑 주 [田]
82.	隙	틈 극 [阜]	83.	釧	팔찌 천 [金]
84.	煞	죽일 살 [火]	85.	埃	티끌 애 [土]
86.	薩	보살 살 [艹]	87.	埈	높을 준 [土]

단어 문제 (유사관계) ··· 문맥을 살펴보면서 공부합시다.

▷올림픽의 취지(88)에 맞는 오륜기가 게양(89)되고 시상식에서는 의당(90) 금메달 획득(91)한 선수들의 공로가 창현(92)되면서 피날레가 장식(93)되었다.

▷동물쇼에 등장하는 코끼리를 사육(94)하면서 목욕(95)과 세탁(96)으로 조련사로서 신참인 나는 코끼리와 더욱 돈독(97)해진다.

▷대형 점포(98)에서는 총망라(99)한 물건들이 판매(100)되고 구매(101)되고 있다.

▷국문학전공인 나는 예리(102)한 필치로 책을 서술(103)한다.

▷장수(104)의 엄명에 공포(105) 분위기속에서 모든 사병들은 근신(106)중이다.

▷오락(107)시간에 불협화음을 일으키는 사람이 혐오(108)스럽고 질색(109)인 것은 단지(110) 오만(111)해서이다.

▷홍콩은 중국으로 반환(112) 되면서 관광산업이 더욱 도약(113)하고 있고 견고(114)했던 베를린 장벽이 붕괴(115)되고 동서독이 통일된 가운데 우리 남북통일의 날은 아직도 요원(116)한 것인가?

▷밀려드는 물량으로 방적(117)회사들은 휴게(118)하는 직원도 없다.

▷유치(119)때부터 기아(120)로 허덕이는 아프리카는 성장발육장애가 많다.

▷섬세(121)한 성격의 소유자인 그는 외국역사물 번역(122) 업무를 보면서 도서관 열람(123)은 기본이다.

▷옛날에는 정혼한 곳으로 혼인(124)했다.

88.	취지	趣旨	89.	게양	揭揚
90.	의당	宜當	91.	획득	獲得
92.	창현	彰顯	93.	장식	裝飾
94.	사육	飼育	95.	목욕	沐浴
96.	세탁	洗濯	97.	돈독	敦篤
98.	점포	店鋪	99.	망라	網羅
100.	판매	販賣	101.	구매	購買
102.	예리	銳利	103.	서술	敍述
104.	장수	將帥	105.	공포	恐怖
106.	근신	謹愼	107.	오락	娛樂
108.	혐오	嫌惡	109.	질색	窒塞
110.	단지	但只	111.	오만	傲慢
112.	반환	返還	113.	도약	跳躍
114.	견고	堅固	115.	붕괴	崩壞
116.	요원	遙遠	117.	방적	紡績
118.	휴게	休憩	119.	유치	幼稚
120.	기아	飢餓	121.	섬세	纖細
122.	번역	飜譯	123.	열람	閱覽
124.	혼인	婚姻			

장음 문제 ···
▷첫소리가 낮고 뒤로 높여 읽는 上聲은 장음이며,
▷終聲[받침]이 'ㄱ,ㄹ,ㅂ'은 단음입니다.

125.~134.   88. 89. 92. 96. 98. 102. 103. 104. 105. 106. 107. 110. 111. 112.

趣/旨, 揭/揚, 彰/顯, 洗/濯, 店/鋪, 銳/利, 敍/述, 將/帥, 恐/怖, 謹/愼, 娛/樂, 但/只, 傲/慢, 返/還.

조어력 문제 (사회용어)

135. (일정한 사항에 관한 견해나 태도를)여러 사람에게 공개하여 발표하는 일.
.... 〔 聲明 성명 〕

136. 내버리고 돌아보지 않음.
.... 〔 遺棄 유기 〕

137. 남을 부추겨 못된 일을 하게 함.
.... 〔 敎唆 교사 〕

138. 사물의 본보기. 판단·평가·행위등의 기준이 되는 것.
.... 〔 規範 규범 〕

139. (수사기관에서)피의자와 관련 서류를 넘겨 보냄.
.... 〔 送致 송치 〕

고사성어 문제 … 뜻을 참고하여 공부합시다.

140. 快刀亂麻 쾌도난마
[직역] ▷잘 드는 칼로 엉클어진 삼실을 자름
[의역] ▷곤란한 사건 따위를 명쾌하게 처리함

141. 焦眉之急 초미지급
[직역] ▷눈썹에 불이 붙은 상황
[의역] ▷매우 급함

142. 天衣無縫 천의무봉
[직역] ▷천사의 옷은 바느질한 흔적이 없음
[의역] ▷시문등이 매우 자연스러움

143. 泥田鬪狗 이전투구
[직역] ▷진흙밭에서 싸우는 개
[의역] ▷강인한 성격으로 뒤섞여 싸움

144. 見蚊拔劍 견문발검
[직역] ▷모기를 보고 칼을 뺌
[의역] ▷하찮은 일에 너무 크게 덤빔

고사성어 문제 … 뜻을 참고하여 공부합시다.

145. 錦上添花 凡 前虎後狼
금상첨화: 비단위에 꽃을 더함.
전호후랑: 앞에 호랑이를 막고 있으려니까 뒤로 이리가 들어옴.

146. 弄瓦之慶 凡 弄璋之慶
농와지경: 딸을 낳은 경사를 이름.
농장지경: 아들을 낳은 경사.

147. 凌雲之志 凡 靑雲之志
능운지지: 구름을 깔보는 지조(속세를 떠나서 초탈하려는 마음)
청운지지: 큰 뜻을 펼치기 위하여 벼슬길에 오르고자 함.

148. 流芳百世 凡 遺臭萬年
유방백세: 꽃다운 이름이 후세에 길이 전함.
유취만년: 더러운 이름을 먼 후세까지 남김.

149. 凍氷寒雪 凡 和風暖陽
동빙한설: 얼음이 얼고 차가운 눈 (매서운 추위)
화풍난양: 화창한 바람과 따스한 햇볕 (따뜻한 봄 날씨)

150. 亡羊補牢 凡 安居危思
망양보뢰: 양을 잃고 우리를 고침.
안거위사: 편안히 살 때 위태로움의 생각을 가짐 (미리 대비함)

151. 門前雀羅 凡 門前成市
문전작라: 문 밖에 새 잡는 그물을 침 (손님들의 발길이 끊어짐)
문전성시: 문 앞에 시장을 이룸 (권세가 있어 찾아 오는 사람이 많음)

152. 我田引水 凡 易地思之
아전인수: 나의 논에만 물을 끌어 씀 (자기에게 이롭게만 생각함)
역지사지: 처지를 바꾸어 그것을 생각함.

153. 有名無實 凡 名實相符
유명무실: 이름이 있으나 실상이 없음.
명실상부: 이름과 실상이 서로 부합함.

154. 始終一貫 凡 龍頭蛇尾
시종일관: 처음과 끝이 한결 같음.
용두사미: 용머리에 뱀 꼬리 (시작은 힘차게 하고 끝은 보잘 것이 없음)

부수 문제 … 부수는 한자의 大意를 나타냅니다.

155. 凹 (凵)   聚 (耳)
156. 棘 (木)   耀 (羽)
157. 肇 (聿)   爾 (爻)
158. 闇 (言)   凸 (凵)
159. 雍 (隹)   襄 (衣)

乾 (☰)
坤 (☷)
坎 (☵)
離 (☲)

白地 : 領土
太極 : 國民
四卦 : 政府

동음이의어 문제
▷같은 소리에 다른 뜻을 지닌 한자어.
▷동음이의어 뜻을 비교해 봅시다.

160. 우리 할머니는 <u>의치</u>를 하신다.
　　……… [義齒] 이를 대신해 보충하여 만든 틀니.

161. 환자는 왠지 <u>의치</u>를 받으면 병이 낫는 것 같다.
　　……… [醫治] 의술로써 병을 다스림.

162. 병원에서 <u>신장</u>이식 수술을 했다.
　　……… [腎臟] 오줌을 배설하는 기관.

163. 가게를 <u>신장</u> 개업했다.
　　……… [伸張] 늘어가고 펼쳐짐.

164. 불경기에는 사업도 <u>현상</u> 유지가 어렵다.
　　……… [現狀] 현재의 상태.

165. 적자생존은 자연적인 <u>현상</u>이다.
　　……… [現象] 지각할 수 있는 사물의 모양이나 상태.

166. 해저에 송유관을 <u>부설</u>하다.
　　……… [敷設] (철도·해저 전선·기뢰 따위를) 설치함.

167. 공장에 기숙사를 <u>부설</u>하다.
　　……… [附設] 딸리어 설치함.

168. 이사를 전전하는 관계로 <u>전세</u>하여 산다.
　　……… [傳貰] 부동산을 빌려 쓰는 일.

169. 봄이 되면 버스를 <u>전세</u> 내어 나들이 간다.
　　……… [專貰] 약정한 기간 동안 그 사람에게만 빌려 주는 일.

일자다의자 문제 … 뜻이 여럿 있는 한자.

170. 乘 : (타다 : 예)乘降) (곱함 : 예)乘除)
171. 乾 : (하늘 : 예)乾坤) (마르다 : 예)乾濕)
172. 婦 : (며느리 : 예)姑婦) (아내 : 예)夫婦)

순우리말 문제(고유어) … 뜻풀이를 간략하게! 한자어 사용 불가!

173. 駒影 (구영) : 햇빛.
174. 凱風 (개풍) : 남풍, 마파람.
175. 沙漏 (사루) : 모래시계.
176. 雌雄 (자웅) : 암수.
177. 丁寧 (정녕) : 꼭.

반대어·반대자 문제 … 뜻을 생각 해 봅시다.

178. 奢侈 - (儉素)
　(사치) 분수에 넘치게 호사스러움
　(검소) 치레하지 않고 수수함

179. (禽) - 獸
　새금[날짐승]/짐승수[길짐승]

180. 永劫 - (片刻) 瞬間
　(영겁) 한없이 오랜 세월
　(편각) 짧은 시간 (삽시간)

181. (向) - 背
　향할향/등배

182. 混沌 - (秩序)
　(혼돈) 사물의 구별이 확연하지 않음
　(질서) 지켜야 할 일정한 차례나 규칙

183. (奴) - 婢
　종노[男]/계집종비[女]

184. 粗雜 - (精密)
　(조잡) 거칠고 엉성함
　(정밀) 가늘고 촘촘함

185. (雅) - 俗
　맑을아[高雅]/풍속속[卑俗]

186. 些少 - (重要)
　(사소) 하잘것없이 작거나 적음
　(중요) 소중하고 중요로움

187. (詳) - 略
　자세할상/간략할략

유의어·유의자 문제 … 뜻을 생각 해 봅시다.

188. 豹變 - (突變)
　(표변) 표범같이 갑자기 변함
　(돌변) 갑작스레 변함

189. (祈) - 禱
　빌기/빌도

190. 叱責 - (問責)
　(질책) 꾸짖어 나무람
　(문책) 일의 책임을 물어 꾸짖음

191. (忌) - 憚
　꺼릴기/꺼릴탄

192. 束縛 - (拘束)
　(속박) 행동의 자유를 빼앗음
　(구속) 마음대로 못하게 얽어맴

193. (防) - 禦
　막을방/막을어

194. 牢籠 - (籠絡)
　(뇌롱) 남을 속여 이용함
　(농락) 남을속여 마음데로 이용함

195. (繼) - 嗣
　이을계/이을사

196. 目睹 - (目擊)
　(목도) 눈으로 직접 봄(目見)
　(목격) 눈으로 직접 봄

197. (寂) - 寞
　고요할적/고요할막

약자 문제 … 정자와 약자를 다 익히도록 합시다.

198. 會館 (会舘)　　199. 解釋 (解釈)

200. 龜鑑 (亀鑑)

오답공부는 필수입니다.

第3回 한자능력검정시험(해답) 1급

(시험시간 : 90분)

독음 문제 … "※"일자다음 · 두음법칙 · 활음조현상 주의합시다.

1.	斬衰 벨참/※상복최	2.	徵調 ※음률이름치/고를조
3.	參差 참여할참/※어긋날치	4.	索漠 ※노끈삭/넓을막
5.	帖紙 ※체지체/종이지	6.	喫茶 마실끽/※차다
7.	羹醬 국갱/장장	8.	泄瀉 샐설/쏟을사
9.	乾薑 하늘건/생강강	10.	贈諡 줄증/시호시
11.	滔蕩 물넘칠도/방탕할탕	12.	墟墓 터허/무덤묘
13.	怯懦 겁낼겁/나약할나	14.	獻觴 드릴헌/잔상
15.	潰瘍 무너질궤/헐양	16.	鳶飛 솔개연/날비
17.	軌跡 바퀴자국궤/자취적	18.	簫笛 퉁소소/피리적
19.	斟酌 짐작할짐/술부을작	20.	穗惠 이삭수/은혜혜
21.	矜恤 자랑할긍/불쌍할휼	22.	奠都 정할전/도읍도
23.	磊塊 ※돌무더기뢰/흙덩이괴	24.	紐帶 ※맺을뉴/띠대
25.	陋醜 ※더러울루/추할추	26.	棗栗 대추조/※밤률
27.	牲醴 희생생/단술례	28.	笞杖 볼기칠태/지팡이장
29.	彌陀 미륵미/비탈질타	30.	攄得 펼터/얻을득
31.	膾炙 ㈜회회/구울자	32.	梳櫛 ㈜빗소/빗즐
33.	銜勒 재갈함/굴레륵	34.	搔爬 ㈜긁을소/긁을파
35.	吝嗇 ㈜※아낄린/아낄색	36.	屠戮 ㈜죽일도/죽일륙
37.	駑驥 ㈜둔한말노/천리마기	38.	桎梏 ㈜차꼬질/수갑곡
39.	沛澤 비쏟아질패/못택	40.	醯醬 식혜혜/장장
41.	愎戾 강퍅할곽/어그러질려	42.	堰堤 ㈜둑언/둑제
43.	嫁娶 ㈜시집갈가/장가들취	44.	馳獵 달릴치/사냥렵
45.	鞭撻 채찍편/때릴달	46.	痔漏 치질치/샐루
47.	編纂 엮을편/모을찬	48.	褒貶 ㈜기릴포/내릴폄
49.	陛戟 섬돌폐/창극	50.	簒奪 ㈜빼앗을찬/뺏을탈

정답	1~10 참최/치조/참치/삭막/체지/끽다/갱장/설사/건강/증시
	11~20 도탕/허묘/겁나/현상/궤양/연비/궤적/소적/짐작/수혜
	21~30 긍휼/전도/뇌괴/유대/누추/조율/생례/태장/미타/터득
	31~40 회자/소즐/함륵/소파/인색/도륙/노기/질곡/패택/혜장
	41~50 팍려/언제/가취/치렵/편달/치루/편찬/포폄/폐극/찬탈

51. 유사관계: (32 , 34 , 35 , 36 , 42 , 50)
52. 대립관계: (31 , 37 , 38 , 43 , 48)

전의어 문제 … A: 字義[원뜻], B: 轉義[고사에 얽힌 이야기]

53.	狐鼠	A : (여우와 쥐)
		B : (간사하고 못된 무리)
54.	荊妻	A : (가시나무 비녀를 꽂은 아내)
		B : (자기 아내를 겸칭 하는 말) 寡妻
55.	容喙	A : (부리를 들이댐)
		B : (말참견)
56.	菽麥	A : (콩인지 보리인지를 구별하지 못함)
		B : (어리석고 못난 사람)
57.	蛇足	A : (뱀의 발)
		B : (불필요함)

훈음 문제 … 맞춤법에 주의합시다.

58.	耗	소모할 모 [未]	59.	齡	나이 령 [齒]
60.	叛	배반할 반 [又]	61.	斡	돌 알 [斗]
62.	謄	베낄 등 [言]	63.	亮	밝을 량 [亠]
64.	竟	마침내 경 [立]	65.	靡	쓰러질 미 [非]
66.	乖	어그러질괴 [丿]	67.	冕	면류관 면 [冂]
68.	渾	흐릴 혼 [水]	69.	衒	자랑할 현 [行]
70.	馨	꽃다울 형 [香]	71.	絢	무늬 현 [糸]
72.	項	삼갈 욱 [頁]	73.	撒	뿌릴 살 [手]
74.	蟾	두꺼비 섬 [虫]	75.	敞	시원할 창 [攴]
76.	垛	사패지 채 [土]	77.	庠	학교 상 [广]
78.	禿	대머리 독 [禾]	79.	馥	향기 복 [香]
80.	罹	걸릴 리 [罒]	81.	剖	쪼갤 부 [刀]
82.	羈	굴레 기 [罒]	83.	庵	암자 암 [广]
84.	垢	때 구 [土]	85.	址	터 지 [土]
86.	搗	찧을 도 [手]	87.	粟	조 속 [米]

단어 문제 … 문맥을 살펴보면서 공부합시다.

<大學之道는 在明明德하며 在親民하며 在止於至善이니라.>

大學의 道는 明德을 밝히는 데 있으며 백성(88)을 친애(89)하는 데 있으며 지극(90)한 善에의 머무름에 있다.
明德은 氣稟(91)에 구애(92)되고 인욕(93)에 가리워지면 때로 昏昧(94)해 진다. 하나 그 본체(95)의 밝음은 熄滅(96)되지 않는 것이므로 배우는 者는 반드시 그것이 發하는 바에 근거(97)하여 밝히고 그 원초(98)의 상태(99)에 회복(100)해야 할 것이다. 明德은 바로 실천(101) 이성(102)이 강하다. 유교(103) 철학(104)은 人間의 이성 위에 수립(105)된 것으로 이성을 인간 본연으로 돌아가 그것을 체인(106), 최대한 실현(107)하는 것으로 人間 완성을 期하고 있다. 자아로 회귀(108)함으로써 人間 완성에의 길로 정진(109)하는 것이 바로 명명덕인 것이다.
親民은 百姓들로 하여금 인간된 本性에 돌아가, 최대한(110)으로 실현하도록 깨우쳐 주는 일로써 덕치(111) 주의(112)의 과제(113)가 바로 이 親民에 있는 것이다.
朱熹는 至善을 外部的인 客觀에 根據하여 사리(114) 당연(115)함의 극치(116)라 했고, 王陽明은 內部的인 주관(117)에 근거하여 이 마음이 天理에 순일(118)함의 극치라고 했는데 두 정의(119)는 모두 합당(120)하다.
언제나 至善을 추구(121)하는 정성(122)은 흔들리지 않는 편안함과 진정(123)되고 一定한 마음과, 사리를 올바르게 分別하는 마음을 지님으로써 모든 일을 알맞게 처리(124)할 수 있게 하는 것이다.
<大學 第1篇 經文>

88. 백성 (百姓)	89. 친애 (親愛)
90. 지극 (至極)	91. 氣稟 (기품)
92. 구애 (拘礙)	93. 인욕 (人慾)
94. 昏昧 (혼매)	95. 본체 (本體)
96. 熄滅 (식멸)	97. 근거 (根據)
98. 원초 (原初)	99. 상태 (狀態)
100. 회복 (回復)	101. 실천 (實踐)
102. 이성 (理性)	103. 유교 (儒敎)
104. 철학 (哲學)	105. 수립 (樹立)
106. 체인 (體認)	107. 실현 (實現)
108. 회귀 (回歸)	109. 정진 (精進)
110. 최대한 (最大限)	111. 덕치 (德治)
112. 주의 (主義)	113. 과제 (課題)
114. 사리 (事理)	115. 당연 (當然)
116. 극치 (極致)	117. 주관 (主觀)
118. 순일 (純一)	119. 정의 (定義)
120. 합당 (合當)	121. 추구 (追求)
122. 정성 (精誠)	123. 진정 (鎭靜)
124. 처리 (處理)	

장음 문제 …
▷ 첫소리가 낮고 뒤로 높여 읽는 上聲은 장음이며,
▷ 終聲[받침]이 ㄱ,ㄹ,ㅂ'은 단음입니다.

125.~134.   102. 114. 118. 119. 124.
             161. 162. 163. 164. 167.

理/性, 事/理, 純/一, 定/義, 處/理,
補/塡, 顯/官, 砒/霜, 錦/繡, 口/到.

조어력 문제 (사회용어)

135. 의견과 주장이 대립되어 일이 어지럽게 뒤얽히는 일.
   ………………………… 〔 紛糾 분규 〕

136. 위력이나 기세를 드러내어 보임.
   ………………………… 〔 示威 시위 〕

137. 어떤 기업이나 개인이 기부한 기금으로
   연구활동을 하도록 대학에서 지정한 교수.
   ………………………… 〔 碩座敎授 석좌교수 〕

138. (도덕이나 질서 등이) 뒤죽박죽이 되어 어지러움.
   ………………………… 〔 紊亂 문란 〕

139. 사회 대중의 공통된 의견.
   ………………………… 〔 輿論 여론 〕

고사성어 문제 … 뜻을 참고하여 공부합시다.

140. (①) ※임시로 둘러대는 계책
   ①螢雪之功 : 갖은 고생을 하며 부지런히 학문을 닦은 공.
   ②臨時方便 : 임시로 둘러맞춰서 해결함.
   ③姑息之計 : 임시변통의 계책(姑息策, 彌縫策)
   ④凍足放尿 : 언발에 오줌누기.

141. (④) ※겉과 속이 다름.
   ①面從腹背 : 겉으로는 복종하는 체 하면서도 내심으로는 배반함.
   ②陽奉陰違 : 겉으로 받들고 속으로는 어긋남.
   ③口蜜腹劍 : 겉으로는 친한 척하나 속으로는 해칠 생각을 가짐.
   ④悠悠自適 : 아무것에도 속박되지 않고 편안히 살아감.

142. (①) ※ 평화로움.
   ①隱忍自重 : 괴로움을 감추어 참고 몸가짐을 조심함.
   ②道不拾遺 : 길에 떨어진 것도 줍지 않음.
   ③堯舜時代 : 요·순임금 때의 태평시대.
   ④康衢煙月 : 태평한 시대의 평화로운 거리 풍경.

143. (④) ※속세를 떠나 은거함.
   ①東山高臥 : 동산에서 베개를 높이하고 잠을 잠.
   ②梅妻鶴子 : 매화를 아내 삼고 학을 아들로 삼음.
   ③安閑自適 : 편안하고 한가하여 마음대로 즐김.
   ④夫唱婦隨 : 남편이 주장하고 아내가 이에 따름.

144. (②) ※충성을 다함.
   ①粉骨碎身 : 뼈가 가루가 되고 몸이 부서지도록 노력함.
   ②命在頃刻 : 목숨이 경각에 달려 있음.
   ③狗馬之心 : 개나 말의 마음. 〔유〕犬馬之勞
   ④盡忠竭力 : 충성을 다하고 힘을 다함.

고사성어 문제 … 뜻을 참고하여 공부합시다.

145. 累卵之危 〔유〕 百尺竿頭
   누란지위: 알을 쌓아 놓은 듯이 위험한 상태.
   백척간두: 아주 높은 장대 끝에 오른 것처럼 극도로 위태한 지경.

146. 武陵桃源 〔유〕 小國寡民
   무릉도원: 신선이 살았다는 전설적인 중국의 명승지(별천지의 이상향)
   소국과민: 적은나라 적은백성(노자의 이상적인 사회상)

147. 虛張聲勢 〔유〕 瓦釜雷鳴
   허장성세: 실력이 없으면서 허세로 떠벌림.
   와부뇌명: 기왓가마가 우레 같은 소리를 내며 끓음.

148. 孤立無援 〔유〕 四面楚歌
   고립무원: 고립되어 도움을 받을 데가 없음.
   사면초가: 주위에 온통 적들만 있고 도와주는 이가 없음.

149. 日就月將 〔유〕 刮目相對
   일취월장: 학문이 날로 달로 자라거나 나아감.
   괄목상대: 남의 학식이나 재주가 전에 비하여 부쩍 는 경우.

150. 智者一失 〔유〕 千慮一失
   지자일실: 지혜로운 자도 한가지 실수는 있음.
   천려일실: 천가지 생각 중에도 한가지 실수가 있다는 말.

151. 風餐露宿 〔유〕 櫛風沐雨
   풍찬노숙: 바람을 먹고 이슬을 맞고 잠을 잠(객지에서 겪는 숱한 고생)
   즐풍목우: 긴 세월을 객지로 떠돌며 갖은 고생을 다 함.

152. 破竹之勢 〔유〕 士氣衝天
   파죽지세: 대나무를 쪼개는 형세.
   사기충천: 사기가 하늘을 찌를 듯함.

153. 心心相印 〔유〕 以心傳心
   심심상인: 마음과 마음으로 서로 통함.
   이심전심: 마음으로써 마음을 전함.

154. 五車之書 〔유〕 汗牛充棟
   오거지서: 다섯 수레의 책(많은 장서를 이르는 말)
   한우충동: 수레의 소가 땀을 흘릴관큼, 집안의 마룻대까지 채울만큼의 책이 많음.

부수 문제 … 부수는 한자의 大意를 나타냅니다.

155. 耗 (耒)
   齡 (齒)

156. 叛 (又)
   斡 (斗)

157. 謄 (言)
   亮 (亠)

158. 竟 (立)
   靡 (非)

159. 乖 (ノ)
   冕 (冂)

동음이의어 문제
▷ 같은 소리에 다른 뜻을 지닌 한자어.
▷ 동음이의어 뜻을 비교해 봅시다.

160. 齋壇 : 마름질. .... [裁斷 재단]
161. 補塡 : 귀중한 책. .... [寶典 보전]
162. 顯官 : 주된 출입구. .... [玄關 현관]
163. 砒霜 : 평소같지 않음. .... [非常 비상]
164. 錦繡 : 날짐승과 길짐승. .... [禽獸 금수]
165. 羞恥 : 계산하여 얻은 수의 값. .... [數值 수치]
166. 秀靈 : 돈이나 물품 따위를 받음. .... [受領 수령]
167. 口到 : 조화롭게 배치하는 도면의 구성. .... [構圖 구도]
168. 傍腫 : 아무 거리낌이 없이 함부로 행동함. .... [放縱 방종]
169. 咀嚼 : 예술이나 학문에 관한 책이나 작품을 지음. .... [著作 저작]

일자다의자 문제 … 뜻이 여럿 있는 한자.

170. 經 : (지나다: 經過) (글: 經書)
171. 革 : (가죽: 皮革) (고치다: 改革)
172. 交 : (사귀다: 交際) (바꾸다: 交換/交替)

순우리말 문제(고유어) … 뜻풀이를 간략하게! 한자어 사용 불가!

173. 巾卷 (건권) : 양반.
174. 眷黨 (권당) : 친척.
175. 究竟 (구경) : 결국.
176. 嗣歲 (사세) : 새해.
177. 擔架 (담가) : 들것.

반대어·반대자 문제 … 뜻을 생각 해 봅시다.

178. 白癡 - (天才)
(백치) 바보, 천치
(천재) 태어날 때부터 갖춘 뛰어난 재주

179. (晴) - 曇
갤청/흐릴담

180. 卑怯 - (勇敢)
(비겁) 겁이 많음
(용감) 씩씩하고 기운참

181. (昏) - 曙
어두울혼/새벽서

182. 抒情 - (敍事)
(서정) 감정을 말이나 글로 나타냄
(서사) 사실을 있는 그대로 적는 일

183. (雌) - 雄
암컷자/수컷웅

184. 束縛 - (自由)
(속박) 사람의 자유를 빼앗음
(자유) 남에게 구속받지 않음

185. (矛) - 盾
창모/방패순

186. 老鍊 - (未熟)
(노련) 아주 익숙하고 능란함
(미숙) 서투르다

187. (濃) - 淡
짙을농/맑을담

유의어·유의자 문제 … 뜻을 생각 해 봅시다.

188. 共鳴 - (首肯)
(공명) 남의 사상이나 의견에 동감함
(수긍) 옳다고 인정함

189. (驚) - 愕
놀랄경/놀랄악

190. 流離 - (漂泊)
(유리) 흘러 떠남
(표박) 흘러 떠돎

191. (敬) - 虔
공경경/공경할건

192. 驅迫 - (虐待)
(구박) 못 견디게 괴롭힘. 들볶음
(학대) 심하게 괴롭힘

193. (報) - 酬
갚을보/갚을수

194. 寸土 - (尺土)
(촌토) 얼마 안 되는 땅
(척토) 작은 땅

195. (稀) - 罕
드물희/드물한

196. 海外 - (異域)
(해외) 바다의 밖(외국)
(이역) 다른 나라의 땅

197. (哀) - 悼
슬플애/슬플도

약자 문제 … 정자와 약자를 다 익히도록 합시다.

198. 夢 (梦) 覓 (覔)

199. 壓 (圧) 總 (総)

200. 觸 (触) 攝 (摂)

오답공부는 필수입니다.

第4回 한자능력검정시험(해답) 1급

(시험시간 : 90분)

독음 문제 … "※"일자다음·두음법칙·활음조현상 주의합시다.

1.	甲串	으뜸갑/※땅이름곶	2.	款識	항목관/※기록할지
3.	居諸	살거/※어조사저	4.	攪撓	흔들교/※휠뇨
5.	汨羅	※물이름멱/벌릴라	6.	逞志	※쾌할"정"/뜻지
7.	豚柵	돼지돈/울타리책	8.	喧騷	지껄일훤/떠들소
9.	擊墜	칠격/떨어질추	10.	甦息	깨어날소/쉴식
11.	兜龍	투구두/용룡	12.	搔癢	긁을소/가려울양
13.	明礬	밝을명/백반반	14.	悴顏	파리할췌/낯안
15.	宦官	벼슬환/벼슬관	16.	枕肱	베개침/팔뚝굉
17.	孤撑	외로울고/버틸탱	18.	鍼灸	침침/뜸구
19.	梵偈	범어범/불시게	20.	駝酪	낙타타/쇠젖락
21.	洑稅	보보/세금세	22.	頹廢	무너질퇴/폐할폐
23.	封套	봉할봉/씌울투	24.	衆喙	무리중/부리훼
25.	虞淵	염려할우/못연	26.	胸襟	가슴흉/옷깃금
27.	塑像	흙빛을소/모양상	28.	樽酒	술통준/술주
29.	戎狄	병장기융/오랑캐적	30.	汁滓	즙즙/찌꺼기재
31.	鵲鏡	까치작/거울경	32.	愴囊	슬플창/주머니낭
33.	臆測	가슴억/헤아릴측	34.	勁迅	굳을경/빠를신
35.	濾過	※거를려/지날과	36.	更迭	고칠경/갈마들질
37.	瘦肥	団여윌수/살찔비	38.	凶煞	흉할흉/죽일살
39.	浮沈	団뜰부/잠길침	40.	悉憂	団근심양/근심우
41.	猖披	미쳐날뛸창/헤칠피	42.	咀嚼	団씹을저/씹을작
43.	闡揚	밝힐천/날릴양	44.	炒麪	볶을초/국수면
45.	鳳凰	団새봉[雌]/봉황새황[雌]	46.	奄忽	団문득엄/갑자기홀
47.	起臥	団일어날기/누울와	48.	輦輿	団※수레련/수레여
49.	遲速	団더딜지/빠를속	50.	玲瓏	団※옥소리령/옥소리롱

정답	1~10 갑곶/관지/거저/교요/멱라/정지/돈책/훤소/격추/소식
	11~20 두룡/소양/명반/췌안/환관/침굉/고탱/침구/범게/타락
	21~30 보세/퇴폐/봉투/중훼/우연/흉금/소상/준주/융적/즙재
	31~40 작경/창낭/억측/경신/여과/경질/수비/흉살/부침/양우
	41~50 창피/저작/천양/초면/봉황/엄홀/기와/연여/지속/영롱

51. 유사관계: (40 , 42 , 46 , 48 , 50)
52. 대립관계: (37 , 39 , 45 , 47 , 49)

전의어 문제 … A: 字義[원뜻], B: 轉義[고사에 얽힌 이야기]

53.	蒙塵	A : (먼지를 뒤집어 씀) / B : (임금님 피란)
54.	銅臭	A : (동전에서 나는 냄새) / B : (수전노)
55.	圖南	A : (남쪽으로 가려고 꾀함) / B : (웅대한 일을 계획)
56.	驅馳	A : (말을 몰아 빨리 달림) / B : (남의 일을 위하여 분주하게 돌아다님)
57.	網羅	A : (물고기를 잡는 그물과 날짐승을 잡는 그물) / B : (널리 빠짐없이 모음)

훈음 문제 … 맞춤법에 주의합시다.

58.	辣	매울 랄 [辛]	59.	紊	문란할 문 [糸]
60.	舜	순임금 순 [舛]	61.	丕	클 비 [一]
62.	舒	펼 서 [舌]	63.	卨	사람이름설 [卜]
64.	尤	더욱 우 [尢]	65.	秉	잡을 병 [禾]
66.	翊	도울 익 [羽]	67.	翔	날 상 [羽]
68.	恪	삼갈 각 [心]	69.	捏	꾸밀 날 [手]
70.	殼	껍질 각 [殳]	71.	捺	누를 날 [手]
72.	潰	무너질 궤 [水]	73.	衲	기울 납 [衣]
74.	詭	속일 궤 [言]	75.	觴	잔 상 [角]
76.	讐	원수 수 [言]	77.	璽	옥새 새 [玉]
78.	袖	소매 수 [衣]	79.	嗇	아낄 색 [口]
80.	酬	갚을 수 [酉]	81.	殲	죽일 섬 [歹]
82.	闢	열 벽 [門]	83.	爛	빛날 란 [火]
84.	軋	삐걱거릴알 [車]	85.	潭	못 담 [水]
86.	闇	숨을 암 [門]	87.	戴	일 대 [戈]

단어 문제 (유사관계) … 문맥을 살펴보면서 공부합시다.

▷외국의 선박(88)을 보선(89) 해 사용하다.
▷현몽에 상서(90)로운 기운이 감돌다.
▷딸을 시집보내기 위해 오동(91)나무를 심었다.
▷과부하로 인하여 컴퓨터 오류(92)발생.
▷서커스 순회(93)공연이 있는 날.
▷창해(94) 건너 간 님은 언제 오려나.
▷고인에 대한 애도(95)의 뜻을 표하다.
▷점차 미군주둔을 철수(96) 한다.
▷금품수수의 청탁(97) 근절.
▷국가가 최종 확인하고 조약 체결(98) 하다.
▷교통사고방지 조치(99)를 취하다.
▷NNL(북방한계선)을 넘으면 함정(100)이 총출동한다.
▷성인병예방을 위해서 채소(101)를 많이 섭취하자.
▷지은 죄의 깊음으로 받는 온갖 재앙은 앙화(102)이다.
▷업무 태도가 태만(103)한 사람은 자연도태 된다.
▷저격범의 총탄에 서거(104)하셨다.
▷의도적인 사기(105)는 범법행위이다.
▷남의 땅이라도 분묘(106)기지권은 있다.
▷금품으로 인한 타락(107) 선거는 추방되어야 한다.
▷저명인사를 초빙(108)하여 강의를 듣다.
▷홍수로 인한 실종자를 수색(109)하다.
▷기술 제휴(110)로 더 좋은 품질이 양산되다.
▷한자시험도 유사(111)단체가 많이 있다.
▷수확(112)을 하고 난 뒤 부차(113)적으로 판로가 염려된다.
▷당의 견인(114)역할을 하던 총수가 퇴각(115)했다.
▷마라톤의 황제도 세월이 흐르면 노옹(116)이 된다.
▷제갈량은 출장입상 준수(117)한 인물이었다.
▷무분별한 남의 문화 모방(118)은 자제해야 한다.
▷관광지에는 숙박(119)시설이 필수(120)이다.
▷시험전날에는 충분한 수면(121)을 취해야 한다.
▷목사님이 우리집에 심방(122) 오셨다.
▷동분서주하다가 필경(123) 과로가 쓰러진다.
▷상호(124) 의견존중이 되어야 선진국이다.

88.	선박	船舶	89.	보선	補繕
90.	상서	祥瑞	91.	오동	梧桐
92.	오류	誤謬	93.	순회	巡廻
94.	창해	滄海	95.	애도	哀悼
96.	철수	撤收	97.	청탁	請託
98.	체결	締結	99.	조치	措置
100.	함정	艦艇	101.	채소	菜蔬
102.	앙화	殃禍	103.	태만	怠慢
104.	서거	逝去	105.	사기	詐欺
106.	분묘	墳墓	107.	타락	墮落
108.	초빙	招聘	109.	수색	搜索
110.	제휴	提携	111.	유사	類似
112.	수확	收穫	113.	부차	副次
114.	견인	牽引	115.	퇴각	退却
116.	노옹	老翁	117.	준수	俊秀
118.	모방	模倣	119.	숙박	宿泊
120.	필수	必修	121.	수면	睡眠
122.	심방	尋訪	123.	필경	畢竟
124.	상호	相互			

장음 문제 …
▷첫소리가 낮고 뒤로 높여 읽는 上聲은 장음이며,
▷終聲[받침]이 'ㄱ,ㄹ,ㅂ'은 단음입니다.

125.~134.　89.　92.　100.　101.　104.
　　　　　107.　111.　113.　115.　116.

補/繕, 誤/謬, 艦/艇, 菜/蔬, 逝/去,
墮/落, 類/似, 副/次, 退/却, 老/翁.

뜻풀이 문제 … 직역과 의역을 조화롭게!

135. 爽約 (상약) : 약속을 어김.
　　　白頭 (백두) : 허옇게 센 머리(벼슬못한 선비) 유 白手
136. 朔望 (삭망) : 초하루와 보름.
　　　彫琢 (조탁) : 시문을 아름답게 다듬음.
137. 上澣 (상한) : 초하루에서 열흘까지.
　　　反目 (반목) : 서로 맞서서 미워함. 반 和睦
138. 撮土 (촬토) : 아주 작은 땅. 유 寸土, 尺土
　　　藉田 (적전) : 임금이 친히 밭을 갊.
139. 參差 (참치) : 가지런하지 않음.
　　　食言 (식언) : 약속을 지키지 않음. 유 負約, 違約

고사성어 문제 … 뜻을 참고하여 공부합시다.

140. 膠柱鼓瑟　　교주고슬
비파·거문고 기둥을 아교풀로 고착시킴.
(변통성이 없이 소견이 막힌 사람)

141. 萬壽無疆　　만수무강
수명이 끝이 없음(長壽를 빌 때 쓰는 말)

142. 盤根錯節　　반근착절
서린 뿌리와 얼크러진 마디(처리하기가 매우 어려운 사건)

143. 松茂柏悅　　송무백열
소나무가 무성하면 잣나무가 기뻐함(벗이 잘되는 것을 기뻐함)

144. 拔本塞源　　발본색원
근원을 뽑아서 폐해를 아주 없애버림(근원적인 처방)

고사성어 문제 … 뜻을 참고하여 공부합시다.

145. 巧言令色 반 剛毅木訥
교언영색: 말을 교묘하게 하고 표정을 좋게 꾸밈.
강의목눌: 강직하고 의연하고 질박하고 어눌함.

146. 輕擧妄動 반 隱忍自重
경거망동: 경솔하고 분수없이 행동함.
은인자중: 괴로움을 감추어 참고 몸가짐을 조심함.

147. 高臺廣室 반 一間斗屋
고대광실: 규모가 굉장히 크고 잘 지은 집.
일간두옥: 한 칸밖에 되지 않는 작은 오두막집.

148. 高山流水 반 市道之交
고산유수: 아주 미묘한 음악, 특히 거문고 소리(知己之交)
시도지교: 시장과 길거리에서 만나 사귐(이익만을 위한 사귐)

149. 苦盡甘來 반 興盡悲來
고진감래: 쓴 것이 다하면 단 것이 옴(고생 끝에 낙이 옴)
흥진비래: 흥함이 다하면 슬픔이 온다(세상일이 돌고 도는 것을 말함)

150. 近墨者黑 반 麻中之蓬
근묵자흑: 먹을 가까이 하는 사람이 검어짐(친구와 환경의 중요성)
마중지봉: 삼밭에 쑥대(좋은 환경에 의해 악한 사람도 선량하게 됨)

151. 錦上添花 반 雪上加霜
금상첨화: 비단위에 꽃을 더함(좋은일에 좋은 일이 겹침)
설상가상: 난처한 일이나 불행이 잇달아 일어남.

152. 智者一失 반 千慮一得
지자일실: 지혜로운 자도 한 가지 실수가 있음.
천려일득: 천 번을 생각하여 하나를 얻음.

153. 錦衣夜行 반 錦衣還鄕
금의야행: 비단옷을 입고 밤길을 감(아무 소용 없는 일)
금의환향: 벼슬 또는 성공하여 고향에 돌아옴.

154. 一朝一夕 반 一日三秋
일조일석: 하루 아침이나 하루 저녁같이 짧은 시간.
일일삼추: 하루가 3년 같음(아주 지루함)

부수 문제 … 부수는 한자의 大意를 나타냅니다.

155. 辣 (辛)　　156. 舜 (舛)
　　　紊 (糸)　　　　　丕 (一)
157. 舒 (舌)　　158. 尤 (尢)
　　　高 (卜)　　　　　秉 (禾)
159. 翊 (羽)
　　　翔 (羽)

동음이의어 문제
▷ 같은 소리에 다른 뜻을 지닌 한자어.
▷ 동음이의어 뜻을 비교해 봅시다.

160. 쓰레기를 무단 <u>투기</u>하지 맙시다.
……… [投棄] 내던져 버림.

161. 부동산에 <u>투기</u>가 몰리면 가격의 거품이 생긴다.
……… [投機] 확신도 없이 큰 이익을 노리고 무슨 짓을 함.

162. 기업 대표자간의 <u>간담회</u>가 열리다.
……… [懇談] 정답게 차근차근 이야기를 나눔.

163. 몹시 놀라서 <u>간담</u>이 서늘해졌다.
……… [肝膽] 간과 쓸개(속마음)

164. 간첩은 적군의 실정을 <u>정찰</u>한다.
……… [偵察] 살피어 알아냄.

165. 대부분의 상점에서 <u>정찰</u>제를 한다.
……… [正札] 물건의 정당한 값을 적은 쪽지.

166. 영화 고전셋트장은 <u>사료</u>를 참고한다.
……… [史料] 역사에 관한 자료.

167. 대부분의 가축들은 <u>사료</u>를 준다.
……… [飼料] 가축 따위의 먹이.

168. 카톨릭에서 죄를 사하는 것을 <u>사죄</u>라 한다.
……… [赦罪] 죄를 용서함.

169. 피해자에게 <u>사죄</u>를 하다.
……… [謝罪] 자신이 지은 죄에 대하여 용서를 빎.

일자다의자 문제 … 뜻이 여럿 있는 한자.

170. 利 : (이롭다: 利害) (날카롭다: 利鈍)

171. 自 : (자기: 自他) (~부터: 自至) *至[~까지]

172. 長 : (길다: 長短) (어른: 長幼)

순우리말 문제(고유어) … 뜻풀이를 간략하게! 한자어 사용 불가!

173. 杖國 (장국) : 70세(古稀, 稀壽, 從心, 七旬)

174. 貼錢 (첩전) : 거스름돈.

175. 鵑花 (견화) : 진달래꽃.

176. 過頃 (과경) : 아까.

177. 瑕疵 (하자) : 흠집.

반대어·반대자 문제 … 뜻을 생각 해 봅시다.

178. 抑制 - (促進)
(억제) 억누름
(촉진) 재촉하여 빨리 진행하도록 함

179. 燥 - (濕)
마를조/젖을습

180. 沃土 - (荒野)
(옥토) 기름진 땅
(황야) 거친 들판

181. 淸 - (濁)
맑을청/흐릴탁

182. 憐憫 - (憎惡)
(연민) 불쌍하고 딱하게 여김
(증오) 몹시 미워함

183. 彼 - (此)
저피/이차

184. 眞實 - (虛僞)
(진실) 거짓이 없이 바르고 참됨
(허위) 거짓

185. 屈 - (伸)
굽힐굴/펼신

186. 榮轉 - (左遷)
(영전) 더 좋은 지위로 전임하는 일
(좌천) 낮은 직위로 옮김

187. 舅 - (姑)
시아비구/시어미고

유의어·유의자 문제 … 뜻을 생각 해 봅시다.

188. 滋養 - (營養)
(자양) 몸에 영양이 되는 일
(영양) 필요한 성분

189. 箴 - (戒)
경계잠/경계할계

190. 不朽 - (不滅)
(불후) 썩지 아니함
(불멸) 멸망하지 않음

191. 焚 - (燒)
불사를분/사를소

192. 天稟 - (天賦)
(천품) 선천적으로 타고난 기품
(천부) 선천적으로 주어짐

193. 邸 - (宅)
큰집저/집택

194. 曠前 - (空前)
(광전) 앞이 비어있음
(공전) 비교할 만한 것이 전에는 없었음

195. 懺 - (悔)
뉘우칠참/뉘우칠회

196. 斡旋 - (周旋)
(알선) 양편에 끼여 잘되도록 함
(주선) 여러모로 두루 힘씀

197. 寵 - (愛)
사랑총/사랑애

약자 문제 … 정자와 약자를 다 익히도록 합시다.

198. 實踐 (実践)

199. 歸國 (帰国)

200. 擔當 (担当)

오답공부는 필수입니다.

第5回 한자능력검정시험(해답) 1급

(시험시간 : 90분)

독음 문제 … "※"일자다음·두음법칙·활음조현상 주의합시다.

1.	豫度	미리예/※헤아릴탁	2.	歪調	※기울외/고를조
3.	嗚咽	탄식할오/※목멜열	4.	寥廓	※쓸쓸할료/※클확
5.	莞蒲	※왕골관/부들포	6.	頻數	자주빈/※자주삭
7.	糢糊	모호할모/풀칠할호	8.	愉逸	즐거울유/편안할일
9.	蒙茸	어두울몽/풀날용	10.	絨緞	가는베융/비단단
11.	描寫	그릴묘/베낄사	12.	蔭鬱	그늘음/답답할울
13.	膊脯	팔뚝박/포포	14.	膺懲	가슴응/징계할징
15.	攀桂	더위잡을반/계수나무계	16.	劫奪	위협할겁/빼앗을탈
17.	勃起	노할발/일어날기	18.	杜鵑	막을두/두견새견
19.	潰滅	무너질궤/멸할멸	20.	奔訃	달릴분/부고부
21.	葵藿	아욱규/콩잎곽	22.	粉碎	가루분/부술쇄
23.	橘柚	귤귤/유자유	24.	糞壤	똥분/흙덩이양
25.	柴扉	섶시/사립문비	26.	腋臭	겨드랑이액/냄새취
27.	烙刑	※지질락/형벌형	28.	磨勘	갈마/헤아릴감
29.	駱越	※낙타락/넘을월	30.	阻隘	막힐조/좁을애
31.	鸞駕	※난새란/멍에가	32.	咳唾	기침해/침타
33.	廣狹	[대]넓을광/좁을협	34.	訊檢	물을신/검사할검
35.	寬猛	[대]너그러울관/사나울맹	36.	闊袖	넓을활/소매수
37.	考妣	[대]생각할고죽은아비/죽은어미비	38.	棚棧	[유]사다리붕/사다리잔
39.	肥瘠	[대]살찔비/여윌척	40.	犀函	무소서/함함
41.	游禽	헤엄칠유/새금	42.	鄙陋	[유]더러울비/더러울루
43.	精粗	[대]정할정/거칠조	44.	濱涯	[유]물가빈/물가애
45.	棘刺	가시극/찌를자	46.	塚墓	[유]무덤총/무덤묘
47.	錦鱗	비단금/비늘린	48.	漲溢	[유]넘칠창/넘을일
49.	癩菌	※문둥병라/버섯균	50.	釣竿	낚을조/낚싯대간

정답	1~10 예탁/외조/오열/요확/관포/빈삭/모호/유일/몽용/융단 11~20 묘사/음울/박포/응징/반계/겁탈/발기/두견/궤멸/분부 21~30 규곽/분쇄/귤유/분양/시비/액취/낙형/마감/낙월/조애 31~40 난가/해타/광협/신검/관맹/활수/고비/붕잔/비척/서함 41~50 유금/비루/정조/빈애/극자/총묘/금린/창일/나균/조간

51. 유사관계: (38 , 42 , 44 , 46 , 48)
52. 대립관계: (33 , 35 , 37 , 39 , 43)

전의어 문제 … A: 字義[원뜻], B: 轉義[고사에 얽힌 이야기]

53.	巾櫛	A : (수건과 빗) B : (남편을 받듦) 擧案齊眉
54.	隙駒	A : (달리는 말을 문틈으로 봄) B : (세월이 빠름)
55.	鼓吹	A : (북 치고 피리를 붊) B : (의견·사상 등을 열렬히 주장하여 널리 선전함)
56.	白眉	A : (흰 눈썹) 다섯형제중 마량이 가장 뛰어났는데 눈썹에 흰털이 섞였음. B : (많은 사람 중에서 가장 뛰어난 사람)
57.	握髮	A : (감고 있던 머리를 거머쥐고 손님을 맞음) B : (政事에 바쁨) 吐哺

훈음 문제 … 맞춤법에 주의합시다.

58.	皐	언덕	고	[白]	59.	戾	어그러질	려	[戶]
60.	鷹	매	응	[鳥]	61.	翰	편지	한	[羽]
62.	睿	슬기	예	[目]	63.	袞	곤룡포	곤	[衣]
64.	杰	뛰어날	걸	[木]	65.	鹹	짤	함	[鹵]
66.	秦	성	진	[禾]	67.	粱	기장	량	[米]
68.	湍	여울	단	[水]	69.	侶	짝	려	[人]
70.	燾	비칠	도	[火]	71.	戮	죽일	륙	[戈]
72.	灘	여울	탄	[水]	73.	虹	무지개	홍	[虫]
74.	耽	즐길	탐	[耳]	75.	哄	떠들	홍	[口]
76.	壕	해자	호	[土]	77.	坦	평탄할	탄	[土]
78.	却	물리칠	각	[卩]	79.	憚	꺼릴	탄	[心]
80.	輯	모을	집	[車]	81.	豈	어찌	기	[豆]
82.	擢	뽑을	탁	[手]	83.	酸	실	산	[酉]
84.	鐸	방울	탁	[金]	85.	虐	모질	학	[虍]
86.	搬	운반할	반	[手]	87.	棍	몽둥이	곤	[木]

단어 문제 … 문맥을 살펴보면서 공부합시다.

▷요즘 젊은층에서는 마술(88)을 매력(89)으로 느낀다.
▷대지(90)에 비해 건평(91)이 작을수록 정원을 넓게 꾸민다.
▷가스폭발로 인한 피해자는 고막(92)에 손상이 있어 의료(93)진에게 진찰(94)을 받고 실수한 사람은 처참(95)한 광경을 보며 감회(96)에 젖지만 피해는 배상(97)해야 한다.
▷만통(98)이 심해서 마취(99)를 하고 수술로 분만하다.
▷접착제 아교(100)는 쇠가죽을 진하게 끓여서 만들며 나무에서 나오는 진은 천연 수지(101)가 된다.
▷현지 교포(102)가 간첩(103)혐의가 있어 야단(104)이다.
▷해고(105) 당한 고용인은 고용주를 경멸(106)하고 권리를 찾는데 포기(107)하지 않는다.
▷보궐(108) 선거로 더욱 파벌(109)간 갈등(110)이 심화되고 있다.
▷조각에는 환조(111)와 부조가 있다.
▷병동(112)에서는 취사(113)를 할 수 없다.
▷배우(114)들이 주축(115)이 되어 만찬(116)이 열렸는데 각자 소개(117)가 이어졌다.
▷책에 삽화(118)는 직접 그렸다.
▷외교부 산하(119) 대사관은 나라마다 주재(120)하고 있다.
▷여유자금을 은행에 예치(121)해 두었다.
▷여름철에는 익사(122) 사고가 많이 난다.
▷식품가공에 있어 발암(123) 물질은 금물.
▷유형(124)의 범위를 벗어나지 못한 평범한 작품들.

88. 마술 (魔術)	89. 매력 (魅力)
90. 대지 (垈地)	91. 건평 (建坪)
92. 고막 (鼓膜)	93. 의료 (醫療)
94. 진찰 (診察)	95. 처참 (悽慘)
96. 감회 (憾悔)	97. 배상 (賠償)
98. 만통 (娩痛)	99. 마취 (痲醉)
100. 아교 (阿膠)	101. 수지 (樹脂)
102. 교포 (僑胞)	103. 간첩 (間諜)
104. 야단 (惹端)	105. 해고 (解雇)
106. 경멸 (輕蔑)	107. 포기 (抛棄)
108. 보궐 (補闕)	109. 파벌 (派閥)
110. 갈등 (葛藤)	111. 환조 (丸彫)
112. 병동 (病棟)	113. 취사 (炊事)
114. 배우 (俳優)	115. 주축 (主軸)
116. 만찬 (晩餐)	117. 소개 (紹介)
118. 삽화 (挿畫)	119. 산하 (傘下)
120. 주재 (駐在)	121. 예치 (預置)
122. 익사 (溺死)	123. 발암 (發癌)
124. 유형 (類型)	

장음 문제 …
▷첫소리가 낮고 뒤로 높여 읽는 上聲은 장음이며,
▷終聲[받침]이 'ㄱ,ㄹ,ㅂ'은 단음입니다.

125.～134.   91. 94. 95. 96. 103. 105. 107. 108. 112. 113. 116.

建/坪, 診/察, 悽/慘, 憾/悔, 間/諜, 解/雇, 抛/棄, 補/闕, 病/棟, 炊/事, 晩/餐.

조어력 문제 (경제용어)

135. 국제간에 일정한 협정에 따라 자금을 빌려 주고 빌려 씀.
 ………………………… 〔 借款 차관 〕

136. 한 나라의 세관을 통과하는 상품에 대하여 부과하는 세금.
 ………………………… 〔 關稅 관세 〕

137. 선진국이 개발 도상국의 경제 개발을 돕기 위하여 수출·차관 제공·기술 협력 등을 하는 일.
 ………………………… 〔 經協 경협 〕

138. 자산이나 자금따위의 이동 또는 사용을 일시 금지함.
 ………………………… 〔 凍結 동결 〕

139. (경기)가라앉은 것이 떠오름.
 ………………………… 〔 浮揚 부양 〕

고사성어 문제 … 뜻을 참고하여 공부합시다.

140. 韋編三絶 위편삼절
 [직역] ▷질긴 가죽끈이 세 번 끊어짐
 [의역] ▷열심히 책을 읽음

141. 自繩自縛 자승자박
 [직역] ▷제 포승으로 제 몸을 옭아 묶음
 [의역] ▷자기 스스로 화를 자초함

142. 養虎遺患 양호유환
 [직역] ▷범을 길러 근심을 남김
 [의역] ▷은혜를 베풀고도 도리어 해를 입게 됨

143. 日暮途遠 일모도원
 [직역] ▷해는 저물고 길은 멀고 아득함
 [의역] ▷늙고 쇠약하나 앞으로 해야 할 일은 많음

144. 足脫不及 족탈불급
 [직역] ▷발 벗고 나서도 따라가지 못함
 [의역] ▷능력·역량·재질 따위의 차이가 뚜렷함을 이르는 말

고사성어 문제 … 뜻을 참고하여 공부합시다.

145. 匹夫匹婦 ㈜ 張三李四
 필부필부: 대수롭지 않은 그저 평범한 남자와 여자.
 장삼이사: 장씨 셋째 아들과 이씨 넷째 아들(아주 평범한 사람들)

146. 悠悠自適 ㈜ 梅妻鶴子
 유유자적: 속세를 떠나 아무것에도 속박되지 않고 편안히 살아감.
 매처학자: 매화를 아내 삼고 학을 아들로 삼음(속세를 떠나 유유자적한 생활)

147. 面從腹背 ㈜ 陽奉陰違
 면종복배: 겉으로는 복종하는 체 하면서도 내심으로는 배반함.
 양봉음위: 겉으로 받들고 속으로는 어긋남.

148. 輔車相依 ㈜ 脣亡齒寒
 보거상의: 수레에서 덧방나무와 바퀴가 서로 의지함. 巢毁卵破
 순망치한: 입술이 없으면 이가 시림(한쪽이 망하면 다른쪽도 화를 면하기 어려움)

149. 三遷之敎 ㈜ 斷機之敎
 삼천지교: 맹모가 아들 교육을 위하여 세 번이나 집을 옮긴 일.
 단기지교: 베틀에 베를 짜르면서 아들을 가르치는 일.

150. 戰戰兢兢 ㈜ 勞心焦思
 전전긍긍: 매우 두려워하며 조심함.
 노심초사: 어떤 일을 할 때에 애를 쓰고 속을 태움.

151. 桑田碧海 ㈜ 高岸深谷
 상전벽해: 뽕나무밭이 변하여 푸른 바다가 됨(세상의 변화가 심하거나 덧없음)
 고안심곡: 높은 언덕이 깊은 골짜기가 됨.

152. 隻手空拳 ㈜ 赤手空拳
 척수공권: 외손에 빈주먹. 隻手孤陣, 四顧無親
 적수공권: 맨손과 맨주먹(아무것도 가진 것이 없음)

153. 莫逆之友 ㈜ 水魚之交
 막역지우: 뜻이 맞아 서로 허물 없는 의기 투합한 친한 벗.
 수어지교: 물과 물고기의 사귐(아주 친밀한 사이)

154. 見利思義 ㈜ 見危授命
 견리사의: 이로운 것을 보면 옳은 것을 생각함.
 견위수명: 나라의 위태로움을 보면 자신의 목숨을 나라에 바침.

부수 문제 … 부수는 한자의 大意를 나타냅니다.

155. 皐 (白)
 戾 (戶)

156. 鷹 (鳥)
 翰 (羽)

157. 睿 (目)
 衰 (衣)

158. 杰 (木)
 鹹 (鹵)

159. 秦 (禾)
 粱 (米)

동음이의어 문제 … ▷같은 소리에 다른 뜻을 지닌 한자어. ▷동음이의어 뜻을 비교해 봅시다.

▷첫 서리가 내리는 <u>초상(160)</u>에 부친이 돌아 가셨는데 생전에 직접 그려 두셨던 <u>초상(161)</u>화를 부친의 <u>초상(162)</u>때 사용하였다.

160. ……… 〔 初霜 〕 첫서리.
161. ……… 〔 肖像 〕 어떤 사람의 얼굴이나 모습.
162. ……… 〔 初喪 〕 사람이 죽어서 장사 지내기까지의 일.

▷직장 동료 김 <u>경사(163)</u>의 집에 <u>경사(164)</u>가 있어 축하차 집에 들렸는데 <u>경사(165)</u>가 아주 가파른 달동네였다.

163. ……… 〔 警査 〕 경찰 공무원 계급으로 경장의 위.
164. ……… 〔 慶事 〕 매우 즐겁고 기쁜 일.
165. ……… 〔 傾斜 〕 비스듬히 기울어짐.

▷기업의 성공은 기술과 신용 그리고 <u>고용(166)</u>인과 <u>고용(167)</u>원 사이의 화합에 있다.

166. ……… 〔 雇用 〕 보수를 주고 사람을 부림.
167. ……… 〔 雇傭 〕 보수를 받고 남의 일을 하여 줌.

▷세법의 <u>개정(168)</u>으로 새로이 세법책을 <u>개정(169)</u>하지 않으면 안 된다.

168. ……… 〔 改定 〕 한번 정했던 것을 고치어 다시 정함.
169. ……… 〔 改正 〕 바르게 고침.

일자다의자 문제 … 뜻이 여럿 있는 한자.

170. 白 : (희다: 潔白) (알리다: 告白)
171. 說 : (말씀: 辭說 說話)
       (기쁘다: 喜說 說樂)
172. 容 : (쉽다: 容易) (용서: 容恕)

순우리말 문제(고유어) … 뜻풀이를 간략하게! 한자어 사용 불가!

173. 塵鋪 (점포) : 가게.
174. 銜勒 (함륵) : 재갈.
175. 芍藥 (작약) : 함박꽃.
176. 移秧 (이앙) : 모내기.
177. 瘀血 (어혈) : 멍.

반대어·반대자 문제 … 뜻을 생각 해 봅시다.

178. 定着 - (漂流)
(정착) 일정한 곳에 자리 잡아 삶
(표류) 물에 떠서 흘러감

179. (添) - 削
더할첨/깎을삭

180. 巨大 - (微小)
(거대) 엄청나게 큼
(미소) 아주 작음

181. (賢) - 愚
어질현[현명]/어리석을우

182. 餞送 - (迎接)
(전송) 전별하여 보냄
(영접) 손을 맞아 접대함

183. (取) - 捨
가질취/버릴사

184. 所得 - (損失)
(소득) 어떤 일의 결과로 얻는 것
(손실) 손해

185. (閑) - 忙
한가할한/바쁠망

186. 敏速 - (遲鈍)
(민속) 민첩하고 빠름
(지둔) 더디고 둔함

187. (榮) - 枯
영화영/마를고

유의어·유의자 문제 … 뜻을 생각 해 봅시다.

188. 潤澤 - (豊富)
(윤택) 태깔이 부드럽고 좋음
(풍부) 넉넉하고 많음

189. (辛) - 辣
매울신/매울랄

190. 去就 - (進退)
(거취) 버림과 취함
(진퇴) 나아가고 물러남

191. (謙) - 遜
겸손할겸/겸손할손

192. 貢獻 - (寄與)
(공헌) 이바지함
(기여) 남에게 이바지함

193. (紀) - 綱
벼리기/벼리강

194. 狀況 - (情勢)
(상황) 어떤 일의 모습이나 형편
(정세) 일이 되어 가는 사정

195. (汚) - 穢
더러울오/더러울예

196. 儉約 - (節約)
(검약) 검소하며 절약함
(절약) 아끼어 씀

197. (竊) - 盜
훔칠절/도둑도

약자 문제 … 정자와 약자를 다 익히도록 합시다.

198. 假 (仮)
    獻 (献)

199. 漆 (柒)
    蓋 (盖)

200. 寧 (寍)
    峽 (峡)

오답공부는 필수입니다.

第6回 한자능력검정시험(해답) 1급

(시험시간 : 90분)

독음 문제 … "※"일자다음·두음법칙·활음조현상 주의합시다.

1. 閼塞 막을알/※막힐색
2. 煩數 번거로울번/※자주삭
3. 差備 ※부릴채/갖출비
4. 馮夷 ※성풍/오랑캐이
5. 徵音 ※음률이름치/소리음
6. 菩提 보살보/※보리수리
7. 偕偶 함께해/짝우
8. 稟議 여쭐품/의논할의
9. 咳喘 기침해/숨찰천
10. 函籠 함함/대바구니롱
11. 抽籤 뽑을추/제비첨
12. 聊賴 ※애오라지료/의뢰할뢰
13. 黜剝 내칠출/벗길박
14. 唾罵 침타/꾸짖을매
15. 醋酸 초초/실산
16. 彙報 무리휘/갚을보
17. 叢萃 떨기총/모을췌
18. 廠舍 공장창/집사
19. 尨狗 삽살개방/개구
20. 綽態 너그러울작/모습태
21. 榜笞 방붙일방/볼기칠태
22. 腐蝕 썩을부/좀먹을식
23. 凜嚴 ※찰름/엄할엄
24. 拂袂 떨칠불/소매메
25. 聳擢 솟을용/뽑을탁
26. 禿翁 대머리독/늙은이옹
27. 芥屑 겨자개/가루설
28. 賭租 내기도/조세조
29. 繭蠶 고치견/누에잠
30. 圖讖 그림도/예언참
31. 恪虔 ㊛삼갈각/삼갈건
32. 艱易 ㊛어려울간/쉬울이
33. 櫃封 궤짝궤/봉할봉
34. 擒縱 ㊛사로잡을금/세로종[放]
35. 龜鼈 거북귀/자라별
36. 梵磬 범어범/경쇠경
37. 充塡 ㊛채울충/메울전
38. 堡壘 작은성보/보루루
39. 辛辣 ㊛매울신/매울랄
40. 盈虛 ㊛찰영/빌허
41. 膈痰 가슴격/가래담
42. 陟降 ㊛오를척/내릴강
43. 激昂 격할격/높을앙
44. 隕涕 떨어질운/눈물체
45. 隘狹 ㊛좁을애/좁을협
46. 醒醉 ㊛술깰성/취할취
47. 詭詐 ㊛속일궤/속일사
48. 些細 적을사/가늘세
49. 勒絆 ※굴레륵/얽어맬반
50. 撒菽 뿌릴살/콩숙

정답
1~10 알색/번삭/채비/풍이/치음/보리/해우/품의/해천/함롱
11~20 추첨/요뢰/출박/타매/초산/휘보/총췌/창사/방구/작태
21~30 방태/부식/늠엄/불몌/용탁/독옹/개설/도조/견잠/도참
31~40 각건/간이/궤봉/금종/귀별/범경/충전/보루/신랄/영허
41~50 격담/척강/격앙/운체/애협/성취/궤사/사세/늑반/살숙

51. 유사관계: (31 , 37 , 39 , 45 , 47)
52. 대립관계: (32 , 34 , 40 , 42 , 46)

전의어 문제 … A: 字義[원뜻], B: 轉義[고사에 얽힌 이야기]

53. 點額 A : (이마에 점이 찍힘)
         B : (시험에 낙제함)
54. 宸襟 A : (대궐의 옷깃)
         B : (임금의 마음)
55. 容膝 A : (무릎이나 겨우 들이밀 정도)
         B : (방이나 처소가 매우 비좁음)
56. 膾炙 A : (회와 고기)
         B : (널리 사람의 입에 오르내림)
57. 荊棘 A : (나무의 가시)
         B : (고난이나 장애)

훈음 문제 … 맞춤법에 주의합시다.

58. 奭 클 석 [大]
59. 黎 검을 려 [黍]
60. 毖 삼갈 비 [比]
61. 徽 아름다울 휘 [彳]
62. 升 되 승 [十]
63. 甫 클 보 [用]
64. 旣 이미 기 [无]
65. 龐 높은집 방 [龍]
66. 疊 거듭 첩 [田]
67. 采 풍채 채 [采]
68. 墟 터 허 [土]
69. 愾 성낼 개 [心]
70. 嘗 맛볼 상 [口]
71. 罫 줄 괘 [罒]
72. 塢 물가 오 [土]
73. 帆 돛 범 [巾]
74. 沃 기름질 옥 [水]
75. 悉 다 실 [心]
76. 淵 못 연 [水]
77. 傜 요역 요 [人]
78. 兢 떨릴 긍 [儿]
79. 箴 경계 잠 [竹]
80. 頹 무너질 퇴 [頁]
81. 擲 던질 척 [手]
82. 穗 이삭 수 [禾]
83. 邂 만날 해 [辶]
84. 稙 올벼 직 [禾]
85. 顫 떨릴 전 [頁]
86. 雉 꿩 치 [隹]
87. 稗 피 패 [禾]

단어 문제 … 문맥을 살펴보면서 공부합시다.

周나라가 쇠약기(88)에 이르러서는 현성(89)한 임금이 나오지 아니하고, 학교의 운영(90)도 제대로 되지 않아 敎化는 쇠퇴해지고, 풍속은 頹敗(91)해졌던 것이다. 이때에 孔子 같은 성인이 계셨으나, 君師의 지위를 얻어 그 政敎를 行할 수 있는 처지가 못되시었다. 그래서 홀로 선왕의 법도(92)를 취하시어 그것을 구송(93)으로 전하여 후세에 일러 주시나, 曲禮, 小儀, 內則, 弟子職 等 諸篇 같은 것은 본디 소학의 지류(94)와 餘裔(95) 같은 것이가, 이 대학편은 소학의 성취에 근거(96)해 와서 대학의 밝은 법도를 드러낸 것으로 밖으로는 태학의 규모의 큼이 극해 있으며 안으로는 태학의 절목(97)의 상세(98)함이 다해 있다.

三千 문도(99)들이 그 강설(100)을 듣지 않은 이가 없었지만, 증자의 전하는 말만이 유독 그 종지(101)를 얻었다. 그래서 해설을 지어서 孔子의 뜻을 闡明(102)했던 것이다. 孟子가 돌아가시자 그 전승(103)의 계통(104)이 없어져 버렸으니, 曾子의 冊은 비록 유존(105)해 왔다고 하지만 아는 사람은 드물었다.

그때부터 속유(106)의 기송(107), 詞章의 學習은 그 努力을 小學에서보다 倍나 더 했으나 쓸데가 없었고, 이단(108)적인 道家와 佛敎의 가르침은 그 고답(109)함이 大學보다 더하였으나 실속이 없었고, 그 밖에 권모(110) 술수(111)로 일체(112) 功名에 나아간 학설과 百家, 중기(113)의 유파(114)들, 世上을 眩惑(115)시키고 백성들을 속이며 仁義를 막는 것들이 그 사이에서 어지럽게 섞여 나와 그 君子로 하여금 不幸히도 大道의 要諦(116)를 들을 수 없게 하고, 그 小人으로 하여금 불행히도 덕치(117)의 은택(118)을 입을 수 없게 하여 혼암(119)하고 침체(120)되며, 깊은 병폐(121)가 되풀이 되어 와 五代의 쇠약기에 이르러서는 파괴(122)와 혼란(123)이 극도(124)에 達했었다.

<大學章句序解說에서>

88.	쇠약기 (衰弱期)	89.	현성 (賢聖)
90.	운영 (運營)	91.	頹敗 (퇴패)
92.	법도 (法度)	93.	구송 (口誦)
94.	지류 (支流)	95.	餘裔 (여예)
96.	근거 (根據)	97.	절목 (節目)
98.	상세 (詳細)	99.	문도 (門徒)
100.	강설 (講說)	101.	종지 (宗旨)
102.	闡明 (천명)	103.	전승 (傳承)
104.	계통 (系統)	105.	유존 (遺存)
106.	속유 (俗儒)	107.	기송 (記誦)
108.	이단 (異端)	109.	고답 (高踏)
110.	권모 (權謀)	111.	술수 (術數)
112.	일체 (一切)	113.	중기 (衆技)
114.	유파 (流波)	115.	眩惑 (현혹)
116.	要諦 (요체)	117.	덕치 (德治)
118.	은택 (恩澤)	119.	혼암 (昏暗)
120.	침체 (沈滯)	121.	병폐 (病弊)
122.	파괴 (破壞)	123.	혼란 (混亂)
124.	극도 (極度)		

장음 문제 …
▷첫소리가 낮고 뒤로 높여 읽는 上聲은 장음이며,
▷終聲[받침]이 'ㄱ,ㄹ,ㅂ'은 단음입니다.

125.~134.   90. 93. 102. 104. 108.
            113. 115. 121. 122. 123.

運/營, 口/誦, 闡/明, 系/統, 異/端,
衆/技, 眩/惑, 病/弊, 破/壞, 混/亂.

조어력 문제 (법률용어)

135. 구치소에 잡아서 가두어 자유를 속박하는 형벌. ……………………………………… [拘留 구류]

136. 배상 또는 상환을 청구함. ……………………………………… [求償 구상]

137. 지방법원의 제 2심 판결에 대하여 파기 또는 변경을 상급 법원에 신청하는 일. ……………………………………… [上告 상고]

138. 죄인을 쫓아가서 잡음. ……………………………………… [逮捕 체포]

139. 한 번 심사한 것을 다시 심사함. ……………………………………… [覆審 복심]

고사성어 문제 … 뜻을 참고하여 공부합시다.

140. (④) ※아름다운 미모.
① 雪膚花容 : 눈처럼 흰 피부와 꽃처럼 아름다운 얼굴.
② 丹脣皓齒 : 붉은 입술과 하얀 이(여인의 아름다운 얼굴)
③ 羞花閉月 : 꽃도 부끄러워하고 달도 숨음.
④ 衆寡不敵 : 적은 수효로 많은 수효와 맞겨루지 못함.

141. (③) ※흘려 듣고 소용 없음.
① 對牛彈琴 : 소귀에 거문고 소리.
② 牛耳讀經 : 쇠귀에 경 읽기.
③ 晝耕夜讀 : 낮엔 밭 갈고 밤엔 공부를 함.
④ 如風過耳 : 바람이 귀를 통과 하는 것과 같음.

142. (②) ※인생의 허무함.
① 生者必滅 : 생명이 있는 것은 반드시 죽을 때가 있음.
② 一魚濁水 : 물고기 한 마리가 온 냇물을 흐림.
③ 雪泥鴻爪 : 눈 위의 기러기 발자국(눈이 녹으면 바로 없어짐)
④ 一場春夢 : 한바탕의 꿈(부귀영화의 덧없음)

143. (①) ※실력이 비슷함.
① 上下撑石 : 윗돌 빼서 아랫돌 괴고 아랫돌 빼서 윗돌을 굄.
② 難伯難仲 : 형과 아우의 구별이 어려움.
③ 伯仲之勢 : 첫째와 둘째의 구별이 어려움.
④ 莫上莫下 : 위와 아래의 구별이 어려움.

144. (④) ※제삼자의 이득.
① 犬兔之爭 : 개와 토끼의 다툼.
② 漁父之利 : 어부의 이로움(제삼자의 이득)
③ 田夫之功 : 농부의 공덕(힘들이지 않고 이득을 봄)
④ 我田引水 : 나의 논에만 물을 끌어 씀.

고사성어 문제 … 뜻을 참고하여 공부합시다.

145. 傍若無人 ㊠ 眼下無人
방약무인: 남을 업신여기고 거리낌없이 함부로 행동함.
안하무인: 눈 아래 사람이 없다(사람됨이 교만하여 남을 업신여김)

146. 女必從夫 ㊠ 夫唱婦隨
여필종부: 여자는 반드시 지아비를 따름.
부창부수: 남편이 주장하고 아내가 이에 따름(부부의 화합)

147. 老萊之戲 ㊠ 斑衣之戲
노래지희: 老萊子가 칠십에 무늬있는 옷을 입고 부모님을 기쁘게 해 드림.
반의지희: 색동저고리를 입고 늙으신 부모에게 즐겁게 해 드림.

148. 陵雲之志 ㊠ 靑雲之志
능운지지: 언덕위의 구름을 바라는 뜻.
청운지지: 큰 뜻을 펼치기 위하여 벼슬길에 오르고자 함.

149. 傷弓之鳥 ㊠ 懲羹吹菜
상궁지조: 화살을 맞아 다친 새(구부러진 나무만 보아도 놀람)
징갱취채: 뜨거운 물에 데어서 후후 불면서 냉채를 먹음.

150. 殃及池魚 ㊠ 橫來之厄
앙급지어: 재앙이 못의 물고기에게 미침. 池魚之殃
횡래지액: 옆에서 오는 재앙(뜻밖에 닥쳐오는 불행)

151. 開門納賊 ㊠ 開門揖盜
개문납적: 문을 열어 도둑을 맞아들임.
개문읍도: 문을 열어 도둑에게 례를 갖춤(제 스스로 화를 불러들임)

152. 咸興差使 ㊠ 終無消息
함흥차사: 한번 가기만 하면 깜깜 무소식이라는 뜻.
종무소식: 끝까지 소식이 없음.

153. 羊頭狗肉 ㊠ 表裏不同
양두구육: 양 머리를 걸어놓고 개고기를 팖(남을 속이는 경우)
표리부동: 겉과 속이 다름.

154. 盤溪曲徑 ㊠ 旁岐曲徑
반계곡경: 서려 있는 계곡과 구불구불한 길.
방기곡경: 옆으로 난 샛길과 구불구불한 길.

부수 문제 … 부수는 한자의 大意를 나타냅니다.

155. 奭 (大)
   黎 (黍)

156. 毖 (比)
   徽 (彳)

157. 升 (十)
   甫 (用)

158. 旣 (无)
   龐 (龍)

159. 疊 (田)
   采 (采)

동음이의어 문제
▷같은 소리에 다른 뜻을 지닌 한자어
▷동음이의어 뜻을 비교해 봅시다.

160. 降意 : (抗議) 반대하는 뜻을 주장함.
　　[항의] (恒醫) 보통의 의원.

161. 趙炅 : (造景) 경관을 아름답게 꾸밈.
　　[조경] (潮境) 냇물과 바닷물의 경계.

162. 夙成 : (淑性) 얌전하고 착한 성질.
　　[숙성] (熟成) 충분히 익숙한 상태가 됨.

163. 楨祥 : (頂上) 산의 꼭대기.
　　[정상] (情狀) 어떤 결과에 이르기까지의 사정.

164. 地殼 : (知覺) 깨달음.
　　[지각] (遲刻) 정해진 시각보다 늦음.

165. 雖然 : (壽宴) 오래 산 것을 축하하는 잔치.
　　[수연] (水煙) 물방울이 퍼져 자욱한 연기처럼 보이는 것.

166. 科場 : (誇張) 사실보다 지나치게 떠벌려 나타냄.
　　[과장] (課長) 과(課)의 책임자.

167. 浮紙 : (敷地) 집을 짓거나 길을 만드는 데 쓰이는 땅.
　　[부지] (扶支) 고생을 참고 어려움을 버티어 나감.

168. 巧手 : (教授) 가르쳐 주는 사람.
　　[교수] (絞首) 목매어 죽이는 형벌.

169. 岐嶇 : (器具) 그릇·연장 따위를 통틀어 이르는 말.
　　[기구] (機構) 하나의 조직을 이루고 있는 체계.

일자다의자 문제 … 뜻이 여럿 있는 한자.

170. 逸 : (편안함: 安逸) (숨다: 隱逸)

171. 著 : (나타냄: 顯著) (짓다: 著作/著述)

172. 樹 : (나무: 樹木) (세우다: 樹立)

순우리말 문제(고유어) … 뜻풀이를 간략하게! 한자어 사용 불가!

173. 顆鹽 (과염) : 천일염.
174. 貢獻 (공헌) : 이바지.
175. 康衢 (강구) : 큰거리.
176. 騷客 (소객) : 시인.
177. 化膿 (화농) : 곪음.

반대어·반대자 문제 … 뜻을 생각 해 봅시다.

178. 架空 - (實在)
(가공) 근거 없는 일
(실재) 실제로 존재함

179. 俯 - (仰)
구부릴부/우러를앙

180. 怨恨 - (恩惠)
(원한) 원통하고 한스러운 생각
(은혜) 남에게서 받는 고마운 혜택

181. 糞 - (尿)
똥분/오줌뇨

182. 濫用 - (節約)
(남용) 함부로 씀
(절약) 아끼어 씀

183. 呑 - (吐)
삼킬탄/토할토

184. 疏遠 - (親近)
(소원) 친분이 가깝지 못하고 멂
(친근) 지내는 사이가 매우 가까움

185. 鹹 - (淡)
짤함/맑을담

186. 斬新 - (陳腐)
(참신) 전혀 새로움
(진부) 케케묵고 낡음

187. 晦 - (朔)
그믐회/초하루삭

유의어·유의자 문제 … 뜻을 생각 해 봅시다.

188. 冷靜 - (沈着)
(냉정) 매정하고 쌀쌀함
(침착) 행동이 들뜨지 않고 찬찬함

189. 堪 - (耐)
견딜감/견딜내

190. 逍遙 - (散策)

(소요) 마음내키는 대로 거닐며 다님
(산책) 이리저리 거닒

191. 譴 - (責)
꾸짖을견/꾸짖을책

192. 換骨 - (奪胎)
(환골) 뼈를 바꿈
(탈태) 태를 빼앗음

193. 邁 - (進)
갈매/나아갈진

194. 變遷 - (沿革)
(변천) 변하여 달라짐
(연혁) 사물의 변천

195. 斡 - (旋)
돌알/돌선

196. 獨占 - (專有)
(독점) 혼자 점령함. 독차지
(전유) 오로지 혼자 독차지함

197. 懶 - (怠)
게으를라/게으를태

약자 문제 … 정자와 약자를 다 익히도록 합시다.

198. 庿 (廟)
　　 弥 (彌)

199. 称 (稱)
　　 珎 (珍)

200. 処 (處)
　　 拠 (據)

오답공부는 필수입니다.

第7回 한자능력검정시험(해답) 1급

(시험시간 : 90분)

독음 문제 … "※"일자다음・두음법칙・활음조현상 주의합시다.

1.	著押	※붙을착/누를압	2.	幀畫	※불교그림탱/그림화
3.	炙鐵	※구울적/쇠철	4.	挫北	꺾을좌/※달아날배
5.	田畝	밭전/※이랑묘	6.	枳塞	※해칠기/막힐색
7.	不逞	아닐불/쾌할령	8.	膿汁	고름농/즙즙
9.	義塾	옳을의/글방숙	10.	錦棠	비단금/아가위당
11.	證憑	증거증/비길빙	12.	紗帽	비단사/모자모
13.	雀躍	참새작/뛸약	14.	瞥觀	눈깜짝할별/볼관
15.	銀錠	은은/덩어리정	16.	腔腸	속빌강/창자장
17.	經綸	지날경/벼리륜	18.	鈴鐸	※방울령/방울탁
19.	臀腫	볼기둔/종기종	20.	舊臘	예구/섣달랍
21.	抹消	지울말/사라질소	22.	弱齡	약할약/나이령
23.	摸索	더듬을모/찾을색	24.	崎嶇	험할기/험할구
25.	利錐	※이할리/송곳추	26.	寮佐	※동관료/도울좌
27.	譬喩	비유할비/깨우칠유	28.	重疊	무거울중/거듭첩
29.	硅石	규소규/돌석	30.	輻射	바퀴살복/쏠사
31.	臂脚	팔비/다리각	32.	硼酸	붕사붕/실산
33.	俛仰	구부릴면/우러를앙	34.	劈碎	쪼갤벽/부술쇄
35.	輿轎	수레여/가마교	36.	靜謐	고요할정/고요할밀
37.	戟盾	창극/방패순	38.	旌幟	기정/깃발치
39.	昆季	맏곤/계절계,끝계	40.	啼泣	울제/울읍
41.	煩簡	번거로울번/간략할간	42.	棲息	깃들일서/쉴식
43.	腦裡	머릿골뇌/속리	44.	漕艇	배저을조/큰배정
45.	淋疾	※임질림/병질	46.	絞縊	목맬교/목맬액
47.	梳洗	얼레빗소/씻을세	48.	凋枯	시들조/마를고
49.	潔癖	깨끗할결/버릇벽	50.	囹圄	※감옥령/옥어

정답
- 1~10 착압/탱화/적철/좌배/전묘/기색/불령/농즙/의숙/금당
- 11~20 증빙/사모/작약/별관/은정/강장/경륜/영탁/둔종/구랍
- 21~30 말소/약령/모색/기구/이추/요좌/비유/중첩/규석/복사
- 31~40 비각/붕산/면앙/벽쇄/여교/정밀/극순/정치/곤계/제읍
- 41~50 번간/서식/뇌리/조정/임질/교액/소세/조고/결벽/영어

51. 유사관계: (36 , 38 , 40 , 46 , 48 , 50)
52. 대립관계: (31 , 33 , 37 , 39 , 41)

전의어 문제 … A: 字義[원뜻], B: 轉義[고사에 얽힌 이야기]

53.	股肱	A : (다리와 팔) B : (믿고 중히 여기는 신하)
54.	干城	A : (방패와 성벽) *干戈[병장기] B : (나라를 지키는 군인)
55.	綠林	A : (푸른 숲) B : (도둑의 소굴)
56.	流麥	A : (비에 마당의 보리가 떠내려가는 줄 모름) B : (학문에 열중함)
57.	逆鱗	A : (용의 턱밑에 거슬러난 비늘을 건드리면 용이 화를 냄) B : (임금의 震怒)

훈음 문제 … 맞춤법에 주의합시다.

58.	嘉	아름다울 가 [口]		59.	尹	성 윤 [尸]
60.	咫	여덟치 지 [口]		61.	胤	자손 윤 [肉]
62.	麵	국수 면 [麥]		63.	串	꿸 관 [丨]
64.	竭	다할 갈 [立]		65.	弁	고깔 변 [廾]
66.	袋	자루 대 [衣]		67.	朞	돌 기 [月]
68.	掉	흔들 도 [手]		69.	釜	가마 부 [金]
70.	籃	대바구니람 [竹]		71.	傅	스승 부 [人]
72.	剌	발랄할 랄 [刀]		73.	勒	굴레 륵 [力]
74.	刺	찌를 자 [刀]		75.	勅	칙서 칙 [力]
76.	濾	거를 려 [水]		77.	繩	노끈 승 [糸]
78.	閭	마을 려 [門]		79.	柴	섶 시 [木]
80.	罵	꾸짖을 매 [罒]		81.	醴	단술 례 [酉]
82.	邁	갈 매 [辶]		83.	鷺	백로 로 [鳥]
84.	墾	개간할 간 [土]		85.	綜	모을 종 [糸]
86.	旌	기 정 [方]		87.	屍	주검 시 [尸]

단어 문제 … 문맥을 살펴보면서 공부합시다.

▷ 갱도(88)에서 채굴(89)작업으로 후두(90)과 신장(91)의 악화로 타계한 사람을 위하여 해마다 추도(92)식이 열린다.

▷ 옛날 서한(93)을 쓸때는 연적(94)의 깨끗한 물로 농도(95)를 잘 맞추어 먹을 정성껏 간다.

▷ 해외에서 실종된 사람중에는 여행도중 납치(96)된 것으로 파악(97)된다.

▷ 축구(98) 대회에서 이번에도 패권(99)을 불사하기 위해 투지를 불태우는 것은 온당(100)하다.

▷ 위관(101)들이 능력위주의 인사조치를 함으로써 위계질서가 문란(102)하지 않다.

▷ 삼엄해야 할 초소(103)에서 시비가 야기(104)되어 유감(105)이다.

▷ 부산은 항만(106)시설이 잘 되어있다.

▷ 낙향하여 외부와 차단(107)된 현실에 백화가 난만(108) 한 시골에서 생계로 양잠(109)을 한다.

▷ 재래시장 상권(110)의 부흥을 위하여 작성된 정관(111)의 기록된 내용을 부연(112) 설명하다.

▷ 낚시를 하기 위해 조선(113)을 타고 나갔다.

▷ 내가 편집(114)한 탐정(115)소설을 구독(116)하는 이가 많다.

▷ 일본군의 만용(117)으로 농락(118)과 학대(119)를 받은 양민들이 장애(120)를 입다.

▷ 의사처방전이 아닌 조제(121)는 위험하다.

▷ 자취(122)생활을 통해서 극복을 단련(123)하고 생활을 융통(124)성 있게 꾸리는 것을 배운다.

88. 갱도 (坑道)
89. 채굴 (採掘)
90. 후두 (喉頭)
91. 신장 (腎臟)
92. 추도 (追悼)
93. 서한 (書翰)
94. 연적 (硯滴)
95. 농도 (濃度)
96. 납치 (拉致)
97. 파악 (把握)
98. 축구 (蹴球)
99. 패권 (霸權)
100. 온당 (穩當)
101. 위관 (尉官)
102. 문란 (紊亂)
103. 초소 (哨所)
104. 야기 (惹起)
105. 유감 (遺憾)
106. 항만 (港灣)
107. 차단 (遮斷)
108. 난만 (爛漫)
109. 양잠 (養蠶)
110. 상권 (商圈)
111. 정관 (定款)
112. 부연 (敷衍)
113. 조선 (釣船)
114. 편집 (編輯)
115. 탐정 (探偵)
116. 구독 (購讀)
117. 만용 (蠻勇)
118. 농락 (籠絡)
119. 학대 (虐待)
120. 장애 (障礙)
121. 조제 (調劑)
122. 자취 (自炊)
123. 단련 (鍛鍊)
124. 융통 (融通)

장음 문제 …
▷ 첫소리가 낮고 뒤로 높여 읽는 上聲은 장음이며,
▷ 終聲[받침]이 'ㄱ,ㄹ,ㅂ'은 단음입니다.

125.~134.   89. 91. 94. 99. 100. 102.
             104. 106. 107. 109. 112. 113.

採/掘, 腎/臟, 硯/滴, 霸/權, 穩/當, 紊/亂,
惹/起, 港/灣, 遮/斷, 養/蠶, 敷/衍, 釣/船

조어력 문제 (정치용어)

135. 어떤 상태가 그대로 고정되어 좀처럼 변화가 없게 됨.
   ················· 〔 膠着 교착 〕

136. 책임이나 죄상 따위를 엄하게 따지고 나무람.
   ················· 〔 糾彈 규탄 〕

137. 여러 가지 장애로 말미암아 순조롭게 진척되지 않음.
   ················· 〔 難航 난항 〕

138. 정치적인 이유등으로 제 나라에 있지 못하고 남의 나라로 몸을 피하는 일.
   ················· 〔 亡命 망명 〕

139. 어떤 행위나 사회적 활동을 권력이나 무력으로 억눌러 꼼짝 못하게 함.
   ················· 〔 彈壓 탄압 〕

고사성어 문제 … 뜻을 참고하여 공부합시다.

140. 良禽擇木   양금택목
   [직역] ▷현명한 새는 좋은 나무를 가려 둥지를 침
   [의역] ▷훌륭한 사람을 가려서 섬김

141. 愚公移山   우공이산
   [직역] ▷우공이라는 사람이 산을 옮김
   [의역] ▷어떤 일이라도 끊임없이 노력하면 반드시 이룸

142. 三顧草廬   삼고초려
   [직역] ▷유비가 제갈공명을 세 번 찾아가 청함
   [의역] ▷인재를 얻기 위해 수고를 아끼지 않음

143. 男負女戴   남부여대
   [직역] ▷남자는 지고 여자는 머리에 임
   [의역] ▷살길을 찾아 이리저리 떠돌아다님

144. 走馬加鞭   주마가편
   [직역] ▷달리는 말에 채찍을 가함
   [의역] ▷열심히 하는 사람을 더 독려함

고사성어 문제 … 뜻을 참고하여 공부합시다.

145. 五日京兆 ㈜ 三日天下
   오일경조: 오래 계속되지 못하는 일(오일동안 경조윤을 맡음)
   삼일천하: 사흘동안 천하를 다스림(짧은 권세의 허무함)

146. 異口同聲 ㈜ 如出一口
   이구동성: 입은 다르나 소리는 같다(여러 사람의 말이 한결같음)
   여출일구: 한 입에서 나오는 말이 같다.

147. 五十百步 ㈜ 大同小異
   오십백보: 약간의 차이는 있으나 본질적으로는 같다는 뜻.
   대동소이: 크게 보면 같고 작게 보면 다름(거의 같거나 비슷비슷함)

148. 琴瑟相和 ㈜ 連理比翼
   금슬상화: 거문고와 비파가 조화를 이룸(부부사이가 화목함)
   연리비익: 連理枝와 比翼鳥(부부사이가 화목함)

149. 花容月態 ㈜ 天下絶色
   화용월태: 꽃 같은 얼굴과 달처럼 고운 자태.
   천하절색: 세상에 뛰어난 미모.

150. 一炊之夢 ㈜ 盧生之夢
   일취지몽: 밥 한 끼 지을 동안의 꿈.
   노생지몽: 노생의 꿈(인생의 부귀영화가 덧없음)

151. 管鮑之交 ㈜ 芝蘭之交
   관포지교: 관중과 포숙아 사이와 같은 사귐(두터운 우정)
   지란지교: 芝草와 蘭草 같은 향기로운 사귐.

152. 南柯一夢 ㈜ 胡蝶之夢
   남가일몽: 남쪽 나뭇가지의 꿈(덧없는 한때의 꿈)
   호접지몽: 나비가 된 꿈(物我一體의 경지. 인생의 덧없음)

153. 雪上加霜 ㈜ 前虎後狼
   설상가상: 난처한 일이나 불행이 잇달아 일어남.
   전호후랑: 앞에 호랑이 뒤로는 이리가 들어옴(재앙이 끊일 사이 없이 닥침)

154. 盛者必衰 ㈜ 月盈則食
   성자필쇠: 한번 성한 자는 반드시 쇠하게 마련이라는 말.
   월영즉식: 달이 차면 반드시 이지러짐.

부수 문제 … 부수는 한자의 大意를 나타냅니다.

155. 嘉 (口)
     尹 (尸)

156. 咫 (口)
     胤 (肉)

157. 麵 (麥)
     串 (丨)

158. 竭 (立)
     弁 (廾)

159. 袋 (衣)
     朞 (月)

동음이의어 문제
▷같은 소리에 다른 뜻을 지닌 한자어.
▷동음이의어 뜻을 비교해 봅시다.

▷영화를 <u>감상(160)</u> 하고 있으면 마음이 아파서 <u>감상(161)</u>에 젖어 눈물이 난다.

160. ……… 〔 鑑賞 〕 예술작품을 음미하여 이해하고 즐김.
161. ……… 〔 感傷 〕 어떤 느낌으로 마음 아파하는 일.

▷옛날에는 시골에서 서울로 <u>유학(162)</u>가면 출세 했다 하고 요즘은 외국으로 <u>유학(163)</u>도 많이 가는 추세다.

162. ……… 〔 遊學 〕 고향을 떠나 객지에서 공부함.
163. ……… 〔 留學 〕 외국에 머물러 학문을 함.

▷선친의 산소에 <u>성분(164)</u>하면서 좋은 <u>성분(165)</u>의 토양을 썼다.

164. ……… 〔 成墳 〕 무덤을 만듦.
165. ……… 〔 成分 〕 혼합물을 이루고 있는 물질.

▷검정고시로 독학하는 <u>과정(166)</u>에서 어려웠던 시기는 고등 교과 <u>과정(167)</u>이었다.

166. ……… 〔 過程 〕 일이 되어가는 경로.
167. ……… 〔 課程 〕 학업의 정도.

▷간단한 외출에는 <u>소형(168)</u>가방을 들고, 자가용은 <u>소형(169)</u>자동차를 소유함으로써 검소한 생활이 된다.

168. ……… 〔 小形 〕 작은 모양.
169. ……… 〔 小型 〕 같은 종류의 물건 중에서 모양이 작은 것.

일자다음자 문제 … 음이 여럿 있는 한자.

170. 更紙(다시 갱)   變更(고칠 경)
171. 說客(달랠 세)   說話(말씀 설)
172. 可否(아닐 부)   否運(막힐 비)

순우리말 문제(고유어) … 뜻풀이를 간략하게! 한자어 사용 불가!

173. 痘面 (두면) : 곰보.
174. 匙箸 (시저) : 수저.
175. 輓近 (만근) : 요사이.
176. 黎老 (여로) : 노인.
177. 寤寐 (오매) : 자나깨나.

반대어·반대자 문제 … 뜻을 생각 해 봅시다.

178. 高雅 - (卑俗)
(고아) 고상하고 우아함
(비속) 격(格)이 낮고 속됨

179. 胸 - (背)
가슴흉/등배

180. 訥辯 - (能辯)
(눌변) 더듬거리는 말
(능변) 막히는 데 없이 말을 잘함

181. 艱 - (易)
어려울간/쉬울이

182. 順坦 - (險難)
(순탄) 길이 험하지 않고 평탄함
(험난) 위험하고 어려움

183. 擒 - (縱)
사로잡을금/세로종[放]

184. 輪廓 - (核心)
(윤곽) 둘레의 선. 테두리
(핵심) 요긴한 부분. 알맹이

185. 陟 - (降)
오를척/내릴강

186. 咀呪 - (祝賀)
(저주) 불행이 닥치기를 바람
(축하) 기쁘다는 뜻으로 인사함

187. 浮 - (沈)
뜰부/잠길침

유의어·유의자 문제 … 뜻을 생각 해 봅시다.

188. 強仕 - (不惑)
(강사) 마흔살에 비로소 벼슬함
(불혹) 미혹되는 점이 없음(40세)

189. 梗 - (塞)
막힐경/막힐색

190. 半百 - (知命)
艾年
(반백) 백의 절반. 艾老
(지명) 천명을 앎(知天命, 50세)

191. 稠 - (密)
빽빽할조/빽빽할밀

192. 回甲 - (周甲)
還甲
(회갑) 육십갑자의 갑으로 돌아옴
(주갑) 육십일세를 일컬음(61세)

193. 躁 - (急)
조급할조/급할급

194. 從心 - (古稀)
稀壽
(종심) 일흔 살(논어 위정편)
(고희) 일흔 살(두보의 시, 70세)

195. 忖 - (度)
헤아릴촌/헤아릴탁

196. 凍梨 - (卒壽)
(동리) 언 배의 껍질(노인의 피부)
(졸수) 아흔 살(90세)

197. 緘 - (封)
봉할함/봉할봉

약자 문제 … 정자와 약자를 다 익히도록 합시다.

198. 鐵鑛 (鉄鉱)
199. 轉屬 (転属)
200. 關聯 (関联)

오답공부는 필수입니다.

第8回 한자능력검정시험(해답) 1급

(시험시간 : 90분)

독음 문제 … "※"일자다음・두음법칙・활음조현상 주의합시다.

1.	娑婆	춤출사/※"범어"바	2.	未瑩	아닐미/※밝을형
3.	槌鑿	※칠추/뚫을착	4.	阮國	※나라이름원/나라국
5.	瀑沫	※소나기포/물거품말	6.	沸胃	※용솟음할불/밥통위
7.	枳礙	※해칠기/거리낄애	8.	數數	※자주삭/자주삭
9.	什長	※열사람십/긴장	10.	忽諸	갑자기홀/※어조사저
11.	腱膜	힘줄건/막막	12.	銑錢	무쇠선/돈전
13.	微粒	작을미/낟알립	14.	禮誼	※예도례/정의
15.	臘享	※섣달랍/누릴향	16.	夭折	일찍죽을요/꺾을절
17.	薄衾	엷을박/이불금	18.	燐亂	※도깨비불린/어지러울란
19.	糟糠	지게미조/겨강	20.	紫蚓	자주빛자/지렁이인
21.	照瞭	비칠조/눈밝을료	22.	嚬眉	찡그릴빈/눈썹미
23.	繰綿	고치켤조/솜면	24.	炸裂	불터질작/※찢어질렬
25.	珠蛤	구슬주/조개합	26.	豪俠	호걸호/의기로울협
27.	捕縛	잡을포/얽을박	28.	灼爾	불사를작/너이
29.	陷穽	빠질함/함정정	30.	盞臺	술잔잔/대대
31.	耽羅	지즐길탐/벌릴라	32.	渤海	지바다이름발/바다해
33.	曲阜	지굽을곡/언덕부	34.	觝觸	씨름저/닿을촉
35.	藻雅	마름조/맑을아	36.	錠劑	덩어리정/약제제
37.	腫瘍	종기종/헐양	38.	哄笑	떠들홍/웃음소
39.	殺戮	죽일살/※죽일륙	40.	暹羅	지햇살치밀섬/벌릴라
41.	靡寧	쓰러질미/※편안녕	42.	嗾囑	부추길주/부탁할촉
43.	緋衲	비단비/기울납	44.	鎬京	지호경호/서울경
45.	鼠賊	쥐서/도둑적	46.	墺地利	오지리
47.	眩惑	어지러울현/미혹할혹	48.	葡萄牙	포도아
49.	跋扈	밟을발/따를호	50.	白耳義	백이의

정답
1~10 사바/미형/추착/원국/포말/불위/기애/삭삭/십장/홀저
11~20 건막/선전/미립/예의/납향/요절/박금/인란/조강/자인
21~30 조료/빈미/조면/작열/주합/호협/포박/작이/함정/잔대
31~40 탐라/발해/곡부/저촉/조아/정제/종양/홍소/살육/섬라
41~50 미령/주촉/비납/호경/서적/오지리/현혹/포도아/발호/백이의

51. 地名 : (31 , 32 , 33 , 40 , 44)
52. 墺地利 오스트리아, 葡萄牙 포르투갈, 白耳義 벨기에

전의어 문제 … A: 字義[원뜻], B: 轉義[고사에 얽힌 이야기]

53.	推敲	A : (밀고 두드림) *詩句에 推를 쓸 것인가 敲를 쓸 것인가를 놓고 고민 B : (문장을 다듬고 고치는 일) 改稿
54.	破僻	A : (궁벽한 상태를 깨뜨려 부숨) B : (미천한 상태를 벗어남) 破天荒=未曾有
55.	角逐	A : (서로 이기려고 다투며 쫓아다님) B : (맞서서 다툼) 逐鹿
56.	南面	A : (남쪽으로 얼굴을 향함) *남쪽을 향하여 신하를 대면함 B : (임금이 되어 나라를 다스림)
57.	葛藤	A : (칡덩굴과 등나무덩굴) B : (번뇌. 복잡한 관계)

훈음 문제 … 맞춤법에 주의합시다.

58.	陪	모실	배 [阜]	59.	惰	게으를	타 [心]
60.	鄙	더러울	비 [邑]	61.	狼	이리	랑 [犬]
62.	巡	돌	순 [川]	63.	膺	가슴	응 [肉]
64.	刮	긁을	괄 [刀]	65.	襪	버선	말 [衣]
66.	攘	물리칠	양 [手]	67.	煮	삶을	자 [火]
68.	敲	두드릴	고 [攴]	69.	纏	얽힐	전 [糸]
70.	撰	지을	찬 [手]	71.	搾	짤	착 [手]
72.	侈	사치	치 [人]	73.	熙	빛날	희 [火]
74.	遵	좇을	준 [辶]	75.	郊	들	교 [邑]
76.	陀	비탈질	타 [阜]	77.	駭	놀랄	해 [馬]
78.	廛	가게	전 [广]	79.	幟	깃발	치 [巾]
80.	祚	복	조 [示]	81.	燁	빛날	엽 [火]
82.	閻	마을	염 [門]	83.	杜	막을	두 [木]
84.	饌	반찬	찬 [食]	85.	沖	화할	충 [水]
86.	矯	바로잡을	교 [矢]	87.	峙	언덕	치 [山]

地名字
▷탐라 - 제주도의 옛이름.
▷발해 - 고구려를 재건한 나라.
▷곡부 - 중국 산동성에 있는 땅.
▷섬라 - 태국의 1939년 이전의 국호.
▷호경 - 중국 주나라의 수도.

以外 면천 발해
     변한 복강
     섬서 심양
     애급 요동
     위수 천로

단어 문제 … 문맥을 살펴보면서 공부합시다.

▷국무총리 인준(88)을 놓고 연 청문회가 무산(89)됨으로써 국민들은 염증(90)을 느낀다.
▷농민들의 규탄(91)대회를 철순(92)으로 막아 충돌(93)이 발생하였다.
▷제과(94)회사에서는 포장할 상자(95)에도 투자를 아끼지 않는다.
▷상현(96)이 뜨는 밤이면 문기(97)한 악마(98)가 출현할 듯 하다.
▷짝사랑을 척애(99)한다.
▷지축(100)을 흔드는 듯한 함대(101)의 포성소리.
▷좋은 태몽(102)을 꾸고 아기를 분만(103)하다.
▷운전에 서툰사람은 주차(104)시에는 빈번(105)이 접촉사고가 난다.
▷상감의 진노(106)를 사다.
▷범국민(107)的인 여론(108)조사가 압도(109)적인 것은 무언가를 시사(110)하고 있는 것이다.
▷회사의 전략으로 타 회사를 조금씩 잠식(111)하고 있다.
▷울릉도(112) 호박엿.
▷경상도의 젓줄 낙동강(113).
▷한라산 정상에는 백록담(114)이 있다.
▷비구니(115)스님이 토굴(116)속에서 한묵(117)형식으로 글을 쓰고 있다.

88.	인준 (認准)	89.	무산 (霧散)
90.	염증 (厭症)	91.	규탄 (糾彈)
92.	철순 (鐵盾)	93.	충돌 (衝突)
94.	제과 (製菓)	95.	상자 (箱子)
96.	상현 (上弦)	97.	문기 (紊棄)
98.	악마 (惡魔)	99.	척애 (隻愛)
100.	지축 (地軸)	101.	함대 (艦隊)

102.	태몽 (胎夢)	103.	분만 (分娩)
104.	주차 (駐車)	105.	빈번 (頻繁)
106.	진노 (震怒)	107.	범국민 (汎國民)
108.	여론 (輿論)	109.	압도 (壓倒)
110.	시사 (示唆)	111.	잠식 (蠶食)
112.	울릉도 (鬱陵島)	113.	낙동강 (洛東江)
114.	백록담 (白鹿潭)	115.	비구니 (比丘尼)
116.	토굴 (土窟)	117.	한묵 (翰墨)

단어 문제 (이십사절기)

春	夏	秋	冬
입춘(立春)	입하(立夏)	입추(立秋)	입동(立冬)
우수(雨水)	소만(小滿)	처서(121)	소설(小雪)
경칩(驚蟄)	망종(120)	백로(122)	대설(大雪)
춘분(春分)	하지(夏至)	추분(秋分)	동지(冬至)
청명(118)	소서(小暑)	한로(123)	소한(小寒)
곡우(119)	대서(大暑)	상강(124)	대한(大寒)

118.	청명 (淸明)	119.	곡우 (穀雨)
120.	망종 (芒種)	121.	처서 (處暑)
122.	백로 (白露)	123.	한로 (寒露)
124.	상강 (霜降)		

장음 문제 …
▷첫소리가 낮고 뒤로 높여 읽는 上聲은 장음이며,
▷終聲[받침]이 'ㄱ,ㄹ,ㅂ'은 단음입니다.

125.~134. 89. 90. 94. 96. 101.
104. 106. 108. 110. 117.

霧/散, 厭/症, 製/菓, 上/弦, 艦/隊,
駐/車, 震/怒, 輿/論, 示/唆, 翰/墨.

뜻풀이 문제 … 직역과 의역을 조화롭게!

135. 匕首 (비수) : 날이 날카롭고 짧은 칼.
　　　大捷 (대첩) : 크게 이김.
136. 款識 (관지) : 글자를 새기는 일.
　　　奈落 (나락) : 극한 상황. ㈎地獄
137. 贅言 (췌언) : 쓸데없는 말.
　　　矜恤 (긍휼) : 불쌍히 여김.
138. 聘丈 (빙장) : 장인.
　　　管見 (관견) : 좁은 소견.
139. 雀躍 (작약) : 뛰면서 기뻐함.
　　　堪輿 (감여) : 하늘과 땅.

고사성어 문제 … 뜻을 참고하여 공부합시다.

140. 纖纖玉手　섬섬옥수
가냘프고 고운 여자의 손.

141. 切齒腐心　절치부심
몹시 분하여 이를 갈고 속을 썩임.

142. 臨渴掘井　임갈굴정
목이 말라야 우물을 판다(일이 급해서야 허둥지둥 서두름)

143. 朝不慮夕　조불려석
아침에 저녁 일을 헤아리지 못함(앞일을 헤아릴 겨를이 없음)

144. 絶長補短　절장보단
긴 것을 잘라 짧은 것에 보탬(부족한 점을 장점으로 보충함)

188. ①姑息 : 일시적인 임시 변통. ㈎彌縫策
〈例〉 ②高枕 : 베개를 높이 함. 근심없이 편안히 지냄
설명 ③脚光 : 사회적 관심이나 흥미. 注目
　・ ④嚆矢 : 일의 시초. ㈎權輿, 濫觴
　・ ⑤童斷 : 깎아 세운 듯한 높은 언덕(권리를 독차지)
　・ ⑥陶冶 : 질그릇을 굽고 풀무질함(심신을 닦음)
　　⑦秦火 : 진(秦)나라의 불태움(유학과 제자백가의 서적을 불태움)
　　⑧鳳兒 : 장차 큰 인물이 될 만한 소년. ㈎伏龍, 臥龍
　　⑨炎涼 : 세력의 유무에 따른 세상 인심
　　⑩私淑 : 존경하면서 본으로 삼고 배움

고사성어 문제 … 뜻을 참고하여 공부합시다.

145. 夙興夜寐　숙흥야매
아침 일찍 일어나고 밤늦게 잠(밤낮으로 열심히 일함)

146. 羞惡之心　수오지심
옳지 못함을 부끄러워하고 착하지 못함을 미워하는 마음(四端)

147. 掩耳盜鈴　엄이도령
귀를 막고 방울을 훔침(꾀를 써서 남을 속이려 함)

148. 憑公營私　빙공영사
공적인 일을 빙자하여 개인의 이익을 꾀함.

149. 徙家忘妻　사가망처
집을 이사갈 때 아내를 잊어버리고 감(중요한 것을 빠뜨림)

150. 水滴穿石　수적천석
물방울이 돌을 뚫음(작은 노력이라도 끈기 있게 계속하면 큰 일을 이룸)

151. 捨己從人　사기종인
자기를 버리고 남을 따름(자신의 잘못을 버리고 남의 좋은 점을 배움)

152. 十伐之木　십벌지목
열번 찍어 안 넘어가는 나무 없다.

153. 言飛千里　언비천리
발 없는 말이 천리 간다.

154. 臂不外曲　비불외곡
팔은 안으로 굽는다.

부수 문제 … 부수는 한자의 大意를 나타냅니다.

155. 陪 (阜)　　156. 鄙 (邑)
　　　惰 (心)　　　　 狼 (犬)
157. 巡 (川)　　158. 刮 (刀)
　　　膺 (肉)　　　　 襪 (衣)
159. 攘 (手)
　　　煮 (火)

동음이의어 문제
▷같은 소리에 다른 뜻을 지닌 한자어.
▷동음이의어 뜻을 비교해 봅시다.

160. 부상 : 물위로 떠오름. ……[浮上]
161. 〃 : 부친을 잃음. ……[父喪]
162. 〃 : 몸에 상처를 입음. ……[負傷]
163. 〃 : 덧붙여서 주는 상. ……[副賞]
164. 〃 : 등짐장수. ……[負商]
165. 사정 : 공직에 있는 사람의 규율·질서를 바로잡는 일. ……[司正]
166. 〃 : 사격에서 탄환이 나가는 최대 거리. ……[射程]
167. 〃 : 조사하여 정함. ……[査定]
168. 〃 : 일의 형편이나 까닭. ……[事情]
169. 〃 : 사사로운 정. ……[私情]

일자다음자 문제 … 음이 여럿 있는 한자.

170. 降等(내릴 강)   投降(항복 항)
171. 盛衰(쇠할 쇠)   衰服(상복 최)
172. 拾萬(열 십)   拾得(주울 습)

순우리말 문제(고유어) … 뜻풀이를 간략하게! 한자어 사용 불가!

173. 木理(목리) : 나이테.
174. 短竹(단죽) : 곰방대.
175. 塵埃(진애) : 티끌.
176. 早稻(조도) : 올벼.
177. 解冤(해원) : 원풀이.

반대어·반대자 문제 … 뜻을 생각 해 봅시다.

178. 靈魂 - (肉體)
(영혼) 육체가 아닌 정신적 실체
(육체) 사람의 몸

179. 罪 - (刑)
허물죄/형벌형

180. 誤報 - (眞相)
(오보) 그릇되게 보도함
(진상) 사물의 참된 내용이나 모습

181. 爺 - (孃)
아비야/아가씨양[母]

182. 斷絶 - (連結)
(단절) 끊어냄
(연결) 서로 이어서 맺음

183. 肌 - (骨)
살기/뼈골

184. 酸化 - (還元)
(산화) 어떤 물질이 산소와 화합함
(환원) 본디의 상태로 되돌아감

185. 盈 - (虛)
찰영/빌허

186. 雌伏 - (雄飛)
(자복) 암새가 수새에게 복종함
(웅비) 힘차고 씩씩하게 뻗어감

187. 乘 - (除)
[降] 탈승[곱셈]/덜제[나눗셈]

유의어·유의자 문제 … 뜻을 생각 해 봅시다.

188. 呱呱之聲=④嚆矢
태어나면서 처음으로 우는 소리

189. 鼓腹擊壤=②高枕
정치가 잘 되어 백성들이 평안을 누리는 태평성대 함

190. 心身修養=⑥陶冶
몸과 마음을 닦고 기름.

191. 甘呑苦吐=⑨炎凉
달면 삼키고 쓰면 뱉음
(인정의 간사함)

192. 焚書坑儒=⑦秦火
책을 불사르고 선비를 산채로 매장함
(진시황때 가혹한 법과 혹독한 정치)

193. 曳 - (引)
끌예/끌인

194. (趣) - 旨
뜻취/뜻지

195. 仔 - (詳)
[細] 자세할자/자세할상

196. (漏) - 泄
샐루/샐설

197. 揀 - (擇)
가릴간/가릴택

약자 문제 … 정자와 약자를 다 익히도록 합시다.

198. 黨 (党)
    竊 (窃)
199. 廢 (廃)
    寶 (宝)
200. 戱 (戯)
    聰 (聡)

오답공부는 필수입니다.

第9回 한자능력검정시험(해답) 1급

(시험시간 : 90분)

독음 문제 … "※"일자다음·두음법칙·활음조현상 주의합시다.

1.	洑流	※스며흐를복/흐를류	2.	噫氣	※트림할애/기운기
3.	迦葉	부처이름가/※성섭	4.	跛立	※비스듬히설피/설립
5.	滑汨	※우스울골/골몰할골	6.	坦率	평탄할탄/※거느릴솔
7.	湮沒	묻힐인/빠질몰	8.	哨堡	망볼초/작은성보
9.	煮沸	삶을자/끓을비	10.	撮影	모을촬/그림자영
11.	嗤侮	비웃을치/업신여길모	12.	芻靈	꼴추/신령령
13.	熾熱	성할치/더울열	14.	爪痕	손톱조/흔적흔
15.	搭載	탈탑/실을재	16.	慫棘	권할종/가시극
17.	筒箭	대롱통/화살전	18.	蠢動	꾸물거릴준/움직일동
19.	悖戾	거스를패/어그러질려	20.	浚渫	깊게할준/파낼설
21.	瓦礫	기와와/조약돌력	22.	氈帽	담전/모자모
23.	唄讚	염불소리패/기릴찬	24.	悛容	고칠전/얼굴용
25.	脫肛	벗을탈/항문항	26.	截取	끊을절/가질취
27.	慟絶	서러울통/끊을절	28.	霑潤	젖을점/불을윤
29.	諧謔	화할해/희롱할학	30.	殲滅	죽일섬/멸할멸
31.	翡翠	물총새비[雄]/물총새취[雌]	32.	淸澄	맑을청/맑을징
33.	巫覡	무당무[女]/박수격[男]	34.	穿鑿	뚫을천/뚫을착
35.	狩獵	사냥수/사냥렵	36.	瀆溝	도랑독/도랑구
37.	堆積	쌓을퇴/쌓을적	38.	叱喝	꾸짖을질/꾸짖을갈
39.	豹斑	표범표/아롱질반	40.	眞摯	참진/잡을지
41.	匙箸	숟가락시/젓가락저	42.	跌宕	거꾸러질질/호탕할탕
43.	造詣	지을조/이를예	44.	鴛鴦	원앙새원[雄]/원앙앙[雌]
45.	戮屍	※죽일륙/주검시	46.	闊狹	넓을활/좁을협
47.	蝸廬	달팽이와/농막집려	48.	晝宵	낮주/밤소
49.	鐵槌	쇠철/방망이퇴	50.	叉竿	갈래차/낚싯대간

정답
1~10 복류/애기/가섭/피립/골골/탄솔/인몰/초보/자비/촬영
11~20 치모/추령/치열/조흔/탑재/종극/통전/준동/패려/준설
21~30 와력/전모/패찬/전용/탈항/절취/통절/점윤/해학/섬멸
31~40 비취/청징/무격/천착/수렵/독구/퇴적/질갈/표반/진지
41~50 시저/질탕/조예/원앙/육시/활협/와려/주소/철퇴/차간

51. 유사관계: (32 , 34 , 35 , 36 , 37 , 38)
52. 대립관계: (31 , 33 , 41 , 44 , 46 , 48)

전의어 문제 … A: 字義[원뜻], B: 轉義[고사에 얽힌 이야기]

53. 鷄肋 A: (닭갈비)
    B: (소용은 없으나 버리기는 아까움)
54. 毫釐 A: (저울 눈금의 毫와 釐)
    B: (아주 적은 분량) 秋毫, 毫末
55. 濫觴 A: (넘치는 잔. 잔을 띄움)
    B: (사물의 처음과 출발점)
56. 伸眉 A: (눈썹을 폄)
    B: (근심 걱정이 없어짐)
57. 刺股 A: (다리를 찌름) 懸梁
    B: (졸음을 극복하고 열심히 공부함)

훈음 문제 … 맞춤법에 주의합시다.

58.	曳	끌 예 [曰]		59.	鼎	솥 정 [鼎]
60.	彙	무리 휘 [彑]		61.	禹	성 우 [内]
62.	麾	기 휘 [麻]		63.	巢	새집 소 [巛]
64.	彗	살별 혜 [ヨ]		65.	扈	따를 호 [戶]
66.	暈	무리 훈 [日]		67.	呆	어리석을매 [口]
68.	焚	불사를 분 [火]		69.	鎬	호경 호 [金]
70.	噴	뿜을 분 [口]		71.	桓	굳셀 환 [木]
72.	盆	동이 분 [皿]		73.	煥	빛날 환 [火]
74.	蹈	밟을 도 [足]		75.	欽	공경할 흠 [欠]
76.	凝	엉길 응 [冫]		77.	塘	못 당 [土]
78.	屠	죽일 도 [尸]		79.	悳	큰 덕 [心]
80.	潟	개펄 석 [水]		81.	彰	드러날 창 [彡]
82.	扇	부채 선 [戶]		83.	准	비준 준 [冫]
84.	霭	아지랑이애 [雨]		85.	敍	펼 서 [攵]
86.	隘	좁을 애 [阜]		87.	泣	울 읍 [水]

단어 문제 … 문맥을 살펴보면서 공부합시다.

천운(88)은 순환(89)하는 것이라 갔다가 되돌아 오지 않는 것이 없어 송나라의 덕업(90)이 융성(91)하여 정치(92)와 교화(93)가 아름답고 밝게 되자 이에 하남땅에 정씨 두 父子가 나오시어 맹자(94)의 傳함을 체험(95)하고서 비로소 이 대학편을 높이고 믿어 선양(96)하기 시작(97)했으며, 또 이미 그 편차(98)를 整頓(99)하여 귀착(100) 되는 바 의취(101)를 밝혀 내었으니, 이런 뒤에야 옛날 大學에서 사람 가르치던 法과 聖人이 지은 經文과 賢人이 지은 傳文의 뜻이 燦然(102)히 다시 세상에 밝혀지게 되었다.

비록 이 주회가 불민(103)하지마는 多幸히 그 분께 사숙(104)하여 이에 관하여 들은 바 있게 된 것이다.

회상(105)컨대 그 책 되어짐이 그래도 퍽이나 산만(106)하기에 스스로의 固陋(107)함도 잊고서 구절(108)들을 찾아내어 모으고, 중간(109)에 또 사사로이 나의 의견을 붙이어 빠지고 간략(110)한 점을 보충(111)하여 뒤에 오는 군자들의 비판(112)을 경청(113)한 것이다. 猥濫(114)되고 분수(115)에 넘치는 짓이라 죄를 모면(116)할 길이 없음은 잘 알고 있으나 그러나 국가(117)가 백성들을 교화시키고 좋은 풍속(118)을 성취(119)하려는 의도(120)와 학자(121)들의 수신(122)하고 제민(123)하는 방도(124)에 있어서는 적으나마 도움이 되지 않는다 할 수는 없을 것이다. <大學章句序에서>

88.	천운 (天運)	89.	순환 (循環)
90.	덕업 (德業)	91.	융성 (隆盛)
92.	정치 (政治)	93.	교화 (敎化)
94.	맹자 (孟子)	95.	체험 (體驗)
96.	선양 (宣揚)	97.	시작 (始作)
98.	편차 (編次)	99.	整頓 (정돈)
100.	귀착 (歸着)	101.	의취 (意趣)
102.	燦然 (찬연)	103.	불민 (不敏)
104.	사숙 (私淑)	105.	회상 (回想)
106.	산만 (散漫)	107.	固陋 (고루)
108.	구절 (句節)	109.	중간 (中間)
110.	간략 (簡略)	111.	보충 (補充)
112.	비판 (批判)	113.	경청 (傾聽)
114.	猥濫 (외람)	115.	분수 (分數)
116.	모면 (謀免)	117.	국가 (國家)
118.	풍속 (風俗)	119.	성취 (成就)
120.	의도 (意圖)	121.	학자 (學者)
122.	수신 (修身)	123.	제민 (濟民)
124.	방도 (方道)		

장음 문제 …
▷첫소리가 낮고 뒤로 높여 읽는 上聲은 장음이며,
▷終聲[받침]이 'ㄱ,ㄹ,ㅂ'은 단음입니다.

125.~134.　93. 97. 99. 101. 102. 105. 110. 111. 112. 114. 115. 117. 120. 123.

敎/化, 始/作, 整/頓, 意/趣, 燦/然, 回/想, 簡/略, 補/充, 批/判, 猥/濫, 分/數, 國/家, 意/圖, 濟/民.

조어력 문제 (경제용어)

135. (재정을 든든히 하기 위하여) 지출을 크게 줄임.
     ……………………………… [緊縮 긴축]

136. 입찰한 목적물이 자기 손에 들어옴.
     ……………………………… [落札 낙찰]

137. 주식을 증권거래소에 등록하는 일.
     ……………………………… [上場 상장]

138. 재산권을 남에게 넘기어 관리나 처분을 맡기는 일.
     ……………………………… [信託 신탁]

139. 일이 순조롭게 나아가지 않는 모양.
     ……………………………… [逆調 역조]

고사성어 문제 … 뜻을 참고하여 공부합시다.

140. (①) ※줏대없이 남을 따름.
  ① 笑裏藏刀 : 웃음속에 칼을 감추고 있음(表裏不同, 面從腹背)
  ② 附和雷同 : 주견이 없이 남의 의견이나 행동에 덩달아 따름.
  ③ 旅進旅退 : 나그네같이 왔다 갔다 함(줏대가 없음)
  ④ 隨衆逐隊 : 무리를 따르고 대열을 좇음.

141. (④) ※매우 하찮고 작음.
  ① 滄海一滴 : 큰바다에 하나의 물방울.
  ② 九牛一毛 : 아홉 마리 소에 한가닥의 털(아주 적은량)
  ③ 大海一粟 : 큰바다에 한알의 좁쌀.
  ④ 五車之書 : 다섯 수레의 책.

142. (①) ※아주 쉬운 것도 모름.
  ① 一石二鳥 : 하나의 돌로 두 마리 새를 잡는다는 말.
  ② 目不識丁 : 눈 뜨고도 丁을 알지 못함.
  ③ 一文不知 : 한 문장도 알지 못함.
  ④ 魚魯不辨 : 魚자와 魯자도 구분 못할 정도로 매우 무식함.

143. (④) ※부부 사이가 화목함.
  ① 百年偕老 : 부부가 같이 늙음.
  ② 如鼓琴瑟 : 거문고와 비파를 타는 것과 같음.
  ③ 二姓之樂 : 남성과 여성의 즐거움.
  ④ 沈魚落雁 : 미인의 용모를 보고 물고기가 숨고 기러기가 떨어짐.

144. (②) ※이러기도 저러기도 어려움.
  ① 進退維谷 : 나아갈 수도 뒤로 물러날 수도 없이 궁지에 빠짐.
  ② 上石下臺 : 윗돌로 아랫돌을 굄(임시방편, 凍足放尿)
  ③ 首鼠兩端 : 구멍에서 머리만 내밀고 좌우를 살피는 쥐.
  ④ 左顧右眄 : 이쪽저쪽을 돌아봄(앞뒤를 재고 망설임)

고사성어 문제 … 뜻을 참고하여 공부합시다.

145. 一衣帶水 ㈌ 指呼之間
  일의대수: 한 가닥 옷의 띠와 같은 좁은 냇물이나 바닷물을 사이에 둔 관계.
  지호지간: 손짓으로 부를 정도의 가까운 사이.

146. 雲泥之差 ㈌ 天壤之差
  운니지차: 구름과 진흙의 차이(서로간의 차이가 매우 심함)
  천양지차: 하늘과 땅같이 엄청난 차이.

147. 以實直告 ㈌ 實陳無諱
  이실직고: 사실로써 바르게 알림.
  실진무휘: 사실대로 진술하고 숨기는 것이 없음.

148. 塞翁之馬 ㈌ 轉禍爲福
  새옹지마: 변방 늙은이의 말(인생의 吉凶禍福은 예측할 수가 없음)
  전화위복: 재앙을 바꾸어 오히려 복이 생김.

149. 隔世之感 ㈌ 今昔之感
  격세지감: 세상이 많이 바뀌어서 딴 세대가 된 것 같은 느낌.
  금석지감: 지금과 옛날을 비교할 때 차이의 느낌.

150. 膏粱珍味 ㈌ 龍味鳳湯
  고량진미: 기름진 고기와 좋은 곡식으로 만든 맛있는 음식.
  용미봉탕: 맛이 썩 좋은 음식을 비유함.

151. 太平聖代 ㈌ 道不拾遺
  태평성대: 어진 임금이 다스리는 태평한 세상.
  도불습유: 길에 떨어진 것도 줍지 않음(생활이 풍족하고 믿음있는 세상)

152. 袖手傍觀 ㈌ 吾不關焉
  수수방관: 팔짱을 끼고 그냥 보고 있음(간섭하지 않고 그대로 내버려둠)
  오불관언: 나는 관계하지 않음.

153. 因果應報 ㈌ 種豆得豆
  인과응보: 원인과 결과에 따라 훗날 길흉화복의 갚음을 이르는 말.
  종두득두: 콩 심으면 콩을 얻음(뿌린 대로 거둠)

154. 靑山流水 ㈌ 懸河之辯
  청산유수: 말을 거침없이 잘함.
  현하지변: 물이 세차게 흐르듯 거침없이 쏟아 놓는 말(懸河口辯)

부수 문제 … 부수는 한자의 大意를 나타냅니다.

155. 曳 (曰)
     鼎 (鼎)

156. 彙 (彑)
     禹 (冂)

157. 麾 (麻)
     巢 (巛)

158. 彗 (ヨ)
     扈 (戶)

159. 暈 (日)
     呆 (口)

동음이의어 문제
▷같은 소리에 다른 뜻을 지닌 한자어.
▷동음이의어 뜻을 비교해 봅시다.

160. 起源 : 역사상의 햇수를 세는 기준이 되는 해.
    ┈┈┈┈┈┈┈┈┈┈┈ [紀元 기원]

161. 飼養 : 시세의 변천으로 사라지거나 몰락해 가는 일.
    ┈┈┈┈┈┈┈┈┈┈┈ [斜陽 사양]

162. 潔淨 : 결단을 내려 확정함.
    ┈┈┈┈┈┈┈┈┈┈┈ [決定 결정]

163. 磬聲 : 일제 때 서울의 이름.
    ┈┈┈┈┈┈┈┈┈┈┈ [京城 경성]

164. 做事 : 약물을 혈관으로 들여보내는 일.
    ┈┈┈┈┈┈┈┈┈┈┈ [注射 주사]

165. 口傳 : 예전의 법전, 옛 제도.
    ┈┈┈┈┈┈┈┈┈┈┈ [舊典 구전]

166. 床飯 : 상민과 양반.
    ┈┈┈┈┈┈┈┈┈┈┈ [常班 상반]

167. 珍說 : 잔치나 제사때 상위에 음식을 벌여 차림.
    ┈┈┈┈┈┈┈┈┈┈┈ [陳設 진설]

168. 水蝕 : 나무를 심음.
    ┈┈┈┈┈┈┈┈┈┈┈ [樹植 수식]

169. 臺詞 : 생명을 유지하기 위하여 섭취하고 배설하는 일.
    ┈┈┈┈┈┈┈┈┈┈┈ [代謝 대사]

일자다의자 문제 … 뜻이 여럿 있는 한자.

170. 辭 : (말씀: 辭說) (사양하다: 辭讓)
171. 過 : (지나다: 過去) (잘못: 過失/過誤)
172. 服 : (옷: 衣服) (따르다: 服從)

순우리말 문제(고유어) … 뜻풀이를 간략하게! 한자어 사용 불가!

173. 關鍵 (관건) : 문빗장.
174. 大抵 (대저) : 대체로.
175. 膝下 (슬하) : 곁.
176. 傀儡 (괴뢰) : 꼭두각시.
177. 都是 (도시) : 도무지.

반대어·반대자 문제 … 뜻을 생각 해 봅시다.

178. 羞恥 - (榮光)
(수치) 부끄러움
(영광) 빛나는 영예

179. 剛 - (柔)
굳셀강/부드러울유

180. 反抗 - (服從)
(반항) 맞서거나 대듦
(복종) 명령. 요구에 그대로 따름

181. 硬 - (軟)
굳을경/연할연

182. 興奮 - (鎭靜)
(흥분) 감정이 북받침
(진정) 가라앉힘

183. 叔 - (姪)
아재비숙/조카질

184. 鹹水 - (淡水)
(함수) 짠물
(담수) 밀물. 단물

185. 邪 - (正)
간사할사[邪惡]/바를정[正義]

186. 灌木 - (喬木)
(관목) 키가작고 밑둥치에 가지가 많은 나무
(교목) 키가크고 위에 가지가 많은 나무

187. 朔 - (望)
초하루삭/바랄망,보름망

유의어·유의자 문제 … 뜻을 생각 해 봅시다.

188. 架空 - (虛構)
(가공) 근거 없는 일
(허구) 사실이 아닌 것을 꾸밈

189. 拿 - (捕)
잡을나/잡을포

190. 器量 - (才能)
(기량) 사람의 재능과 도량
(재량) 재주와 능력

191. 刪 - (削)
깎을산/깎을삭

192. 麥舟 - (扶助)
(맥주) 보리 실은 배를 통채로 줌
(부조) 남을 도와줌

193. 裔 - (孫)
후손예/손자손

194. 干城 - (棟梁)
(간성) 나라를 지키는 군인
(동량) 기둥이 될 만한 인물

195. 弛 - (緩)
늦출이/느릴완

196. 冠省 - (除煩)
(관생) 편지 글머리를 생략함
(제번) 인사말을 덜고 바로 글을 씀

197. 剩 - (餘)
남을잉/남을여

약자 문제 … 정자와 약자를 다 익히도록 합시다.

198. 燈 (灯)
    證 (証)

199. 壹 (壱)
    貳 (弐)

200. 參 (参)
    萬 (万)

오답공부는 필수입니다.

第10回 한자능력검정시험(해답) 1급

(시험시간 : 90분)

독음 문제 … "※"일자다음·두음법칙·활음조현상 주의합시다.

1. 刪省 깎을산/※덜생
2. 藉田 ※친경할적/밭전
3. 綸巾 ※관건관/수건건
4. 蹠階 ※건너뛸착/섬돌계
5. 佚蕩 ※방탕할질/방탕할탕
6. 眞諦 참진/※살필제
7. 庇護 덮을비/도울호
8. 蕪穢 거칠무/더러울예
9. 掩蔽 가릴엄/덮을폐
10. 躍蹄 뛸약/굽제
11. 閭巷 ※마을려/거리항
12. 渾沌 흐릴혼/엉길돈
13. 蓑笠 도롱이사/삿갓립
14. 恍惚 황홀할황/황홀할홀
15. 括弧 묶을괄/활호
16. 滲透 스밀삼/사무칠투
17. 蠟燭 ※밀랍/촛불촉
18. 陪審 모실배/살필심
19. 恢宏 넓을회/클굉
20. 剖棺 쪼갤부/널관
21. 繪塑 그림회/토우소
22. 糊塗 풀칠할호/진흙도
23. 瘙瘍 피부병소/헐양
24. 請牒 청할청/편지첩
25. 蒐索 모을수/찾을색
26. 咐囑 분부할부/부탁할촉
27. 醇厚 전국술순/두터울후
28. 逞欲 ※쾌할령/하고자할욕
29. 官衙 벼슬관/마을아
30. 啓呱 열계/울고
31. 間歇 사이간/쉴헐
32. 詰難 꾸짖을힐/어려울난
33. 管轄 대롱관/다스릴할
34. 遝至 뒤섞일답/이를지
35. 均霑 고를균/젖을점
36. 操舵 잡을조/키타
37. 凌蔑 ※업신여길릉/업신여길멸
38. 傷痍 다칠상/상처이
39. 卦辭 점괘괘/말씀사
40. 毫釐 터럭호/다스릴리
41. 矩形 모날구/모양형
42. 溪壑 시내계/구렁학
43. 捏詞 꾸밀날/말사
44. 破綻 깨뜨릴파/터질탄
45. 殮襲 ※염할렴/엄습할습
46. 幣帛 화폐폐/비단백
47. 敏捷 민첩할민/빠를첩
48. 挫折 꺾을좌/꺾을절
49. 看做 볼간/지을주
50. 後裔 뒤후/후손예

정답
1~10 산생/적전/관건/착계/질탕/진제/비호/무예/엄폐/약제
11~20 여항/혼돈/사립/황홀/괄호/삼투/납촉/배심/회굉/부관
21~30 회소/호도/소양/청첩/수색/부촉/순후/영욕/관아/계고
31~40 간헐/힐난/관할/답지/균점/조타/능멸/상이/괘사/호리
41~50 구형/계학/날사/파탄/염습/폐백/민첩/좌절/간주/후예

51. 유의어: 望蜀-溪壑⁴² 指彈-詰難³² 殺到-遝至³⁴
   迅速-敏捷⁴⁷ 置簿-看做⁴⁹
52. 반대어: 獨占-均霑³⁵ 推仰-凌蔑³⁷ 持續-間歇³¹
   先祖-後裔⁵⁰ 貫徹-挫折⁴⁸

전의어 문제 … A: 字義[원뜻], B: 轉義[고사에 얽힌 이야기]

53. 破鏡 A:(깨진 거울) B:(이혼)
54. 畫餠 A:(그림의 떡) B:(아무 소용없는 것)
55. 嚆矢 A:(소리나는 화살) *敵陣에 쏘아 전쟁의 시작을 알림 B:(모든 사물의 始初)
56. 蹉跌 A:(발을 헛디디어 넘어짐) B:(하던 일이나 계획이 틀어짐)
57. 踵武 A:(발자국을 따라 밟음) B:(뒤를 이음. 先人의 사업을 이음)

훈음 문제 … 맞춤법에 주의합시다.

58. 肋 갈빗대 륵 [肉]
59. 匈 오랑캐 흉 [勹]
60. 羹 국 갱 [羊]
61. 雇 품팔 고 [隹]
62. 麓 산기슭 록 [鹿]
63. 卿 벼슬 경 [卩]
64. 徙 옮길 사 [彳]
65. 傘 우산 산 [人]
66. 卍 만자 만 [十]
67. 哉 어조사 재 [口]
68. 杳 어두울 묘 [木]
69. 弑 죽일 시 [弋]
70. 兜 투구 두 [儿]
71. 悚 두려울 송 [心]
72. 胱 오줌통 광 [肉]
73. 灑 뿌릴 쇄 [水]
74. 稼 벼심을 가 [禾]
75. 郁 성할 욱 [邑]
76. 袈 가사 가 [衣]
77. 芸 향풀 운 [艹]
78. 勘 헤아릴 감 [力]
79. 蔚 고을이름울 [艹]
80. 蛋 새알 단 [虫]
81. 媛 계집 원 [女]
82. 懦 나약할 나 [心]
83. 泌 스며흐를필 [水]
84. 疸 황달 달 [疒]
85. 聊 애오라지료 [耳]
86. 痰 가래 담 [疒]
87. 寥 쓸쓸할 료 [宀]

단어 문제 … 문맥을 살펴보면서 공부합시다.

▷도굴(88)에 의하여 해외로 반출(89)된 문화재에 대하여 귀추(90)가 주목된다.
▷산성(91)체질로 복막(92)의 이상과 항암(93)치료로 현재 요양(94)중이다.
▷마라톤을 제패(95)한다면 성원해 주신 국민들에게 월계관을 헌정(96)하겠다.
▷국가간 체맹(97) 요지(98)를 공포하다.
▷첩보원(99)들이 초미(100)의 순간에 피랍(101)되어 잔학(102)한 대우를 받고 있다.
▷화교(103)의 부탁(104)을 받고 자문(105)한 내용을 게시판(106)에 알리다.
▷박봉(107)에도 청빈한 생활을 하는 관료에게 표창(108)을 하다.
▷혹독(109)한 더위에 차양(110)시설을 갖추다.
▷섬유(111) 조직이 무른 것은 세심한 봉제(112)가 필요하다.
▷여름방학 교육방송에서 여러 과목 종합(113)적으로 특집(114) 방영이 있다.
▷도로 포장(115)위 차량(116)에 구애(117)받지 않고 실력행사를 하는 사람들을 저지(118)하고 장악(119)함으로써 시위가 철폐(120) 되었다.
▷낮잠을 자는 찰나(121)에 꾼 요사(122)스러운 꿈에 환멸(123) 느낀다.
▷제왕이 대관(124)식을 치름으로써 만천하에 왕위에 오름을 공표하는 것이다.

88.	도굴(盜掘)	89.	반출(搬出)
90.	귀추(歸趨)	91.	산성(酸性)
92.	복막(腹膜)	93.	항암(抗癌)
94.	요양(療養)	95.	제패(制霸)
96.	헌정(獻呈)	97.	체맹(締盟)
98.	요지(要旨)	99.	첩보원(諜報員)
100.	초미(焦眉)	101.	피랍(被拉)
102.	잔학(殘虐)	103.	화교(華僑)
104.	부탁(付託)	105.	자문(諮問)
106.	게시판(揭示板)	107.	박봉(薄俸)
108.	표창(表彰)	109.	혹독(酷毒)
110.	차양(遮陽)	111.	섬유(纖維)
112.	봉제(縫製)	113.	종합(綜合)
114.	특집(特輯)	115.	포장(鋪裝)
116.	차량(車輛)	117.	구애(拘礙)
118.	저지(沮止)	119.	장악(掌握)
120.	철폐(撤廢)	121.	찰나(刹那)
122.	요사(妖邪)	123.	환멸(幻滅)
124.	대관(戴冠)		

장음 문제 …
▷첫소리가 낮고 뒤로 높여 읽는 上聲은 장음이며,
▷終聲[받침]이 'ㄱ,ㄹ,ㅂ'은 단음입니다.

125.~134. 90. 93. 95. 96. 101. 104.
　　　　　105. 106. 118. 119. 123. 124.

歸/趨, 抗/癌, 制/霸, 獻/呈, 被/拉, 付/託,
諮/問, 揭/示, 沮/止, 掌/握, 幻/滅, 戴/冠.

뜻풀이 문제 ··· 직역과 의역을 조화롭게!

135. 甥姪 (생질) : 누이의 아들.
     姨姪 (이질) : 자매간의 아들.
136. 三北 (삼배) : 세 번 도망감.
     斬衰 (참최) : 가장 무거운 상복.
137. 帖紙 (체지) : 돈을 받은 표.
     否運 (비운) : 막힌 운수.
138. 褒貶 (포폄) : 칭찬과 꾸지람.
     家乘 (가승) : 한집안의 계보.
139. 浮屠 (부도) : 사리를 묻은 탑(부처, 중)
     携帶 (휴대) : 몸에 지님.

고사성어 문제 ··· 뜻을 참고하여 공부합시다.

140. 杜門不出 두문불출
문을 잠그고 밖에 나가지 않음.

141. 四顧無親 사고무친
의지할 친척이 없어 몹시 외로움.

142. 傲霜孤節 오상고절
차가운 서릿발속에서도 굴하지 않고 외로이 지키는 절개(菊花)

143. 窮鳥入懷 궁조입회
쫓긴 새가 품안에 날아 듦(궁지에 몰린 사람이 와서 의지함)

144. 借廳借閨 차청차규
대청을 빌리고 점점 안방까지 빌려 달라함.
(처음에는 남에게 의지하다가 점차 그의 권리까지 침범함)

고사성어 문제 ··· 뜻을 참고하여 공부합시다.

145. 隔靴搔癢 격화소양
신을 신고 발바닥을 긁음(핵심을 찌르지 못하고 겉돎)

146. 群盲撫象 군맹무상
여러 소경이 코끼리를 어루만짐(모든사물을 주관대로 그릇 판단. 좁은식견)

147. 洗踏足白 세답족백
상전의 빨래에 종의 발꿈치가 희어짐(남을 위해 한 일이 자신에게도 이로움)

148. 驥服鹽車 기복염차
천리마가 소금수레를 끎(유능한 인재가 하찮은 일을 함)

149. 訥言敏行 눌언민행
군자는 어눌한 말솜씨라도 민첩한 행동이어야 함.

150. 狡兔三窟 교토삼굴
교활한 토끼는 굴을 셋이나 갖고 있어 위기를 잘 모면함.

151. 捲土重來 권토중래
한번 실패한 사람이 세력을 회복해서 다시 공격 해 옴.

152. 去頭截尾 거두절미
머리와 꼬리를 자름(앞뒤의 잔사설은 빼고 요점만 말함)

153. 垂簾聽政 수렴청정
대발을 드리우고 정사를 들음(왕대비가 어린임금을 대신하여 정사를 돌봄)

154. 苛斂誅求 가렴주구
세금을 가혹하게 징수하고 백성의 재물을 강제로 빼앗음.

188.〈例〉설명
① 助長 : 벼가 자라도록 위로 뽑아 줌(쓸데없는 일)
② 瓜滿 : 외가 가득함(벼슬에서 물러날 때)
③ 矛盾 : 두가지 이치가 서로 어긋나 맞지 않음
④ 槐夢 : 헛된 한때의 부귀영화
⑤ 斷腸 : 견딜 수 없는 슬픔
⑥ 棟梁 : 마룻대와 들보(인재)
⑦ 木鐸 : 사람들을 각성시키고 가르쳐 인도하는 사람
⑧ 杞憂 : 하늘이 무너지는 걱정(쓸데없는 걱정)
⑨ 籠絡 : 대로 엮은 새장속의 발을 묶은 새(상대를 제마음대로 놀림)
⑩ 秋毫 : 가을에 새로 돋아나는 털(매우적음)

부수 문제 ··· 부수는 한자의 大意를 나타냅니다.

155. 肋 (肉)　匈 (勹)
156. 羹 (羊)　雁 (隹)
157. 麓 (鹿)　卿 (卩)
158. 徙 (彳)　傘 (人)
159. 卍 (十)　哉 (口)

자꾸 공부 하고픈 책 모의고사문제집 — 제10회

동음이의어 문제
▷같은 소리에 다른 뜻을 지닌 한자어.
▷동음이의어 뜻을 비교해 봅시다.

160. 임금의 후계자로 왕세자가 <u>수선</u>한다.
 ……… [受禪] 임금의 자리를 물려받는 일.

161. 가방을 <u>수선</u>했더니 새것 같다.
 ……… [修繕] 낡거나 허름한 것을 손보아 고침.

162. 한국화는 <u>농담</u>조절을 잘해야 한다.
 ……… [濃淡] 짙고 열은 정도.

163. 대화의 유연성을 위해 <u>농담</u>도 필요하다.
 ……… [弄談] 장난으로 하는 소리.

164. 나는 가장으로서 <u>호주</u>가 된다.
 ……… [戶主] 한 집안의 주장이 되는 사람.

165. <u>호주</u>는 '오스트레일리아주'의 한자음 표기다.
 ……… [濠洲] 오스트레일리아.

166. 나는 난민을 <u>구제</u>하는 사람이 되고 싶다.
 ……… [救濟] 어려운 처지에 있는 사람을 도와 줌.

167. 소나무해충을 <u>구제</u>하다.
 ……… [驅除] 해충 따위를 몰아내어 없앰.

168. 우리 스승님은 민속 악기 <u>해금</u>을 잘 켜신다.
 ……… [奚琴] 민속악기의 한가지.

169. 옛날 금지되었던 가요들이 <u>해금</u>되었다.
 ……… [解禁] 금지하였던 것을 풂.

일자다의자 문제
… 뜻이 여럿 있는 한자.

170. 部:(떼: 部隊)(부분: 部分)
171. 省:(살피다: 省察)(덜다: 減省/省略)
172. 易:(바꾸다: 交易)(쉽다: 容易)

순우리말 문제(고유어)
… 뜻풀이를 간략하게! 한자어 사용 불가!

173. 敎唆 (교사): 시킴.
174. 拐杖 (괴장): 지팡이.
175. 佩物 (패물): 노리개.
176. 幻影 (환영): 헛깨비.
177. 稟申 (품신): 아룀.

반대어·반대자 문제
… 뜻을 생각 해 봅시다.

178. 加熱 - (冷却)
 (가열) 열을 가함
 (냉각) 차게 함

179. (干) - 滿
 방패간[간조]/찰만[만조]

180. 開放 - (閉鎖)
 (개방) 문을 열어 놓음
 (폐쇄) 문을 닫음

181. (考) - 妣
 생각할고[죽은아비]/죽은어미비

182. 槪算 - (精算)
 (개산) 어림으로 계산함
 (정산) 자세하게 계산함

183. (抑) - 揚
 누를억/날릴양

184. 蓋然 - (必然)
 (개연) 확실치 않으나 그럴 것 같음
 (필연) 반드시 그렇게 됨

185. (炎) - 涼
 불꽃염/서늘할량

186. 延長 - (短縮)
 (연장) 길이나 시간을 늘임
 (단축) 짧게 줄임

187. (銳) - 鈍
 [利] 날카로울예/둔할둔

유의어·유의자 문제
… 뜻을 생각 해 봅시다.

188. 吳牛喘月=⑧杞憂
 오나라 소가 달을 보고 숨이 참.
 (공연히 두려워하고 쓸데없는 걱정)

189. 鳥足之血=⑩秋毫
 새 발의 피.
 (아주 적은 분량을 말함)

190. 自家撞着=③矛盾
 자기의 문장이나 언행이 앞뒤가 모순됨.

191. 畫蛇添足=①助長
 뱀을 그리는 데 발까지 그림.
 (쓸데 없는 일을 해서 일을 그르침)

192. 蓋世之才=⑥棟梁
 세상을 뒤덮을만한 재주.

193. (耕) - 耘
 밭갈경/밭갈운

194. 倦 - (怠)
 게으를권/게으를태

195. (傀) - 儡
 허수아비괴/허수아비뢰

196. 墳 - (墓)
 무덤분/무덤묘

197. (登) - 攀
 오를등/더위잡을반

약자 문제
… 정자와 약자를 다 익히도록 합시다.

198. 獵 (猟)
 棄 (弃)
199. 爐 (炉)
 離 (难)
200. 壽 (寿)
 遞 (逓)

오답공부는 필수입니다.

第11回 한자능력검정시험(해답) 1급

(시험시간 : 90분)

독음 문제 … "※"일자다음·두음법칙·활음조현상 주의합시다.

1.	輻輳	※바퀴살폭/몰려들주	2.	貂寺 담비초/※내관시
3.	反畓	※뒤엎을번/논답	4.	推敲 ※밀퇴/두드릴고
5.	洞燭	※밝을통/촛불촉	6.	呑咽 삼킬탄/※삼킬연
7.	脛股	정강이경/넓적다리고	8.	隕歿 떨어질운/죽을몰
9.	警邏	깨우칠경/순라라	10.	冤痛 원통할원/아플통
11.	捻糊	누를날/풀칠할호	12.	庵廬 암자암/농막집려
13.	困憊	곤할곤/고달플비	14.	暗暈 어두울암/무리훈
15.	槨柩	외관곽/널구	16.	崖壁 언덕애/벽벽
17.	憑藉	비길빙/깔개자	18.	扼腕 잡을액/팔뚝완
19.	窺瞰	엿볼규/굽어볼감	20.	撫恤 어루만질무/불쌍할휼
21.	隙孔	틈극/구멍공	22.	藥圃 약약/채마밭포
23.	聾啞	※귀먹을롱/벙어리아	24.	攘奪 물리칠양/빼앗을탈
25.	鹹潟	짤함/개펄석	26.	晏眠 늦을안/잠잘면
27.	豪奢	호걸호/사치사	28.	疫痢 전염병역/이질리
29.	棠梨	아가위당/배리	30.	演繹 펼연/풀역
31.	撞着	칠당/붙을착	32.	迂闊 에돌우/넓을활
33.	賈島	㉠성가/섬도	34.	董卓 ㉠바를동/높을탁
35.	稻稼	벼도/벼심을가	36.	矮軀 난쟁이왜/몸구
37.	模擬	본뜰모/비길의	38.	閻長 ㉠마을염/긴장
39.	濂溪	㉠※물이름렴/시내계	40.	要塞 요긴할요/목책채
41.	桀紂	㉠하왕이름걸/주임금주	42.	窈渺 고요할요/아득할묘
43.	浴槽	목욕할욕/구유조	44.	妖魄 요사할요/넋백
45.	懊惱	한할오/번뇌할뇌	46.	桑港 뽕나무상/항구항
47.	屋椽	집옥/서까래연	48.	和蘭 화할화/난초란
49.	阮咸	성완/다함	50.	丁抹 장정정/지울말

정답
1~10 폭주/초시/번답/퇴고/통촉/탄연/경고/운몰/경라/원통
11~20 날호/암려/곤비/암훈/곽구/애벽/빙자/액완/규감/무휼
21~30 극공/약포/농아/양탈/함석/안면/호사/역리/당리/연역
31~40 당착/우활/가도/동탁/도가/왜구/모의/염장/염계/요채
41~50 걸주/요묘/욕조/요백/오뇌/상항/옥연/화란/완함/정말

51. 人名:(33 , 34 , 38 , 39 , 41)
52. 桑港 샌프란시스코, 和蘭 네덜란드, 丁抹 덴마크

전의어 문제 … A: 字義[원뜻], B: 轉義[고사에 얽힌 이야기]

53.	破瓜	A : (瓜자를 나눔. 八八이 됨)
		B : (여자 16세, 남자 64세) 瓜滿, 瓜年
54.	折箭	A : (화살을 부러뜨림)
		B : (힘을 한 군데로 모으면 강해짐)
55.	蔗境	A : (점점 더 좋은 경계가 펼쳐짐)
		B : (이야기 따위가 점점 재미있어짐)
56.	鼠竊	A : (쥐새끼가 물건을 훔침)
		B : (좀도둑)
57.	鵬圖	A : (붕새의 도모) 雄圖
		B : (한없이 큰 포부)

훈음 문제 … 맞춤법에 주의합시다.

58.	叢	떨기	총 [又]	59.	嗣	이을	사 [口]
60.	芻	꼴	추 [艹]	61.	嚮	길잡을	향 [口]
62.	酋	우두머리	추 [酉]	63.	疎	성길	소 [疋]
64.	甦	깨어날	소 [生]	65.	炙	구울	자 [火]
66.	虞	염려할	우 [虍]	67.	牡	수컷	모 [牛]
68.	嗤	비웃을	치 [口]	69.	賄	뇌물	회 [貝]
70.	盍	합	합 [皿]	71.	霞	노을	하 [雨]
72.	缸	항아리	항 [缶]	73.	嗅	맡을	후 [口]
74.	恙	근심	양 [心]	75.	栓	마개	전 [木]
76.	坡	언덕	파 [土]	77.	彌	미륵	미 [弓]
78.	朽	썩을	후 [木]	79.	垠	지경	은 [土]
80.	癡	어리석을치	[疒]	81.	伊	저	이 [人]
82.	歆	흠향할	흠 [欠]	83.	陛	섬돌	폐 [阜]
84.	逅	만날	후 [辶]	85.	篆	전자	전 [竹]
86.	祜	복	호 [示]	87.	槿	무궁화	근 [木]

人名字
▷가도 - 당나라의 시인.   以外 남이 두보
▷동탁 - 삼국지 인물.   방통 복희
▷염장 - 신라 말기의 인물.   설총 소식
▷염계 - 중국 송나라의 학자 주돈이의 호. 온조 유비
▷걸주 - 夏,殷나라의 프악한 임금.   편작 형병

단어 문제 … 문맥을 살펴보면서 공부합시다.

▷ 천민을 멸시(88)하던 유습(89)이 없어졌다.
▷ 수입 약제(90)로 인하여 국민건강이 저해(91)된다.
▷ 서구(92)에서는 진맥(93)으로 환자를 살피는 동양의학에 대해 연구중이다.
▷ 석학(94)들의 오찬(95) 모임이 있었다.
▷ 비너스 조각(96)상은 아주 매혹(97)적이다.
▷ 온건(98)파를 회피(99)하는 강경파.
▷ 철강회사에 고용(100) 된 나는 용접(101) 담당이다.
▷ 녹봉(102)으로 근검절약하여 식산(103)한 것을 예탁(104)하다.
▷ 질소(105)는 다른 원소와 어울려 만들어진 데서 산미(106)를 느낄 수 있다.
▷ 물체를 던지면 포물선(107)을 그리며 떨어진다.
▷ 비행기 이착륙시 활주로(108)를 이탈하면 안된다.
▷ 약관(109)에 따라 조처(110)하다.
▷ 교살(111)이나 참형(112)에 처할 인물도 특사(113)에 포함되었다.
▷ 창랑(114)이 이는 바다에 서설(115)이 내렸다.
▷ 산간 벽지(116)에 건설되는 휴양지로 인하여 분진(117)이 발생하다.
▷ 생물체안에서 생겨지는 액체는 진액(118)이다.
▷ 오줌을 몸밖으로 내보내는 관을 요도(119)라 한다.
▷ 각자 발에 맞춤이던 제화(120)가 대량으로 생산되어 운반(121)되다.
▷ 주야로 서는 보초(122)는 중책이다.
▷ 재봉(123)된 천을 결합하여 만든 양산(124).

88.	멸시 (蔑視)	89.	유습 (謬習)
90.	약제 (藥劑)	91.	저해 (沮害)
92.	서구 (西歐)	93.	진맥 (診脈)
94.	석학 (碩學)	95.	오찬 (午餐)
96.	조각 (彫刻)	97.	매혹 (魅惑)
98.	온건 (穩健)	99.	회피 (回避)
100.	고용 (雇傭)	101.	용접 (熔接)
102.	녹봉 (祿俸)	103.	식산 (殖産)
104.	예탁 (預託)	105.	질소 (窒素)
106.	산미 (酸味)	107.	포물선 (抛物線)
108.	활주로 (滑走路)	109.	약관 (約款)
110.	조처 (措處)	111.	교살 (絞殺)
112.	참형 (斬刑)	113.	특사 (特赦)
114.	창랑 (滄浪)	115.	서설 (瑞雪)
116.	벽지 (僻地)	117.	분진 (粉塵)
118.	진액 (津液)	119.	요도 (尿道)
120.	제화 (製靴)	121.	운반 (運搬)
122.	보초 (步哨)	123.	재봉 (裁縫)
124.	양산 (陽傘)		

장음 문제 …
▷ 첫소리가 낮고 뒤로 높여 읽는 上聲은 장음이며,
▷ 終聲[받침]이 'ㄱ,ㄹ,ㅂ'은 단음입니다.

125.~134. 89. 91. 93. 95. 98. 107.
112. 115. 120. 121. 122.

謬/習, 沮/害, 診/脈, 午/餐, 穩/健, 抛/物,
斬/刑, 瑞/雪, 製/靴, 運/搬, 步/哨.

뜻풀이 문제 … 직역과 의역을 조화롭게!

135. 諧謔 (해학) : 익살스러움.
　　　歸天 (귀천) : 사람의 죽음.
136. 丁艱 (정간) : 부모의 상을 당함.
　　　輓歌 (만가) : 상여소리.
137. 尙父 (상보) : 임금이 하사하는 칭호.
　　　那邊 (나변) : 어느 곳.
138. 雁書 (안서) : 편지. 雁帛, 雁使, 雁札, 信音.
　　　微恙 (미양) : 대수롭지 않은 병(자기의 병을 낮추는 말)
139. 蝸角 (와각) : 달팽이의 촉각(좁은 세상)
　　　塗炭 (도탄) : 진흙과 숯(곤궁한 상황)

고사성어 문제 … 뜻을 참고하여 공부합시다.

140. (④)　※친한 친구사이.
　① 淡交 : 사심이 없는 담박한 사이.
　② 心友 : 마음으로 깊이 사귄 벗.
　③ 知音 : 거문고소리를 알아주는 벗(백아와 종자기의 故事)
　④ 信音 : 소식을 전함(雁書. 雁札. 雁帛. 雁使)

141. (②)　※부부의 화합.
　① 琴瑟 : 거문고와 비파.
　② 請老 : 보잘 것 없는 늙은이에게 청함(乞身. 乞骸)
　③ 比翼 : 날개를 같이 함.
　④ 連理 : 두 나무 가지가 서로 맞닿아 결이 서로 통함.

142. (④)　※사물의 시초.
　① 權輿 : 저울대와 수레 바탕.
　② 濫觴 : 잔을 띄움(큰 하천도 시냇물에서 비롯함)
　③ 嚆矢 : 우는 살(전쟁 시작시 우는 살을 먼저 쏨)
　④ 使嗾 : 남을 부추김(敎唆)

143. (③)　※50세를 이르는 말.
　① 知命 : 천명을 아는 나이.
　② 艾老 : 머리털이 약쑥처럼 희어지는 나이.
　③ 耳順 : 모든말이 귀로 순리대로 들리는 나이(60세, 耆杖)
　④ 半百 : 백의 절반.

144. (④)　※잘못을 캐물음.
　① 論劾 : 허물을 탄핵함.
　② 臺論 : 조선시대에 사헌부와 사간원에서 하던 탄핵.
　③ 彈駁 : 죄상을 들어 논하고 책망하거나 규탄함.
　④ 空論 : 실제와는 동떨어진 쓸데없는 의논.

고사성어 문제 … 뜻을 참고하여 공부합시다.

145. 識字憂患　　식자우환
　　아는 것이 병.

146. 走馬看山　　주마간산
　　수박 겉 핥기.

147. 吾鼻三尺　　오비삼척
　　내 코가 석자.

148. 孤掌難鳴　　고장난명
　　외손뼉이 울랴.

149. 坐井觀天　　좌정관천
　　우물안 개구리.

150. 生口不網　　생구불망
　　산 입에 거미줄 치랴.

151. 宿虎衝鼻　　숙호충비
　　잠자는 호랑이 코 찌르기.

152. 烏飛梨落　　오비이락
　　까마귀 날자 배 떨어진다.

153. 猫頭懸鈴　　묘두현령
　　고양이 목에 방울 달기.

154. 鯨戰蝦死　　경전하사
　　고래 싸움에 새우등 터진다.

부수 문제 … 부수는 한자의 大意를 나타냅니다.

155. 叢 (又)　　156. 芻 (艸)
　　 嗣 (口)　　　 嚮 (口)
157. 酋 (酉)　　158. 甦 (生)
　　 疎 (疋)　　　 炙 (火)
159. 虞 (虍)
　　 牡 (牛)

제11회

동음이의어 문제 — 같은 소리에 다른 뜻을 지닌 한자어. 동음이의어 뜻을 비교해 봅시다.

▷요즘 교사(160)내에서도 남을 부추겨 못된 일을 교사(161)하는 학생은 교사들의 정성어린 지도로 선도 해야 할 것이다.

160. 〔 校舍 〕 학교건물.
161. 〔 敎唆 〕 남을 부추겨 못된 일을 하게 함.

▷우연히 찾아 온 인생의 전기(162)를 맞아 나의 전기(163)를 쓰게 되었는데 수기로 전기(164)하는 과정에서의 오류로 글쓰는 전기(165)동안 고생을 했다.

162. 〔 轉機 〕 다른 상태로 전환되는 기회.
163. 〔 傳記 〕 개인 일생을 적은 기록.
164. 〔 轉記 〕 다른 장부로 옮겨 적음.
165. 〔 前期 〕 두기로 나누었을때의 그 앞 기간.

▷공부하는 학생은 국어사전(166)과 백과사전(167)을 두루 이용해야 한다.

166. 〔 辭典 〕 낱말을 모아 배열하여 설명한 책.
167. 〔 事典 〕 여러 가지 사항을 배열하여 설명한 책.

▷회사의 인사 이동(169)에 따라 각자 쓰고 있던 비품들을 타 부서로 이동(170)시켰다.

168. 〔 異動 〕 직위나 직책 따위의 변동.
169. 〔 移動 〕 옮겨서 움직임.

일자다음자 문제 — 음이 여럿 있는 한자.

170. 龜鑑 (거북 귀)   龜裂 (터질 균)
171. 閉塞 (막힐 색)   要塞 (변방 새)
172. 知識 (알 식)   標識 (기록할 지)

순우리말 문제(고유어) — 뜻풀이를 간략하게! 한자어 사용 불가!

173. 眷率 (권솔) : 식구.
174. 露天 (노천) : 한데.
175. 揷枝 (삽지) : 꺾꽂이.
176. 贅壻 (췌서) : 데릴사위.
177. 尤甚 (우심) : 심지어.

반대어·반대자 문제 — 뜻을 생각 해 봅시다.

178. 干涉 - (放任)
(간섭) 남의 일에 참견함
(방임) 간섭하지 않고 내버려둠

179. (旦) - 暮
아침단/저물모

180. 拘禁 - (釋放)
(구금) 피의자를 교도소에 감금하는 일
(석방) 사람을 용서하여 놓아줌

181. 煩 - (簡)
번거로울번/간략할간

182. 發掘 - (埋沒)
(발굴) 땅속에 묻혀 있는 유적 따위를 파냄
(매몰) 보이지 아니하게 파묻음

183. 需 - (給)
쓸수[수요]/줄급[공급]

184. 滅亡 - (隆盛)
(멸망) 망하여 없어짐
(융성) 대단히 번성함

185. 貸 - (借)
빌려줄대/빌릴차

186. 名譽 - (恥辱)
(명예) 인정되는 이름이나 자랑
(치욕) 수치와 모욕

187. 經 - (緯)
지날경[경도]/씨 위[위도]

유의어·유의자 문제 — 뜻을 생각 해 봅시다.

188. 明晳 - (聰明)
(명석) 분명하고 똑똑함
(총명) 보고들음에 기억력이 좋음

189. (減) - 耗
덜감/소모할모

190. 非命 - (橫死)
(비명) 재해나 사고따위로 죽는 일
(횡사) 뜻밖의 재앙을 당해 죽음

191. 慷 - (慨)
슬플강/슬퍼할개

192. 尾行 - (追跡)
(미행) 남의 뒤를 몰래 따라감
(추적) 도망하는 자의 뒤를 밟아 쫓음

193. 匪 - (賊)
비적비/도둑적

194. 拔萃 - (選擇)
(발췌) 중요한 대목만을 가려 뽑음
(선택) 둘 이상의 것에서 고름

195. 狩 - (獵)
사냥수/사냥렵

196. 方法 - (手段)
(방법) 목적달성을 위한 수단
(수단) 목적달성을 위한 방법

197. 孕 - (胎)
아이밸잉/아이밸태

약자 문제 — 정자와 약자를 다 익히도록 합시다.

198. 隨 (随)
    巖 (岩)

199. 廳 (庁)
    邊 (辺)

200. 礙 (碍)
    醉 (酔)

오답공부는 필수입니다.

단어 문제 … 문맥을 살펴보면서 공부합시다.

하늘이 명부(88)한 것이 性이요, 성에 따르는 것이 道요, 道를 마름하는 것이 敎이다. 道는 잠시도 떠날 수 없는 것이니 떠날 수 있는 것은 道가 아니다. 그러므로 군자는 그의 보이지 않는 곳을 삼가고 들리지 않는 곳을 두려워하는 것이다.

은암(89)한 곳보다 더 잘 드러나는 곳이 없고 미세(90)한 일보다 더 잘 나타나는 일은 없다. 때문에 군자는 그 內奧(91)한 곳을 삼간다.

天이란 첫째, 과학(92)의 대상(93)이 되는 physical world의 자연으로서 절대적(94)인 주재자(95)로서 인격신(96)을 나타내는 天帝, 天神, 上帝, 上天 等의 의미(97)이다. 이것은 동양(98)의 上古 때부터 上天이 天帝의 거소(99)라는 생각과 결부(100)된 것으로 주로 원시(101) 신앙(102)의 대상이 되어 왔으며 서양의 God에 해당(103)한다. 셋째는 운명(104), 숙명(105)의 뜻으로서의 天이다. 이것은 주재자로서의 天의 섭리(106)가 바로 天으로 불려진 경우(107)이다. 넷째는 後世에 와서 강조(108)된 것으로 理의 근원(109)으로서 본체론(110)的인 의미를 가진 형이상(111)의 天이다.

여기서 말하는 天은 둘째의 경우이다. 사람이 性을 부여(112)받은 天은 上古때부터 인격적인 초자연(113)力의 모습으로 나타난 神을 가리키는 것이다. 이는 우주(114) 萬物을 주재하는 절대적 권능(115)을 가지고 하계(116)를 섭리하는 者로 臨했다. 그는 人間의 화복(117)을 맡아 처리(118)하며, 善에게 賞을 베풀고 惡을 罰했다. 또 하계의 요소(119)에 여러 계급(120)을 가진 부하신(121)을 거느렸다. 따라서 天은 유일신(122)이 아니라, 최고신(123)의 형태(124)인 것이다.

<中庸 第一章 天과人>

88.	명부 (命賦)	89.	은암 (隱暗)
90.	미세 (微細)	91.	內奧 (내오)
92.	과학 (科學)	93.	대상 (對象)
94.	절대적 (絶對的)	95.	주재자 (主宰者)
96.	인격신 (人格神)	97.	의미 (意味)
98.	동양 (東洋)	99.	거소 (居所)
100.	결부 (結付)	101.	원시 (原始)
102.	신앙 (信仰)	103.	해당 (該當)
104.	운명 (運命)	105.	숙명 (宿命)
106.	섭리 (攝理)	107.	경우 (境遇)
108.	강조 (強調)	109.	근원 (根源)
110.	본체론 (本體論)	111.	형이상 (形而上)
112.	부여 (賦與)	113.	초자연 (超自然)
114.	우주 (宇宙)	115.	권능 (權能)
116.	하계 (下界)	117.	화복 (禍福)
118.	처리 (處理)	119.	요소 (要所)
120.	계급 (階級)	121.	부하신 (部下神)
122.	유일신 (唯一神)	123.	최고신 (最高神)
124.	형태 (形態)		

장음 문제 …
▷첫소리가 낮고 뒤로 높여 읽는 上聲은 장음이며,
▷終聲[받침]이 'ㄱ,ㄹ,ㅂ'은 단음입니다.

125.~134. 88. 93. 97. 102. 104. 108.
112. 114. 116. 117. 118. 123.

命/賦, 對/象, 意/味, 信/仰, 運/命, 強/調,
賦/與, 宇/宙, 下/界, 禍/福, 處/理, 最/高.

第12回 한자능력검정시험(해답) 1급

(시험시간 : 90분)

독음 문제 … "※"일자다음·두음법칙·활음조현상 주의합시다.

1. 硬咽 굳을경/※목멜열
2. 降書 ※항복항/글서
3. 絞布 ※염포효/베포
4. 碌磻 ※푸른돌록/※반계번
5. 覲見 뵈올근/※볼현
6. 惱殺 번뇌할뇌/※감할쇄
7. 刮磨 긁을괄/갈마
8. 餘燼 남을여/불탄끝신
9. 驚蟄 놀랄경/숨을칩
10. 辦公 힘들일판/공평할공
11. 凱旋 개선할개/돌선
12. 阿諂 언덕아/아첨할첨
13. 滿喫 찰만/먹을끽
14. 嶽麓 큰산악/산기슭록
15. 鳩巢 비둘기구/새집소
16. 御璽 거느릴어/옥새새
17. 垢汚 때구/더러울오
18. 逆睹 거스를역/볼도
19. 梳櫛 얼레빗소/빗즐
20. 澁滯 떫을삽/막힐체
21. 僧侶 중승/짝려
22. 爽達 시원할상/통달할달
23. 猜懼 시기할시/두려울구
24. 煽熾 부채질할선/불탈치
25. 豺狼 승냥이시/이리랑
26. 消耗 사라질소/소모할모
27. 胚芽 아기밸배/싹아
28. 綴輯 엮을철/모을집
29. 煩悶 번거로울번/답답할민
30. 鐵鎚 쇠철/쇠망치추
31. 孕胎 🔟아이밸잉/아이밸태
32. 誣欺 🔟속일무/속일기
33. 瘤贅 🔟※혹류/혹췌
34. 剝削 🔟벗길박/깎을삭
35. 駑鈍 🔟둔한말노/둔할둔
36. 蠻狄 🔟南오랑캐만/北오랑캐적
37. 儺禮 푸닥거리나/예도례
38. 拷訊 칠고/물을신
39. 嘉卉 아름다울가/풀훼
40. 鴻鵠 기러기홍/고니곡
41. 江靄 강강/아지랑이애
42. 爺孃 🔟아비야/아가씨양[母]
43. 誹譽 🔟혈뜯을비/기릴예
44. 斂散 🔟※거둘렴/흩을산
45. 堪輿 🔟견딜감[天]/수레여[地]
46. 歇價 쉴헐/값가
47. 驛站 역역/역마을참
48. 投擲 🔟던질투/던질척
49. 捏造 꾸밀날/지을조
50. 叩勒 두드릴고/굴레륵

정답:
1~10 경열/항서/효포/녹번/근현/뇌쇄/괄마/여신/경칩/판공
11~20 개선/아첨/만끽/악록/구소/어새/구오/역도/소즐/삽체
21~30 승려/상달/시구/선치/시랑/소모/배아/철집/번민/철추
31~40 잉태/무기/유췌/박삭/노둔/만적/나례/고신/가훼/홍곡
41~50 강애/야양/비예/염산/감여/헐가/역참/투척/날조/고륵

51. 유사관계: (31 , 32 , 33 , 34 , 35 , 48)
52. 대립관계: (36 , 42 , 43 , 44 , 45)

전의어 문제 … A: 字義[원뜻], B: 轉義[고사에 얽힌 이야기]

53. 效顰 〈 A : (찡그리는 것을 본받음) 折角
          B : (줏대 없이 남의 흉내를 냄)

54. 掛冠 〈 A : (관을 벗어 성문에 걸어 놓고 떠남)
          B : (벼슬을 내 놓음) 解官

55. 衣鉢 〈 A : (스승인 중이 제자에게 주는 袈裟와 바리때)
          B : (불교의 奧義[깊은 뜻]를 이르는 말)

56. 懸梁 〈 A : (상투를 들보에 매닲) 刺股
          B : (졸음을 극복하고 열심히 공부함)

57. 折檻 〈 A : (난간이 부러짐)
          *어명에 따라 신하를 끌어내리자 어전의 난간을 붙잡음
          B : (엄하게 꾸짖음)

훈음 문제 … 맞춤법에 주의합시다.

58. 喬 높을 교 [口]
59. 幾 몇 기 [幺]
60. 繭 고치 견 [糸]
61. 整 가지런할정 [攵]
62. 衍 넓을 연 [行]
63. 甄 질그릇 견 [瓦]
64. 彦 선비 언 [彡]
65. 冀 바랄 기 [八]
66. 魄 넋 백 [鬼]
67. 毘 도울 비 [比]
68. 姸 고울 연 [女]
69. 佾 줄춤 일 [人]
70. 稷 피 직 [禾]
71. 穆 화목할 목 [禾]
72. 剋 이길 극 [刀]
73. 熊 곰 웅 [火]
74. 頒 나눌 반 [頁]
75. 弼 도울 필 [弓]
76. 帛 비단 백 [巾]
77. 峴 고개 현 [山]
78. 賻 부의 부 [貝]
79. 鴨 오리 압 [鳥]
80. 屑 가루 설 [尸]
81. 竣 마칠 준 [立]
82. 洩 샐 설 [水]
83. 鞭 채찍 편 [革]
84. 塡 메울 전 [土]
85. 騙 속일 편 [馬]
86. 截 끊을 절 [戈]
87. 爵 벼슬 작 [爪]

조어력 문제 (정치용어)

135. 조약의 체결에 대하여 국가가 최종적으로 확인하고 동의함.
················ 〔 批准 비준 〕

136. 빈자리를 채움, 결점을 보충함.
················ 〔 補闕 보궐 〕

137. 외부와의 접촉이나 외출은 허가하지 않으나 일정한 장소 안에서는 자유를 속박하지 않는 가벼운 감금.
················ 〔 軟禁 연금 〕

138. 막아서 못하게 함.
················ 〔 沮止 저지 〕

139. 이전부터 논의되어 왔으나 결론이 나 있지 않은 의안.
················ 〔 懸案 현안 〕

고사성어 문제 … 뜻을 참고하여 공부합시다.

140. (①) ※한순간.
 ① 冠省 : 편지 글머리를 생략함(除煩)
 ② 轉瞬 : 눈을 깜짝함.
 ③ 刹那 : 매우 짧은 동안.
 ④ 片刻 : 짧은 시간, 삼시간.

141. (④) ※원고를 손질함.
 ① 推敲 : 자구(字句)를 여러 번 생각하여 고침.
 ② 改稿 : 원고를 고침.
 ③ 潤文 : 글을 윤색함.
 ④ 雁札 : 편지(雁書. 雁帛. 信音)

142. (②) ※임금의 사위.
 ① 都尉 : 벼슬이름(부마도위의 語根)
 ② 諸侯 : 군주로부터 받은 영토와 백성을 다스리던 사람.
 ③ 駙馬 : 천자가 타는 수레에 딸린 말(國壻)
 ④ 粉侯 : 임금의 사위를 일컫는 말.

143. (④) ※70세를 이르는 말.
 ① 古稀 : 나이 일흔은 예로부터 드문 일(七旬, 國杖)
 ② 從心 : 마음가는대로 해도 무리가 없음.
 ③ 稀壽 : 70세까지 살기는 드물었음.
 ④ 喜壽 : 喜=㐂 77세. *米壽=88세, 白壽=99세

144. (②) ※아주 뛰어난 인물.
 ① 出衆 : 뭇사람 가운데서 뛰어남(白眉, 群鷄一鶴)
 ② 國香 : 나라에서 으뜸가는 미인(蘭草, 傾國)
 ③ 壓卷 : 제일 잘된 책이나 작품.
 ④ 錐囊 : 주머니속의 송곳(감추려 해도 나타남)

고사성어 문제 … 뜻을 참고하여 공부합시다.

145. 捨生取義 ⇌ 殺身成仁
 사생취의: 목숨을 버리고 의를 취함.
 살신성인: 자신을 희생하여 仁을 이룸(남을 위하여 희생함)

146. 矮子看戲 ⇌ 附和雷同
 왜자간희: 난쟁이가 키 큰 사람들 틈에 끼어 구경함(남을 따라함)
 부화뇌동: 아무런 주견이 없이 남의 의견이나 행동에 덩달아 따름.

147. 井中觀天 ⇌ 管中窺豹
 정중관천: 우물에 앉아 하늘을 봄(견문과 소견이 좁은 것을 비유)
 관중규표: 대롱 속으로 표범을 엿봄.

148. 胡馬望北 ⇌ 首丘初心
 호마망북: 오랑캐 말이 북쪽을 바라봄.
 수구초심: 고향을 그리워 하는 마음.

149. 難攻不落 ⇌ 金城湯池
 난공불락: 공격이 어려워 떨어뜨리지 못함.
 금성탕지: 끓어 오르는 못에 둘러 싸인 무쇠 성(방비가 아주 견고함)

150. 榮枯盛衰 ⇌ 興亡盛衰
 영고성쇠: 인생이나 사물의 성함과 쇠함.
 흥망성쇠: 흥하고 망함과 성하고 쇠함.

151. 一瀉千里 ⇌ 九天直下
 일사천리: 강물이 빨리 흘러 천 리를 감(어떤 일이 거침없이 빨리 진행됨)
 구천직하: 하늘에서 아래로 바로 떨어짐.

152. 殷鑑不遠 ⇌ 覆車之戒
 은감불원: 殷나라의 거울은 멀지 않은 前代의 夏나라에 있음.
 복거지계: 앞의 수레가 넘어지는 것을 경계함.

153. 不恥下問 ⇌ 孔子穿珠
 불치하문: 자기보다 못한 사람에게 묻는 것을 부끄러워하지 않음.
 공자천주: 공자가 시골 아낙에게 물어 구슬을 꿴.

154. 鴛鴦之契 ⇌ 偕老同穴
 원앙지계: 원앙의 만남(금실이 좋은 부부사이)
 해로동혈: 살아서는 함께 늙으며, 죽어서는 한 무덤에 묻힘.

부수 문제 … 부수는 한자의 大意를 나타냅니다.

155. 喬 (口)
  幾 (幺)

156. 繭 (糸)
  整 (攵)

157. 衍 (行)
  甄 (瓦)

158. 彦 (彡)
  冀 (八)

159. 魄 (鬼)
  昆 (比)

동음이의어 문제
▷같은 소리에 다른 뜻을 지닌 한자어.
▷동음이의어 뜻을 비교해 봅시다.

160. 覆考 : 시문을 지을 때 마음속으로 구상하는 일.
 ………………………… [腹稿 복고]

161. 奠都 : 열이나 전기가 점차 다른 곳으로 옮김.
 ………………………… [傳導 전도]

162. 定款 : 수정관.
 ………………………… [精管 정관]

163. 有故 : 죽은이가 남긴 원고.
 ………………………… [遺稿 유고]

164. 旌旗 : 순수한 기운.
 ………………………… [精氣 정기]

165. 柴扉 : 거름을 줌.
 ………………………… [施肥 시비]

166. 舊師 : 벼슬을 구함.
 ………………………… [求仕 구사]

167. 姸粧 : 나란히 장치하는 일.
 ………………………… [聯裝 연장]

168. 獨室 : 열정 있고 진실함.
 ………………………… [篤實 독실]

169. 祭需 : 임금이 직접 벼슬을 줌.
 ………………………… [除授 제수]

일자다의자 문제 … 뜻이 여럿 있는 한자.

170. 利 : (이롭다: 예利益) (날카롭다: 예銳利)

171. 端 : (끝: 예末端) (바르다: 예端正)

172. 圖 : (그림: 예圖畫) (꾀하다: 예圖謀)

순우리말 문제(고유어) … 뜻풀이를 간략하게! 한자어 사용 불가!

173. 踏臼 (답구) : 디딜방아.
174. 袂別 (메별) : 이별.
175. 時方 (시방) : 지금.
176. 負債 (부채) : 빚.
177. 憑虛 (빙허) : 거짓.

반대어·반대자 문제 … 뜻을 생각 해 봅시다.

178. 缺乏 - (豊富)
(결핍) 축나서 모자람
(풍부) 넉넉하고 많음

179. 縱 - (橫)
세로종/가로횡

180. 膨脹 - (收縮)
(팽창) 물체의 부피가 늘어남
(수축) 줄어듦

181. 嫡 - (庶)
정실적[嫡子]/여러서[庶子]

182. 模糊 - (分明)
(모호) 분명하지 않음
(분명) 틀림없이 확실함

183. 噓 - (吸)
불허/마실흡

184. 共鳴 - (反駁)
(공명) 남의 사상이나 의견에 동감함
(반박) 남의 의견에 공격하여 말함

185. 弧 - (矢)
활호/화살시

186. 玉碎 - (瓦全)
(옥쇄) 옥처럼 아름답게 부서짐
(와전) 아무 보람도 없이 헛되게 살아 감

187. 鰥 - (寡)
홀아비환/적을과[寡婦]

유의어·유의자 문제 … 뜻을 생각 해 봅시다.

188. 了解 - (納得)
(요해) 분명히 이해함
(납득) 이해함

189. 緻 - (密)
빽빽할치/빽빽할밀

190. 奈落 - (地獄)
(나락) 지옥
(지옥) 불교에서 악인이 죽어서 간다는곳

191. 忿 - (怒)
성낼분/성낼노

192. 隨機 - (應辯)
(수기) 기회를 따름
(응변) 그때그때 일을 알맞게 처리함

193. 鞏 - (固)
굳을공/굳을고

194. 順序 - (此際)
(순서) 차례
(차제) 이 즈음. 이 기회

195. 幇 - (助)
도울방/도울조

196. 尋常 - (平凡)
(심상) 대수롭지 않고 예사로움
(평범) 뛰어나거나 색다른 점이 없음

197. 渾 - (濁)
흐릴혼/흐릴탁

약자 문제 … 정자와 약자를 다 익히도록 합시다.

198. 蠶 (蚕)
　　靈 (灵)

199. 晝 (昼)
　　盡 (尽)

200. 纖 (繊)
　　嘗 (甞)

오답공부는 필수입니다.

第13回 한자능력검정시험(해답) 1급

(시험시간 : 90분)

독음 문제 … "※"일자다음·두음법칙·활음조현상 주의합시다.

번호	한자	독음	번호	한자	독음
1.	龙茸	삽살개방/풀날용	2.	詰責	㉠꾸짖을힐/꾸짖을책
3.	靄然	아지랑이애/그럴연	4.	論劾	※논할론/꾸짖을핵
5.	疸症	황달달/증세증	6.	釋奠	풀석/정할전
7.	片刻	조각편/새길각	8.	萃聚	㉠모을췌/모을취
9.	倨慢	㉠거만할거/거만할만	10.	垢穢	때구/더러울예
11.	凶煞	흉할흉/죽일살	12.	撒垈	뿌릴살/집터대
13.	頒賜	나눌반/줄사	14.	改悛	㉠고칠개/고칠전
15.	黍粟	기장서/조속	16.	坦懷	평탄할탄/품을회
17.	強靭	강할강/질길인	18.	袂別	소매몌/다를별
19.	潑剌	물뿌릴발/발랄할랄	20.	穀臼	곡식곡/절구구
21.	隘陋	좁을애/더러울루	22.	濫觴	※넘칠람/잔상
23.	悃職	곤룡포곤/직분직	24.	艱難	㉠어려울간/어려울난
25.	捷徑	빠를첩/지름길경	26.	補貼	기울보/붙일첩
27.	辜負	허물고/질부	28.	愾憤	성낼개/분할분
29.	肌液	살기/진액	30.	藿湯	콩잎곽/끓을탕
31.	喘咳	숨찰천/기침해	32.	斧劈	도끼부/쪼갤벽
33.	拑押	다칠첨/누를압	34.	捐館	버릴연/집관
35.	雀巢	참새작/새집소	36.	擅恣	멋대로할천/방자할자
37.	宏闊	클굉/넓을활	38.	偈頌	불시게/칭송할송
39.	廏吏	마구구/관리리	40.	杜鵑	막을두/두견새견
41.	結紐	㉠맺을결/맺을뉴	42.	裏野	※속리/줄패
43.	眄視	곁눈질할면/볼시	44.	刮磨	긁을괄/갈마
45.	轟沈	울릴굉/잠길침	46.	捺染	누를날/물들염
47.	蜀葵	나라이름촉/아욱규	48.	懲毖	징계할징/삼갈비
49.	擄掠	㉠※노략질로/노략질략	50.	遡源	거스를소/근원원

정답
1~10 방용/힐책/애연/논핵/달증/석전/편각/췌취/거만/구예
11~20 흉살/살대/반사/개전/서속/탄회/강인/몌별/발랄/곡구
21~30 애루/남상/곤직/간난/첩경/보고/고부/개분/기액/곽탕
31~40 천해/부벽/첨압/연관/작소/천자/굉활/게송/구리/두견
41~50 결뉴/이괘/면시/괄마/굉침/날염/촉규/징비/노략/소원

51. 유의어: 苦楚－艱難²⁴ 權輿－濫觴²² 反省－改悛¹⁴
          彈駁－論劾⁴ 罵倒－詰責²

52. 반대어: 永劫－片刻⁷ 懦弱－強靭¹⁷ 迂廻－捷徑²⁵
          謙遜－倨慢⁹ 萎縮－潑剌¹⁹

전의어 문제 … A: 字義[원뜻], B: 轉義[고사에 얽힌 이야기]

53. 茶飯事 〈 A : (차 마시고 밥 먹는 일)
              B : (예사로운 일)

54. 斷末魔 〈 A : (숨이 끊어질 때의 모진 고통)
              B : (臨終)

55. 東郭履 〈 A : (동곽의 신발)
              B : (매우 가난함)

56. 笑中刀 〈 A : (웃음 속의 칼)
              B : (해칠 마음을 품음)

57. 解語花 〈 A : (말을 풀이하는 꽃)
              B : (아름다운 여인)

훈음 문제 … 맞춤법에 주의합시다.

번호	한자	훈	음	부수	번호	한자	훈	음	부수
58.	兌	바꿀	태	[儿]	59.	耆	늙을	기	[耂]
60.	豚	돼지	돈	[豕]	61.	些	적을	사	[二]
62.	兮	어조사	혜	[八]	63.	乏	모자랄	핍	[丿]
64.	互	서로	호	[二]	65.	囊	주머니	낭	[口]
66.	乎	어조사	호	[丿]	67.	孕	아이밸	잉	[子]
68.	鑿	뚫을	착	[金]	69.	醋	초	초	[酉]
70.	貂	담비	초	[豸]	71.	饗	잔치	향	[食]
72.	塚	무덤	총	[土]	73.	歇	쉴	헐	[欠]
74.	烋	아름다울	휴	[火]	75.	炒	볶을	초	[火]
76.	諂	아첨할	첨	[言]	77.	寵	사랑	총	[宀]
78.	繫	맬	계	[糸]	79.	甁	병	병	[瓦]
80.	靖	편안할	정	[立]	81.	膳	선물	선	[肉]
82.	頰	뺨	협	[頁]	83.	撮	모을	촬	[手]
84.	哺	먹일	포	[口]	85.	籤	제비	첨	[竹]
86.	蹄	굽	제	[足]	87.	靭	질길	인	[革]

단어 문제 … 문맥을 살펴보면서 공부합시다.

▷은행에서 자금을 융자(88)받아 창고(89) 한 동(90)을 짓고 임대(91)하였다.
▷부동산을 양도(92)하고 전원주택을 지을 가대(93)와 전답(94)을 구입(95)했다.
▷노사분규(96)로 인하여 악덕기업주들은 간담(97)이 서늘해지고 경영(98)에도 큰 장애(99)가 된다.
▷수사(100)를 할 때 무력을 사용하면 고소(101)를 당한다.
▷연결된 열차의 한칸을 한 냥(102)이라 한다.
▷질소(103)는 비료(104) 3요소의 하나이다.
▷물건은 迅速(105)하게 운반해야 한다.
▷허드레 채소(106)로 토끼를 사육(107)한다.
▷가정이 화목(108)하고 우애가 돈독(109)하니 감사할 일이다.
▷재산을 증식(110)하는데는 절약과 저축으로 한다.
▷어떤 일에 몰닉(111)함으로써 스스로 맹서(112)한 일을 성취(113)한다.
▷국회 각료(114)들은 대통령이 순방(115) 갈 때 수행(116)한다.
▷전산 오류(117)가 발생하여 지장이 많았다.
▷태풍(118)으로 인하여 채소 가격이 폭등(119) 하였다.
▷아들의 합격을 간절(120)히 기원(121)한다.
▷현해탄을 대한 해협(122)이라 한다.
▷한자와 병기(123)한 서찰(124)을 썼다.

88.	융자 (融資)	89.	창고 (倉庫)
90.	동 (棟)	91.	임대 (賃貸)
92.	양도 (讓渡)	93.	가대 (家垈)
94.	전답 (田畓)	95.	구입 (購入)
96.	분규 (紛糾)	97.	간담 (肝膽)
98.	경영 (經營)	99.	장애 (障礙)
100.	수사 (搜査)	101.	고소 (告訴)
102.	냥 (輛)	103.	질소 (窒素)
104.	비료 (肥料)	105.	迅速 (신 속)
106.	채소 (菜蔬)	107.	사육 (飼育)
108.	화목 (和睦)	109.	돈독 (敦篤)
110.	증식 (增殖)	111.	몰닉 (沒溺)
112.	맹서 (盟誓)	113.	성취 (成就)
114.	각료 (閣僚)	115.	순방 (巡訪)
116.	수행 (隨行)	117.	오류 (誤謬)
118.	태풍 (颱風)	119.	폭등 (暴騰)
120.	간절 (懇切)	121.	기원 (祈願)
122.	해협 (海峽)	123.	병기 (倂記)
124.	서찰 (書札)		

장음 문제 …
▷첫소리가 낮고 뒤로 높여 읽는 上聲은 장음이며,
▷終聲[받침]이 'ㄱ,ㄹ,ㅂ'은 단음입니다.

125.~134.　91.　92.　97.　101.　104.　105.
　　　　　106.　117.　120.　122.　123.

賃/貸, 讓/渡, 肝/膽, 告/訴, 肥/料, 迅/速,
菜/蔬, 誤/謬, 懇/切, 海/峽, 倂/記.

뜻풀이 문제 … 직역과 의역을 조화롭게!

135. 志學 (지학) : 15세(학문에 뜻을 두는 나이)

弱冠 (약관) : 20세(관례를 행하는 나이)

136. 而立 (이립) : 30세(자신을 세우는 나이)

耳順 (이순) : 60세(모든말이 귀에 순리대로 들리는 나이) 香杖

137. 傘壽 (산수) : 80세(傘=仐) *卒壽 90세(卒=卆)

痼疾 (고질) : 고치기 어려운 병.

138. 欠伸 (흠신) : 하품과 기지개.

反畓 (번답) : 논으로 만듦.

139. 耽溺 (탐닉) : 지나치게 빠짐.

天明 (천명) : 동틀무렵. 黎明

고사성어 문제 … 뜻을 참고하여 공부합시다.

140. 吳越同舟 — 오월동주

오나라·월나라가 같이 배를 탐(적끼리 같은 처지에서 서로 돕게 됨)

141. 厚顔無恥 — 후안무치

두꺼운 얼굴에 뻔뻔스러워 부끄러움을 모름.

142. 換骨奪胎 — 환골탈태

뼈를 바꾸고 태를 빼앗음(남의 문장을 따서 자작처럼 꾸밈. 전보다 아름다워짐)

143. 鶴首苦待 — 학수고대

학처럼 목을 길게 빼고 애타게 기다림.

144. 漢江投石 — 한강투석

한강에 돌 던지기(아무리 해도 헛된 일을 하는 매우 어리석은 일)

고사성어 문제 … 뜻을 참고하여 공부합시다.

145. 龍虎相搏 — 용호상박

용과 범이 서로 치고 싸움(힘이 강한 두 사람이 승부를 겨룸)

146. 雨後竹筍 — 우후죽순

비 온 뒤에 솟는 죽순(어떤 일이 한때에 많이 일어남의 비유)

147. 膝甲盜賊 — 슬갑도적

남의 글이나 저술을 베껴 마치 제가 지은 것처럼 하는 사람. 剽竊

148. 十匙一飯 — 십시일반

밥 열 술이 밥 한 그릇이 됨(여러 사람이 조금씩 합하면 도움이 됨)

149. 鳶飛魚躍 — 연비어약

솔개가 날고 물고기가 뛰어오름(자연의 법칙으로 스스로 터득함)

150. 蝸角之爭 — 와각지쟁

하찮은 일로 승강이 하는 형세. 蝸角:좁은세상

151. 阿鼻叫喚 — 아비규환

지옥의 심한 고통을 못 참아 울부짖는 소리.

152. 曳尾塗中 — 예미도중

거북이가 흙 속에서 꼬리를 끌며 다님(벼슬을 마다하고 한가롭게 지냄)

153. 玉石俱焚 — 옥스 구분

옥과 돌이 함께 불탐(善惡·賢愚·良否의 구별없이 함께 멸망함)

154. 欲巧反拙 — 욕교반졸

너무 잘 하려고 하면 되레 더 잘 안 됨. 欲速不達

부수 문제 … 부수는 한자의 大意를 나타냅니다.

155. 兌 (儿)
者 (老)

156. 豚 (豕)
些 (二)

157. 兮 (八)
乏 (丿)

158. 互 (二)
囊 (口)

159. 乎 (丿)
孕 (子)

자꾸 공부 하고픈 책 모의고사문제집 — 제13회

동음이의어 문제 … ▷같은 소리에 다른 뜻을 지닌 한자어. ▷동음이의어 뜻을 비교해 봅시다.

▷나라간 경계(160)에서 삼엄한 경계(161)를 한다.

160. ……… 〔境界〕 지역이 갈라지는 한계.
161. ……… 〔警戒〕 미리 살피고 조심함.

▷전쟁이 교착(162)되어 변화가 없는 가운데 나라간 서로 해결하기 어려운 교착(163) 상태에 빠졌다.

162. ……… 〔膠着〕 아교처럼 단단히 달라붙음.
163. ……… 〔交錯〕 복잡하게 엇걸려서 뒤섞임.

▷명복을 비는 마음으로 조상(164)을 하고 돌아와 그 사람이 새긴 나무 조상(165)과 창가에 내린 조상(166)을 바라 보며 날을 샜다.

164. ……… 〔弔喪〕 남의 죽음에 애도의 뜻을 표함.
165. ……… 〔彫像〕 돌이나 나무에 형체를 새김.
166. ……… 〔早霜〕 철보다 이르게 내리는 서리.

▷수상(167)한 사람을 신고한 사람에게 수상(168)을 하고 한편으론 조국분단에 대하여 마음이 더욱 수상(169)해진다.

167. ……… 〔殊常〕 보통과 달라 이상함.
168. ……… 〔授賞〕 상을 줌.
169. ……… 〔愁傷〕 몹시 슬퍼함.

일자다음자 문제 … 음이 여럿 있는 한자.

170. 程度 (법도 도)　忖度 (헤아릴 탁)
171. 比率 (비율 률)　統率 (거느릴 솔)
172. 索引 (찾을 색)　鐵索 (노끈 삭)

순우리말 문제(고유어) … 뜻풀이를 간략하게! 한자어 사용 불가!

173. 柴扉 (시비) : 사립문.
174. 視線 (시선) : 눈길.
175. 庠序 (상서) : 학교.
176. 懸崖 (현애) : 낭떠러지.
177. 休暇 (휴가) : 말미.

반대어·반대자 문제 … 뜻을 생각 해 봅시다.

178. 酷評 - (絶讚)
(혹평) 가혹한 비평
(절찬) 더할 나위 없는 칭찬

179. 昆 - (弟)
[季] 맏곤/아우제

180. 離脫 - (接近)
(이탈) 떨어져 나옴
(접근) 가까이 붙음

181. 戟 - (盾)
창극/방패순

182. 卵管 - (精管)
(난관) 여자의 수란관
(정관) 남자의 수정관

183. 輓 - (推)
끌만/밀추

184. 整頓 - (亂雜)
(정돈) 가지런히 바로잡음
(난잡) 어수선하고 혼잡함

185. 醒 - (醉)
술깰성/취할취

186. 借用 - (返濟)
(차용) 빌려 씀
(반제) 빌려 쓴 금품을 갚음

187. 臂 - (脚)
팔비/다리각

유의어·유의자 문제 … 뜻을 생각 해 봅시다.

188. 使嗾 - (敎唆)
(사주) 남을 부추김
(교사) 못된일을 하도록 부추김

189. 扮 - (裝)
[飾] 꾸밀분/꾸밀장

190. 披瀝 - (告白)
(피력) 숨김없이 말함
(고백) 숨기고 있던 것을 털어놓음

191. 斃 - (死)
죽을폐/죽을사

192. 瑕疵 - (缺陷)
(하자) 흠. 결점
(결함) 부족하거나 완전하지 못함

193. 拏 - (獲)
[捕] 잡을나/얻을획,잡을획

194. 荊婦 - (寡妻)
(형부) 가시비녀를 꽂은 아내
(과처) 자기아내를 낮춰 이르는 말

195. (年) - 齡
해년,나이년/나이령

196. 安堵 - (放念)
(안도) 편안한 울타리속
(방념) 마음에 두지 않고 마음을 놓음

197. (蒙) - 昧
[愚] 어두울몽/어두울매

약자 문제 … 정자와 약자를 다 익히도록 합시다.

198. 條 (条)
　　 遷 (迁)
200. 從 (从)
　　 淵 (渊)

199. 圍 (囲)
　　 質 (貭)

합격을 기원합니다.

第14回 한자능력검정시험 (해답) 1급

(시험시간 : 90분)

독음 문제 … "※" 일자다음·두음법칙·활음조현상 주의합시다.

1. 蔓延 덩굴만/늘일연
2. 紗帽 비단사/모자모
3. 饅頭 만두만/머리두
4. 撈採 ※건질로/캘채
5. 大蝦 큰대/새우하
6. 綠橙 ※푸를록/귤등
7. 嬌態 아리따울교/모습태
8. 膿汁 고름농/즙즙
9. 痼癖 고질고/버릇벽
10. 粱飯 ※기장량/밥반
11. 喙息 부리훼/쉴식
12. 搏殺 두드릴박/죽일살
13. 褐炭 굵은베갈/숯탄
14. 喊聲 소리칠함/소리성
15. 偈頌 불시게/기릴송
16. 遡流 거스를소/흐를류
17. 邀擊 맞을요/칠격
18. 彈劾 탄알탄/꾸짖을핵
19. 鉤餌 갈고리구/미끼이
20. 雀躍 참새작/뛸약
21. 褒貶 기릴포/낮출폄
22. 痢疾 ※이질리/병질
23. 屠戮 죽일도/죽일륙
24. 琉球 유리류/공구
25. 詣謁 이를예/뵐알
26. 嘔吐 게울구/토할토
27. 藿囊 콩잎곽/주머니낭
28. 軀幹 몸구/줄기간
29. 泛灑 뜰범/뿌릴쇄
30. 枳殼 탱자지/껍질각
31. 靺鞨 말갈말/오랑캐갈
32. 醱酵 술괼발/삭일효
33. 濊貊 종족이름예/맥국맥
34. 海溢 바다해/넘칠일
35. 潰漏 무너질궤/샐루
36. 烏鵲 까마귀오/까치작
37. 罵責 꾸짖을매/꾸짖을책
38. 默禱 잠잠할묵/빌도
39. 衲衣 기울납/옷의
40. 匈奴 오랑캐흉/종노
41. 歆羨 흠향할흠/부끄러울선
42. 譬喩 비유할비/깨우칠유
43. 痙症 경련경/증세증
44. 治癒 다스릴치/병나을유
45. 障隘 막을장/좁을애
46. 希臘 바랄희/섣달랍
47. 倭寇 왜나라왜/도적구
48. 埃及 티끌애/미칠급
49. 釋迦 풀석/부처이름가
50. 星港 별성/항구항

정답	
1~10	만연/사모/만두/노채/대하/녹등/교태/농즙/고벽/양반
11~20	훼식/박살/갈탄/함성/게송/소류/요격/탄핵/구이/작약
21~30	포폄/이질/도륙/유구/예알/구토/곽낭/구간/범쇄/지각
31~40	말갈/발효/예맥/해일/궤루/오작/매책/묵도/납의/흉노
41~50	흠선/비유/경증/치유/장애/희랍/왜구/애급/석가/성항

51. 種族名: (31 , 33 , 40 , 47 , 49)
52. 希臘 그리스, 埃及 이집트, 星港 싱가포르

전의어 문제 … A: 字義[원뜻], B: 轉義[고사에 얽힌 이야기]

53. 秋風扇 〈 A : (가을철에 부치는 부채)
    B : (철이 지나 쓸모 없는 물건. 남자의 사랑을 잃은 여자)
54. 探虎穴 〈 A : (호랑이 굴을 뒤짐)
    B : (위험을 무릅씀. 위험한 곳에 이름)
55. 避賢路 〈 A : (賢人의 벼슬길에 방해가 되지 않도록 스스로 용퇴함)
    B : (후진에게 길을 열어 줌)
56. 獅子吼 〈 A : (뭇 짐승들이 사자의 울부짖는 소리에 엎드려 떪)
    B : (부처님의 설법. 크게 열변을 토함)
57. 象牙塔 〈 A : (학자나 예술가가 순수성을 지키기 위해 사색하고 연구하는 곳)
    B : (일반적으로 대학을 칭함)

훈음 문제 … 맞춤법에 주의합시다.

58. 甸 경기 전 [田]
59. 冒 무릅쓸 모 [冂]
60. 后 임금 후 [口]
61. 于 어조사 우 [二]
62. 袁 성 원 [衣]
63. 夷 오랑캐 이 [大]
64. 炅 빛날 경 [火]
65. 奪 빼앗을 탈 [大]
66. 須 모름지기수 [頁]
67. 奚 어찌 해 [大]
68. 遁 숨을 둔 [辶]
69. 犧 희생 희 [牛]
70. 釐 다스릴 리 [里]
71. 欣 기뻐할 흔 [欠]
72. 渫 파낼 설 [水]
73. 卉 풀 훼 [十]
74. 閃 번쩍일 섬 [門]
75. 繪 그림 회 [糸]
76. 礬 백반 반 [石]
77. 吼 울부짖을후 [口]
78. 揖 읍할 읍 [手]
79. 糊 풀칠할 호 [米]
80. 瘤 혹 류 [疒]
81. 喚 부를 환 [口]
82. 撻 때릴 달 [手]
83. 矩 모날 구 [矢]
84. 醯 식혜 혜 [酉]
85. 衢 네거리 구 [行]
86. 鼈 자라 별 [黽]
87. 廐 마구 구 [广]

種族名	
▷말갈	함경도 북쪽에 살던 부족.
▷예맥	우리나라 북쪽에 살던 부족.
▷흉노	몽고지방에 살던 유목민족.
▷왜구	일본사람을 일컫는 명칭.
▷석가	인도 왕족에 딸린 종족의 하나.

단어 문제 … 문맥을 살펴보면서 공부합시다.

▷국가를 위해 훈공(88)한 동량(89)의 업적을 등록(90)하고 추대(91)하다.
▷부족분의 매수(92)를 삽입(93)하다.
▷교착(94)에 빠진 구미(95) 여러나라가 조약을 비준(96)하다.
▷우유를 진하게 달이면 연유(97)가 된다.
▷용해(98)될 정도의 폭염(99)으로 인하여 조갈(100)이 생기다.
▷한 나라에 예속(101)되어 있는 부족들의 빈번(102)한 투쟁.
▷농촌을 계몽(103)함으로써 선진농업국으로 도약(104)하다.
▷각 기관의 각료(105)들이 용원(106)을 엄선하다.
▷번뇌(107)를 토로(108)하는 입문자를 격려(109)하다.
▷억울한 사정을 양찰(110)해 주길 간청(111)하였으나 기각(112)되었다.
▷대만(113)에는 낡은 발동기의 둔탁(114)한 소리가 소음이다.
▷어망(115)으로 남획(116)을 일삼는 배가 좌초되어 구명정(117)이 나서다.
▷낡은 군화(118)를 수선(119)하다.
▷모든 생명체의 자성(120)은 연민(121)을 느낀다.
▷공비(122)를 체포(123)함으로써 용공분자를 초토화(124)하다.

88. 훈공 (勳功)	89. 동량 (棟梁)
90. 등록 (謄錄)	91. 추대 (推戴)
92. 매수 (枚數)	93. 삽입 (挿入)
94. 교착 (膠着)	95. 구미 (歐美)
96. 비준 (批准)	97. 연유 (煉乳)
98. 용해 (熔解)	99. 폭염 (暴炎)
100. 조갈 (燥渴)	101. 예속 (隸屬)
102. 빈번 (頻繁)	103. 계몽 (啓蒙)
104. 도약 (跳躍)	105. 각료 (閣僚)
106. 용원 (傭員)	107. 번뇌 (煩惱)
108. 토로 (吐露)	109. 격려 (激勵)
110. 양찰 (諒察)	111. 간청 (懇請)
112. 기각 (棄却)	113. 대만 (臺灣)
114. 둔탁 (鈍濁)	115. 어망 (漁網)
116. 남획 (濫獲)	117. 구명정 (救命艇)
118. 군화 (軍靴)	119. 수선 (修繕)
120. 자성 (雌性)	121. 연민 (憐憫)
122. 공비 (共匪)	123. 체포 (逮捕)
124. 초토화 (焦土化)	

장음 문제 …
▷첫소리가 낮고 뒤로 높여 읽는 上聲은 장음이며,
▷終聲[받침]이 'ㄱ,ㄹ,ㅂ'은 단음입니다.

125.~134.　96.　97.　101.　103.　108.
　　　　　111.　114.　116.　117.　122.

批/准, 煉/乳, 隸/屬, 啓/蒙, 吐/露,
懇/請, 鈍/濁, 濫/獲, 救/命, 共/匪.

뜻풀이 문제 … 직역과 의역을 조화롭게!

135. 昆季 (곤계) : 형과 아우.
     稗官 (패관) : 민간의 가설항담을 기록하던 벼슬아치.
136. 跋文 (발문) : 책뒤에 적는 내용(後記) 반 序文
     一刻 (일각) : 짧은 동안.
137. 樂勝 (낙승) : 쉽게 이김.
     膏血 (고혈) : 백성의 노력과 재산.
138. 淡水魚 (담수어) : 민물고기.
     相似形 (상사형) : 닮은꼴.
139. 不如歸 (불여귀) : 두견새.
     渡船場 (도선장) : 나루터.

고사성어 문제 … 뜻을 참고하여 공부합시다.

140. (①)
   ① 目前之計 (눈앞의 계책) / 天衣無縫 (흠 잡을 데가 없음)
   ② 龜背刮毛-緣木求魚 : (불가능한 일을 무리하게 함)
   ③ 杜漸防萌-拔本塞源 : (근본적으로 뿌리를 뽑음)
   ④ 肉山脯林-酒池肉林 : (몹시 사치스러운 잔치)

141. (②)
   ① 不恥下問-孔子穿珠 : (모르는 것을 물음)
   ② 干城之材 (훌륭한 인재) / 杯中蛇影 (쓸데없는 의심)
   ③ 牽強附會-我田引水 : (억지를 부림)
   ④ 曲突徙薪-有備無患 : (미리 준비함)

142. (③)
   ① 吳牛喘月-驚弓之鳥 : (지레 겁을 먹고 깜짝 놀람)
   ② 歲如破竹-燎原之火 : (거침없는 세력)
   ③ 遠交近攻 (가까운 것을 멀리함) / 反哺之孝 (효성이 지극함)
   ④ 兔死狐悲-狐死兔泣 : (같은 무리의 불행을 슬퍼함)

143. (④)
   ① 月態花容-絶世佳人 : (아름다운 미모)
   ② 金蘭之交-知己之友 : (아주 친한 사이)
   ③ 畫中之餠-卓上空論 : (아무 쓸모 없음)
   ④ 自繩自縛 (화를 자초함) / 巫山之夢 (남녀간의 情)

144. (④)
   ① 濟河焚舟-背水之陣 : (결사항전의 의지)
   ② 出爾反爾-自業自得 : (뿌린대로 거둠)
   ③ 七顚八起-捲土重來 : (거듭 일어남)
   ④ 主客顚倒 (주객이 바뀜) / 綠衣紅裳 (젊은여인의 고운 옷차림)

고사성어 문제 … 뜻을 참고하여 공부합시다.

145. 籠鳥戀雲 농조연운
새장에 갇힌 새가 구름을 그리워함.

146. 毛遂自薦 모수자천
모수라는 사람이 자기 자신을 천거함.

147. 剖棺斬屍 부관참시
죄인의 관을 쪼개어 시신의 목을 베었음(극형)

148. 多岐亡羊 다기망양
학문의 길은 여러 갈래여서 올바른 길을 찾기가 어려움.

149. 貴鵠賤鷄 귀곡천계
먼데 것을 귀하게 여기고 가까운 것을 천하게 여기는 풍조.

150. 猛虎伏草 맹호복초
사나운 범이 풀숲에 엎드려 있음(영웅은 숨어 있다가 때가 되면 나타남)

151. 捐金沈珠 연금침주
황금을 버리고 구슬을 던져버림(재물을 가벼이 보고 부귀를 탐하지 않음)

152. 擧案齊眉 거안제미
밥상을 눈 높이로 들어 바침(아내가 남편을 공경함)

153. 賊反荷杖 적반하장
도둑이 오히려 몽둥이를 듦(잘못한 사람이 도리어 화를 낼 경우)

154. 狗尾續貂 구미속초
개의 꼬리가 담비꼬리에 이어짐(훌륭한 것에 보잘것없는 것이 잇닿음)

부수 문제 … 부수는 한자의 大意를 나타냅니다.

155. 甸 (田)
     冒 (冂)

156. 后 (口)
     于 (二)

157. 袁 (衣)
     夷 (大)

158. 炅 (火)
     奪 (大)

159. 須 (頁)
     奚 (大)

제14회

동음이의어 문제
▷ 같은 소리에 다른 뜻을 지닌 한자어.
▷ 동음이의어 뜻을 비교해 봅시다.

160. 유사 : 깊은 생각. ·········· 〔幽思〕
161. 〃 : 후세에 전하는 사적. ·········· 〔遺事〕
162. 향수 : 고향을 그리워 하는 마음. ·········· 〔鄕愁〕
163. 〃 : 복이나 혜택 따위를 받아서 누림. ·········· 〔享受〕
164. 현상 : 현재의 상태. ·········· 〔現狀〕
165. 〃 : 상금이나 상품을 내 거는 일. ·········· 〔懸賞〕
166. 영세 : 썩 자잘하게 아주 적음. ·········· 〔零細〕
167. 〃 : 가톨릭에서 세례를 받는 일. ·········· 〔領洗〕
168. 교정 : 결점 따위를 바로 잡아 고침. ·········· 〔矯正〕
169. 〃 : 책의 잘못된 글자나 어구를 고치는 일. ·········· 〔校訂〕

일자다음자 문제 … 음이 여럿 있는 한자.

170. 膾炙(구울 자)   炙鐵(구울 적)
171. 咽喉(목구멍 인)   嗚咽(목멜 열)
172. 開拓(넓힐 척)   拓本(박을 탁)

순우리말 문제(고유어) … 뜻풀이를 간략하게! 한자어 사용 불가!

173. 念日(염일) : 스무날.
174. 黎明(여명) : 새벽녘.
175. 裸麥(나맥) : 쌀보리.
176. 菱鐵(능철) : 마름쇠.
177. 草芥(초개) : 지푸라기.

반대어·반대자 문제 … 뜻을 생각 해 봅시다.

178. 微官 - (顯官)
(미관) 보잘 것 없는 관직
(현관) 높은 관직

179. (肥) - 瘠
살찔비/여윌척

180. 緊張 - (緩和)
(긴장) 정신을 바짝 차림
(완화) 풀어서 느슨하게 함

181. (淨) - 穢
깨끗할정/더러울예

182. 胎生 - (卵生)
(태생) 태에서 태어남
(난생) 알에서 태어남

183. (晝) - 宵
낮주/밤소

184. 洗練 - (稚拙)
(세련) 갈고 다듬어 우아하고 고상하게 함
(치졸) 유치하고 졸렬함

185. 誹 - (譽)
헐뜯을비[비난]/기릴예[칭찬]

186. 連作 - (輪作)
(연작) 한 땅에 같은 작물을 해마다심음
(윤작) 한 땅에 다른 작물을 심음

187. 堪 - (輿)
견딜감[天]/수레여[地]

유의어·유의자 문제 … 뜻을 생각 해 봅시다.

188. 暗示 - (示唆)
(암시) 넌지시 알림
(시사) 미리 암시하여 알려줌

189. 訣 - (別)
이별할결/다를별

190. 累卵 - (風燈) 風燭
(누란) 알이 포개짐
(풍등) 바람앞의 등불

191. 醫 - (療)
의원의/병고칠료

192. 境界 - (區劃)
(경계) 지역이 갈라지는 한계
(구획) 경계를 가른 구역의 하나

193. 銓 - (衡) 擇
가릴전/저울대형

194. 冷淡 - (薄情)
(냉담) 마음을 두지 않음
(박정) 인정이 없고 쌀쌀함

195. 擄 - (掠)
노략질로/노략질략

196. 他界 - (永眠)
(타계) 다른 세계
(영면) 영원히 잠듦

197. (奴) - 僕
종노/종복

약자 문제 … 정자와 약자를 다 익히도록 합시다.

198. 陰(陰)
應(応)

199. 蠻(蛮)
傑(杰)

200. 殘(残)
雜(雑)

오답공부는 필수입니다.

第15回 한자능력검정시험(해답) 1급

(시험시간 : 90분)

독음 문제 … "※"일자다음・두음법칙・활음조현상 주의합시다.

1. 隅奧 모퉁이우/깊을오
2. 垂簾 드리울수/대발렴
3. 蜚騰 바퀴비/오를등
4. 隆起 ※높을륭/일어날기
5. 檣竿 돛대장/낚싯대간
6. 凝固 엉길응/굳을고
7. 逼奪 핍박할핍/빼앗을탈
8. 掉舌 흔들도/혀설
9. 扶桑 도울부/뽕나무상
10. 煎餠 달일전/떡병
11. 反駁 돌아올반/논박할박
12. 冒頭 무릅쓸모/머리두
13. 窯業 기와가마요/업업
14. 慓悍 급할표/사나울한
15. 臂環 팔비/고리환
16. 剽竊 겁박할표/훔칠절
17. 擘指 엄지손가락벽/가리킬지
18. 瑕疵 허물하/허물자
19. 素樸 본디소/순박할박
20. 謔劇 희롱할학/심할극
21. 瘦瘠 여월수/여월척
22. 位牌 자리위/패패
23. 效顰 본받을효/찡그릴빈
24. 閻閻 ※마을려/마을염
25. 閃影 번쩍일섬/그림자영
26. 疎忽 성길소/갑자기홀
27. 匡矯 바를광/바로잡을교
28. 恰可 흡사할흡/옳을가
29. 濃厚 짙을농/두터울후
30. 掛冠 걸괘/갓관
31. 封嶇 봉할봉/산굽이우
32. 擢拏 뽑을탁/잡을나
33. 楕圓 길고둥글타/둥글원
34. 筍芽 죽순순/싹아
35. 薔棘 장미장/가시극
36. 季嫂 계절계/형수수
37. 簪笏 비녀잠/홀홀
38. 驅馳 몰구/달릴치
39. 僭奢 주제넘을참/사치사
40. 凱歸 개선할개/돌아갈귀
41. 讎敵 원수수/대적할적
42. 收賄 거둘수/뇌물회
43. 涅槃 ※열반녈/쟁반반
44. 殞命 죽을운/목숨명
45. 飛翔 날비/날상
46. 絨氈 가는베융/담전
47. 悉盡 다실/다할진
48. 蓑笠 도롱이사/삿갓립
49. 涵養 젖을함/기를양
50. 諦念 살필체/생각념

정답	
1~10	우오/수렴/비등/융기/장간/응고/핍탈/도설/부상/전병
11~20	반박/모두/요업/표한/비환/표절/벽지/하자/소박/학극
21~30	수척/위패/효빈/여염/섬영/소홀/광교/흡가/농후/괘관
31~40	봉우/탁나/타원/순아/장극/계수/잠홀/구치/참사/개귀
41~50	수적/수회/열반/운명/비상/융전/실진/사립/함양/체념

51. 유의어: 憔悴-瘦瘠21 市井-閻閻24 缺陷-瑕疵18
    折角-效顰23 等閑-疎忽26 解官-掛冠30
52. 반대어: 咸池-扶桑9 稀薄-濃厚29 融解-凝固6
    共鳴-反駁11 滅亡-隆起4 末尾-冒頭12

전의어 문제 … A: 字義[원뜻], B: 轉義[고사에 얽힌 이야기]

53. 蜃氣樓 〈 A : (이무기가 토해낸 기운이 만들어 놓은 건물)
              B : (환상적인 일이나 현상)
54. 眼中釘 〈 A : (눈엣가시)
              B : (눈에 거슬리는 사람)
55. 如反掌 〈 A : (손바닥을 뒤집는 것과 같음)
              B : (매우 쉬움)
56. 長廣舌 〈 A : (길고 세차게 지껄이는 말솜씨)
              B : (뛰어난 변설)
57. 花風病 〈 A : (꽃바람 병)
              B : (상사병)

훈음 문제 … 맞춤법에 주의합시다.

58. 悶 답답할 민 [心]
59. 裔 후손 예 [衣]
60. 尨 삽살개 방 [尢]
61. 斃 죽을 폐 [攵]
62. 夙 이를 숙 [夕]
63. 簒 빼앗을 찬 [竹]
64. 爽 시원할 상 [爻]
65. 纂 모을 찬 [糸]
66. 耘 김맬 운 [耒]
67. 堯 요임금 요 [土]
68. 恤 불쌍할 휼 [心]
69. 網 그물 망 [糸]
70. 訌 어지러울 홍 [言]
71. 析 쪼갤 석 [木]
72. 擦 문지를 찰 [手]
73. 諱 숨길 휘 [言]
74. 緻 빽빽할 치 [糸]
75. 宦 벼슬 환 [宀]
76. 諮 물을 자 [言]
77. 讒 참소할 참 [言]
78. 詐 속일 사 [言]
79. 懈 게으를 해 [心]
80. 穽 함정 정 [穴]
81. 塹 구덩이 참 [土]
82. 遭 만날 조 [辶]
83. 窄 좁을 착 [穴]
84. 婆 할미 파 [女]
85. 馳 달릴 치 [馬]
86. 斟 짐작할 짐 [斗]
87. 朕 나 짐 [月]

단어 문제 … 문맥을 살펴보면서 공부합시다.

▷ 전자파가 있는 물건을 휴대(88)하면 신진(89) 대사(90)에 장애(91)가 생긴다.
▷ 법률의 요지(92)를 숙지하고 국회의 인준(93)이 있어야겠다.
▷ 신사(94) 숙녀(95) 여러분!
▷ 참수(96) 한 시체(97)는 고을어귀에 걸린다.
▷ 태교(98)에 열심인 임산부(99)들.
▷ 불의를 야기(100)함으로써 적나라(101)하게 파헤쳐는 그사람의 실체는 처절(102)하기까지 했다.
▷ 엽기(103)적인 스노우보드의 활강(104)모습이 신문에 게재(105)되다.
▷ 투철(106)한 정신으로 양궁의 초석(107)을 다지고 세계를 제패(108)한 선수들에게 수훈(109)을 치하하다.
▷ 방부제(110)가 기준치를 초과한 물품에 대하여 조처(111)를 취하다.
▷ 융자(112)금을 상환하도록 독촉(113)하다.
▷ 초상화를 첨삭(114)하여 완성된 작품은 본인과 혹사(115)했다.
▷ 지방에서 재상(116)께 장계(117)를 보내왔다.
▷ 소나무에서 나는 담황색 수지가 바로 송진(118)이다.
▷ 세계육상경기에서 자웅(119)을 겨루다.
▷ 무희(120)들의 춤솜씨는 감탄을 자아냈다.
▷ 이산화탄소(121)가 많이 배출되어 지구 온난화가 가속되면 위태(122)롭다.
▷ 탄수화물(123), 蛋白質(124), 지방은 영양소의 3요소다.

88. 휴대 (携帶)　89. 신진 (新陳)
90. 대사 (代謝)　91. 장애 (障礙)
92. 요지 (要旨)　93. 인준 (認准)
94. 신사 (紳士)　95. 숙녀 (淑女)
96. 참수 (斬首)　97. 시체 (屍體)
98. 태교 (胎敎)　99. 임산부 (妊産婦)
100. 야기 (惹起)　101. 적나라 (赤裸裸)
102. 처절 (悽絶)　103. 엽기 (獵奇)
104. 활강 (滑降)　105. 게재 (揭載)
106. 투철 (透徹)　107. 초석 (礎石)
108. 제패 (制霸)　109. 수훈 (殊勳)
110. 방부제 (防腐劑)　111. 조처 (措處)
112. 융자 (融資)　113. 독촉 (督促)
114. 첨삭 (添削)　115. 혹사 (酷似)
116. 재상 (宰相)　117. 장계 (狀啓)
118. 송진 (松津)　119. 자웅 (雌雄)
120. 무희 (舞姬)　121. 이산화탄소 (二酸化炭素)
122. 위태 (危殆)　123. 탄수화물 (炭水化物)
124. 蛋白質 (단백질)

장음 문제 …
▷ 첫소리가 낮고 뒤로 높여 읽는 上聲은 장음이며,
▷ 終聲[받침]이 'ㄱ,ㄹ,ㅂ'은 단음입니다.

125.~134.　90.　94.　96.　97.　99.　100.
　　　　　105.　108.　116.　117.　120.

代/謝, 紳/士, 斬/首, 屍/體, 妊/産, 惹/起,
揭/載, 制/霸, 宰/上, 狀/啓, 舞/姬.

뜻풀이 문제 … 직역과 의역을 조화롭게!

135. 綽約(작약) : 몸이 가냘프고 아리따움.
     劫年(겁년) : 액운이 닥친 해.
136. 掘鑿(굴착) : 땅파기.
     喫煙(끽연) : 담배를 피움.
137. 盜癖(도벽) : 훔치는 버릇.
     鍼灸(침구) : 침과 뜸.
138. 咫尺(지척) : 짧은 거리.
     嗤笑(치소) : 비웃음.
139. 況且(황차) : 하물며.
     錮弊(고폐) : 나쁜버릇.

한자어 짜임 문제 … 유사/대립/수식/주술/술목/술보

140. (④)
  ① 崩=壞 (유사관계)   ② 嫌=惡 (유사관계)
  ③ 婚=姻 (유사관계)   ④ 叔↔姪 (대립관계)

141. (②)
  ① 愛妾 (수식관계)   ② 募|金 (술목관계)
  ③ 屯兵 (수식관계)   ④ 弘報 (수식관계)

142. (③)
  ① 夜‖深 (주술관계) ② 品‖貴 (주술관계)
  ③ 歸/家 (술보관계) ④ 國‖立 (주술관계)

143. (④)
  ① 博學多識   ② 先公後私
  ③ 深思熟考   ④ 發/憤 忘|食

144. (④)
  ① 白骨難/忘   ② 愼終 如/始
  ③ 好事多/魔   ④ 實事求|是

고사성어 문제 … 뜻을 참고하여 공부합시다.

145. 虛心坦懷   허심탄회
  품은 생각을 털놓고 말할 만큼 아무 거리낌이 없고 솔직함.

146. 吹毛求疵   취모구자
  털을 불어 헤쳐 흠을 찾음.

147. 畫龍點睛   화룡점정
  용을 그리고 마지막으로 눈동자를 점 찍음.

148. 乾坤一擲   건곤일척
  운명과 흥망을 걸고 승부를 겨룸.

149. 渾然一致   혼연일치
  의견이나 주장 따위가 완전히 하나로 일치함.

150. 狐假虎威   호가호위
  남의 권세를 빌어 위세를 부림.

151. 磨斧作針   마부작침
  도끼를 갈아 바늘을 만듦.
  (아무리 어려운 일이라도 참고 반드시 성공함)

152. 後生可畏   후생가외
  후배가 두려운 존재로 여겨질 수 있음.

153. 醉生夢死   취생몽사
  아무 뜻 없이 한평생을 흐리멍텅하게 살아감.

154. 魚網鴻離   어망홍리
  물고기의 그물에 기러기가 걸림.
  (구하고자 하는 것이 아닌 딴것을 얻어 화를 입음)

부수 문제 … 부수는 한자의 大意를 나타냅니다.

155. 悶 (心)   156. 尨 (尢)
     裔 (衣)   斃 (攵)
157. 夙 (夕)   158. 爽 (爻)
     簒 (竹)   纂 (糸)
159. 耘 (耒)
     堯 (土)

자꾸 공부 하고픈 책 모의고사문제집 — 제15회

동음이의어 문제 … ▷같은 소리에 다른 뜻을 지닌 한자어. ▷동음이의어 뜻을 비교해 봅시다.

▷깔때기는 좁은 입구에 액체를 부을 때 쓰는 <u>용기(160)</u>로 밑에 병 <u>용기(161)</u>가 작아서 넘치고 말았다.

160. ……… [用器] 어떤 일을 하는 데 쓰는 기구
161. ……… [容器] 물건을 담는 그릇

▷기계 <u>조작(162)</u> 실수로 안전사고가 났는데 사건을 <u>조작(163)</u>함으로써 진실이 밝혀지지 않고 있다.

162. ……… [操作] 기계나 장치 따위를 다루어 움직이게 함
163. ……… [造作] 무슨 일을 지어내거나 꾸며 냄

▷<u>특수(164)</u>한 아이들만 모아서 <u>특수(165)</u>반을 만드는 것은 보통 아이들에겐 소외되는 느낌이다.

164. ……… [特秀] 특별히 빼어남
165. ……… [特殊] 보통과 아주 다름

▷추운 겨울에 <u>동상(166)</u>이 걸리면서 만들었던 작품 인물 <u>동상(167)</u>으로 동상을 받았다.

166. ……… [凍傷] 심한 추위로 피부가 얼어서 상하는 일
167. ……… [銅像] 구리로 만든 사람의 형상

▷다방면에서 <u>준수(168)</u>한 사람은 규칙도 잘 <u>준수(169)</u>한다.

168. ……… [俊秀] 재주와 슬기가 남달리 뛰어남
169. ……… [遵守] 규칙이나 명령을 그대로 좇아서 지킴

일자다음자 문제 … 음이 여럿 있는 한자.

170. <u>刺</u>客(찌를 자)   水<u>刺</u>(수라 라)
171. <u>徵</u>兵(부를 징)   <u>徵</u>調(음률이름 치)
172. <u>推</u>戴(밀 추)   <u>推</u>敲(밀 퇴)

순우리말 문제(고유어) … 뜻풀이를 간략하게! 한자어 사용 불가!

173. 萌芽 (맹아) : 싹.
174. 羹汁 (갱즙) : 국물.
175. 膝頭 (슬두) : 무릎.
176. 幾何 (기하) : 얼마.
177. 過誤 (과오) : 잘못.

반대어·반대자 문제 … 뜻을 생각 해 봅시다.

178. 紅顔 - (白髮)
(홍안) 혈색이 좋은 얼굴
(백발) 하얗게 센 머리털

179. 嚴侍下 - 慈侍下
<엄시하> - <자시하>

180. 年頭 - (歲暮)
(연두) 한 해의 첫머리
(세모) 한 해의 마지막 때

181. 巨視的 - 微視的
<거시적> - <미시적>

182. 跋文 - (序文)
(발문) 책뒤에 적는 내용
(서문) 머리말

183. 根幹的 - 末梢的
<근간적> - <말초적>

184. 經常 - (臨時)
(경상) 늘 일정하여 변함이 없는 일
(임시) 일정한 때에 다다름

185. 高踏的 - 世俗的
<고답적> - <세속적>

186. 杜絶 - (連絡)
(두절) 막히거나 끊어짐
(연락) 정보따위를 전함

187. 背日性 - 向日性
<배일성> - <향일성>

유의어·유의자 문제 … 뜻을 생각 해 봅시다.

188. 邂 - (逅⑤)   만날해/만날후
189. 旌 - (幟⑥)   기정/깃발치
190. 猜 - (妬⑩)   시기할시/샘낼투
191. 萃 - (聚①)   모을췌/모을취
192. 胤 - (冑⑨)   자손윤/자손주
193. 贅 - (瘤⑫)   혹췌/혹류
194. 未曾有 - 破天荒   [천지개벽] 미증유 - 파천황
195. 彌縫策 - 姑息策   [임시방편] 미봉책 - 고식책
196. 金蘭契 - 魚水親   [우정] 금란계 - 어수친
197. 理想鄕 - 別世界   [신천지] 이상향 - 별세계

약자 문제 … 정자와 약자를 다 익히도록 합시다.

198. 鹽 (塩)
   桑 (桒)
200. 定 (㝎)
   乘 (乗)

199. 恥 (耻)
   麥 (麦)

■ 합격을 기원합니다 ■

기출예상문제정답

1級 [가]

#	답	#	답	#	답	#	답
1	조박	51	술찌끼	101	까끄라기망	151	淸涼
2	한발	52	가물	102	술취할명	152	糖尿
3	감여	53	하늘과 땅	103	阝(阜)	153	腎臟
4	포말	54	물거품	104	几	154	跳躍
5	오매	55	자나깨나	105	未	155	差度
6	두찬	56	틀린곳이 많은 저술	106	刀(刂)	156	汚染
7	고량	57	맛있는 음식	107	頁	157	覆蓋
8	서려	58	일반백성	108	攵(攴)	158	高架
9	발호	59	함부로 날뜀	109	凵	159	復原/復元
10	자고	60	극기하고 면학함	110	衣	160	潛在
11	조부	61	(13) 桀紂	111	龍	161	侵犯
12	수고	62	(17) 溫祚	112	里	162	組暴
13	걸주	63	(22) 賈島	113	甞	163	驅逐
14	비루	64	(25) 濊貊	114	湾	164	解雇
15	침략	65	(29) 暹羅	115	夢	165	商圈
16	각건	66	(31) 甥姪	116	勤勉	166	焦眉
17	온조	67	(36) 駑驥	117	濃厚	167	賠償
18	간착	68	(40) 擒縱	118	柔軟	168	疏遠
19	독옹	69	(43) 巫覡	119	陳腐	169	葛藤
20	구항	70	(47) 朔晦	120	雪上加霜	170	露呈
21	보살	71	틈 극	121	奪胎	171	
22	가도	72	이길 개	122	散策	172	(132) (134)
23	범납	73	줄 모	123	瓜年	173	(135) (136)
24	권비	74	벗길 박	124	天荒	174	(137) (138)
25	예맥	75	무너질퇴	125	授命	175	(139) (142)
26	담타	76	넘어질폐	126	④	176	(146) (153)
27	미륵	77	상자 함	127	①	177	(156) (164)
28	질곡	78	기릴 포	128	②	178	(167)
29	섬라	79	용 룡	129	③	179	
30	질갈	80	다스릴리	130	④	180	
31	구생	81	맛볼 상	131	派閥	181	死去
32	개설	82	물굽이만	132	辨證	182	辭去
33	곤상	83	꿈 몽	133	偏僻	183	除授
34	과립	84	창 극	134	辯論	184	除數
35	노략	85	끌 랍	135	侮蔑	185	司祭
36	노기	86	애오라지료	136	拳銃	186	私第
37	열반	87	걸릴 리	137	匪賊	187	沙洲
38	고면	88	어두울매	138	屍身	188	賜酒
39	도류	89	삽살개방	139	洞窟	189	酒邪
40	금종	90	밝을 량	140	遺棄	190	注射
41	괴패	91	아낄 린	141	卒徒	191	粉飾
42	송률	92	싹 맹	142	爛熟	192	④
43	무격	93	마를 위	143	閨房	193	⑤
44	눌삽	94	허물 고	144	俳優	194	②
45	태달	95	아플 동	145	魅惑	195	亡/補
46	감교	96	모 룽	146	姿態	196	識/丁
47	삭회	97	속일 만	147	購買	197	守/待
48	괄마	98	모기 문	148	忌避	198	衣/老
49	영어	99	숨을 둔	149	碧溪	199	亡/寒
50	궤양	100	다듬잇돌침	150	沐浴	200	斷/機

1級 [나]

#	답	#	답	#	답	#	답
1	수척	51	(26) 憔悴	101	幕僚	151	棄却
2	사주	52	(15) 敎唆	102	莫逆	152	거느리고 사는 식구
3	논핵	53	(20) 彈駁	103	茫漠	153	형제
4	답지	54	(28) 殺到	104	緩衝	154	장인
5	효시	55	(13) 濫觴	105	隻	155	부모의 상을 당함
6	간경	56	(33) 戟盾	106	艦艇	156	한집안의 계보
7	강계	57	(37) 蠻狄	107	指揮	157	칡과 등나무
8	거언	58	(41) 匕箸	108	砲聲	158	물고기그물과 날짐승그물
9	묘묘	59	(45) 孀嫠	109	鼓膜	159	창과 방패
10	맥면	60	(47) 宵晨	110	診療	160	회와 구운 고기
11	천사	61	도끼 부	111	棲慘	161	다리와 팔
12	첨유	62	비파 비	112	妖妄	162	旣望
13	남상	63	시원할상	113	宮闕	163	欺罔
14	소목	64	쇠할 쇠	114	淸直	164	情調
15	교사	65	부끄러울수	115	權謀	165	貞操
16	견주	66	순임금순	116	術數	166	厭症
17	둔종	67	되 승	117	魔窟	167	炎症
18	침구	68	전각 전	118	痲醉	168	輿圈
19	늠률	69	아뢸 주	119	亂麻	169	旅券
20	탄박	70	편지 한	120	平穩	170	附設
21	액살	71	못 연	121	廉恥	171	敷設
22	치예	72	사당 묘	122	硏磨	172	벼슬 못한 선비
23	노략	73	옻 칠	123	奮起	173	기둥이 될만한 인물
24	액한	74	품팔 고	124	探錄	174	지극히 작은 사물
25	발랄	75	아교 교	125	福祿	175	남편을 받듦
26	초췌	76	바둑 기	126	憐憫	176	쓸데없는 일
27	초매	77	유황 류	127	彼岸	177	考
28	쇄도	78	쓸개 담	128	塵世	178	添
29	궤양	79	낳을 만	129	煩惱	179	貸
30	하자	80	기름 지	130	爐邊	180	庶
31	범경	81	상서 서	131	(104) (106)	181	獵
32	오구	82	불릴 식	132	(110) (111)	182	濯
33	극순	83	세놓을세	133	(119) (122)	183	傀
34	규곽	84	돌 알	134	(123) (124)	184	胎
35	홍곡	85	솔개 연	135	(127)	185	度
36	기부	86	낄 옹	136	斤	186	傍/若
37	만적	87	거품 포	137	玉	187	雲/泥
38	규로	88	할미 파	138	爻	188	遺/臭
39	탐기	89	사치할치	139	衣	189	奉/違
40	황달	90	참새 작	140	羊	190	擧/妄
41	비자	91	편안할정	141	舛	191	賊/荷
42	양암	92	벼루 연	142	十	192	顧/草
43	탐닉	93	(78)膽 (79)娩	143	殳	193	河/淸
44	비등	94	(81)瑞 (83)貰	144	大	194	塞/翁
45	상환	95	(86)擁 (91)靖	145	羽	195	耳/盜
46	밀랍	96	(92)硯	146	搜査	196	巧/色
47	소신	97		147	押收	197	④
48	내핍	98	壹	148	拘束/拘留	198	⑧
49	나태	99	庯	149	監禁	199	②
50	누항	100	柒	150	賠償/報償	200	⑥

기출예상문제정답

1級 [다]

#	답	#	답	#	답	#	답
1	누설	51	때 구	101	晴	151	被拉
2	시성	52	두드릴고	102	伸	152	網膜
3	짐작	53	솟을 용	103	縱	153	葛藤
4	간특	54	깨어날 소	104	序	154	侮蔑感
5	참람	55	군셀 의	105	庶	155	診療費
6	준설	56	가시 극	106	醉	156	誤謬
7	소즐	57	후릴 괴	107	仰	157	失踪
8	뇌옥	58	쾌할 령	108	謙	158	비웃음
9	팽창	59	무리 훈	109	怠	159	쌀보리
10	효시	60	대추 조	110	詐	160	마름모
11	갱즙	61	사탕수수자	111	驚	161	신발끄는 소리
12	질곡	62	아지랑이애	112	掠	162	모내기
13	포폄	63	읍할 읍	113	旋	163	대머리
14	창일	64	끊을 절	114	拔	164	익살스러움
15	천착	65	목책 채	115	悔	165	고치기 어려운 병
16	패려	66	성 팽	116	責	166	침과 뜸
17	지각	67	빛날 경	117	洗	167	데릴사위
18	균열	68	박수 격	118	捕	168	遲延/地緣
19	곽낭	69	다듬잇돌침	119	堤	169	附設/浮說
20	곤면	70	우길 요	120	脂	170	磁場/資粧
21	괴팍	71	걸릴 리	121	胎	171	著作
22	규로	72	버선 말	122	淚	172	拘縮/驅逐
23	기반	73	멋대로할천	123	預託	173	女/戴
24	탐닉	74	옥새 새	124	循環	174	左/顧
25	융전	75	백반 반	125	滑降	175	苦/吐
26	답지	76	삽살개방	126	臺灣	176	丹/脣
27	회양	77	가루 설	127	籠絡	177	坑/儒
28	예알	78	애오라지료	128	惹起	178	兎
29	조시	79	구렁 학	129	魅惑	179	興
30	흠향	80	새알 단	130	祥瑞	180	枕
31	극구	81	자라 별	131	恐怖	181	靴
32	고굉	82	식혜 혜	132	焦燥	182	勵
33	견주	83	②	133	折衷	183	含
34	치매	84	④	134	撤廢	184	側
35	눌삽	85	①	135	殊勳	185	乾
36	훤자	86	③	136	制霸	186	嘗
37	예맥	87	②	137	籃輿	187	泥
38	예주	88	③	138	鬱陵郡	188	大
39	구사	89	①	139	爛漫	189	禾
40	흠선	90	④	140	膠着	190	目
41	전액	91	②	141	蒙塵	191	衣
42	범쇄	92	①	142	擁護	192	炙
43	묘망	93	柔和	143	障礙	193	門
44	타매	94	刹那/瞬間	144	借款	194	貝
45	서속	95	歸納	145	掌握	195	夕
46	촌탁	96	儉素	146	補闕	196	木
47	도륙	97	咸池	147	防腐劑	197	鼎
48	미령	98	肥	148	揭載	198	蠱
49	비린	99	虛	149	賠償	199	柒
50	취약	100	姑/甥	150	遮蔽物	200	獵

1級 [라]

#	답	#	답	#	답	#	답
1	하자	51	새벽 녘	101	刀	151	塵世
2	여명	52	흠집	102	冂	152	妄覺
3	괴장	53	지팡이	103	凵	153	跳躍
4	호접	54	나비	104	戈	154	挑戰
5	흠신	55	하품과 기지개	105	子	155	幻想
6	계륵	56	소용없으나 버리기는 아까움	106	八	156	(127) (128)
7	호리	57	아주 적은 분량	107	一	157	(131) (132)
8	복철	58	앞사람의 실패	108	二	158	(133) (138)
9	자고	59	열심히 공부함	109	十	159	(139) (140)
10	용훼	60	말참견	110	冂	160	(141) (143)
11	연관	61	(19) 遲逝	111	④	161	事情
12	수척	62	(22) 憔悴	112	①	162	司正
13	교사	63	(33) 嗾囑	113	②	163	共謀
14	답지	64	(18) 殺到	114	③	164	公募
15	효시	65	(32) 濫觴	115	②	165	壯士
16	주착	66	(37) 陟降	116	媒體	166	葬事
17	해례	67	(41) 戟盾	117	裝飾	167	驛舍
18	쇄도	68	(43) 褒貶	118	流通院	168	役事
19	하서	69	(47) 膾炙	119	疏忽	169	長壽
20	참절	70	(49) 巫覡	120	請託	170	將帥
21	조율	71	문서 권	121	落下傘	171	需要
22	초췌	72	알 란	122	作統權	172	紅顔
23	정판	73	함 함	123	還收	173	外延
24	첨압	74	수자리수	124	強硬派	174	干潮
25	기휘	75	누구 숙	125	勞使政	175	咸池
26	전대	76	바랄 기	126	復歸	176	鈍濁
27	미양	77	또 차	127	霧散	177	歸納
28	쇠퇴	78	서로 호	128	掌握	178	別
29	함정	79	되 승	129	周邊	179	捕
30	타매	80	두 재	130	期數	180	療
31	전설	81	물을 신	131	腐防委	181	泣
32	남상	82	아낄 린	132	憲裁	182	衡
33	주촉	83	껍질 각	133	辯協	183	姑/縫
34	창일	84	적을 사	134	殆半	184	曾/荒
35	소쇄	85	장인 장	135	新造語	185	車/書
36	궁휼	86	짝 려	136	購買	186	一衣帶水
37	척강	87	겨자 개	137	雇傭	187	巧言令色
38	괄호	88	얽어맬반	138	負債	188	首丘初心
39	팽배	89	못 정	139	等位	189	多岐亡羊
40	호탕	90	소매 메	140	豫備費	190	擧案齊眉
41	극순	91	이불 금	141	現札	191	雪/泥
42	노략	92	모실 배	142	賠償	192	阿/鼻
43	포폄	93	드물 한	143	借款	193	魚/魯
44	찬합	94	기장 서	144	融資	194	同/舟
45	사궤	95	들보 량	145	增殖	195	彈/琴
46	훤소	96	쪼갤 부	146	酷暑	196	蠶
47	회자	97	누릴 향	147	暴炎	197	胆
48	세척	98	샐 설	148	淸涼	198	塩
49	무격	99	좁을 협	149	藍碧	199	庁
50	환시	100	터 허	150	煩雜	200	竜